W0227162

WALTER MISCHEL

DER
Marshmallow-
EFFEKT

Wie Willensstärke unsere
Persönlichkeit prägt

Aus dem Englischen von Thorsten Schmidt

Pantheon

Die Originalausgabe erschien 2014 unter dem Titel
The Marshmallow Test. Mastering Self-Control bei Little Brown, New York.

Der Verlag weist ausdrücklich darauf hin, dass im Text enthaltene
externe Links vom Verlag nur bis zum Zeitpunkt der Buchveröffentlichung
eingesehen werden konnten. Auf spätere Veränderungen hat der Verlag
keinerlei Einfluss. Eine Haftung des Verlags ist daher ausgeschlossen.

MIX
Papier aus verantwor-
tungsvollen Quellen
FSC® C083411

Verlagsgruppe Random House FSC® N001967

Dritte Auflage
Pantheon-Ausgabe September 2016

Umschlaggestaltung: Büro Jorge Schmidt, München
Lektorat: Nico Schröder, Hamburg, und
Fritz Jensch, München
Satz: Ditta Ahmadi, Berlin
Grafik: Peter Palm, Berlin
Druck und Bindung: CPI books GmbH, Leck
Printed in Germany
ISBN 978-3-570-55310-7

www.pantheon-verlag.de

Für Judy, Rebecca und Linda

Inhalt

TEIL III
Vom Labor ins Leben

ANHANG

Vorwort zur deutschen Ausgabe

DIE DEUTSCHSPRACHIGE AUSGABE meines Buches hat für mich eine besondere Bedeutung. Ich wurde in Wien geboren, und bis heute ist es immer wieder ein spezielles Erlebnis, mich in meiner Muttersprache zu verständigen. Doch ich lese und schreibe Deutsch wie ein Achtjähriger.

So alt war ich, als meine Familie 1938 vor den Nazis nach Amerika fliehen musste. Als Neuankömmling in Brooklyn schickte man mich in den Kindergarten, damit ich Englisch lernte. Manchmal kroch ich auf meinen Knien, um unter den Fünfjährigen nicht aufzufallen. Bald darauf musste ich einen Intelligenztest absolvieren – auf Englisch. Meine Lehrerin erklärte mir, wie enttäuscht sie war über das schlechte Ergebnis.

Irgendwie habe ich es trotzdem geschafft, mich in der neuen Welt zu behaupten. Aber eine gesunde Skepsis über die Aussagekraft von psychologischen Tests habe ich mir ein Leben lang bewahrt. Diese Zweifel schwangen auch mit, als ich als junger Wissenschaftler zum ersten Mal jene Methode entwickelte, die später Marshmallow-Test genannt wurde. Zunächst wollte ich nur herausfinden, wie Kinder mit Versuchungen umgehen und wie sie ihnen widerstehen. Bald aber wurde mir klar: Die Fähigkeit zum Aufschub einer Belohnung ist ein wichtiger Teil der Reifung unserer Persönlichkeit.

Es gibt keinen Automatismus, das Ergebnis beim Marshmallow-Test lässt nicht zwangsläufig darauf schließen, ob ein Kind später ein gutes Leben, Glück oder Erfolg haben wird.

9

Oder ob es gute Schulleistungen zeigt, viele Freunde hat, keine Drogen nimmt, eine harmonische Partnerschaft führt. Aber die Chance, überhaupt eine stabile, zufriedene Persönlichkeit zu entwickeln, haben wir nur dann, wenn wir die Fähigkeit zur Selbstkontrolle lernen.

Selbstdisziplin ist kein Selbstzweck, sie ist zunächst einmal wertneutral. Sie kann für negative Ziele eingesetzt werden, auch der Mafiaboss profitiert davon. Und Selbstdisziplin führt im Extremfall zur Selbstkasteiung, zu einem freudlosen Dasein von Zwang und Entbehrung.

Aber nur wenn wir lernen, mit Versuchungen und unseren negativen Gefühlen umzugehen, werden wir die Freiheit haben, ein erfülltes Leben zu führen. Und dies wiederum hängt davon ab, wie wir unsere Umwelt wahrnehmen, ob wir unsere Erfolge oder Misserfolge eher den Umständen oder unserem eigenen Handeln zuschreiben, und wie wir die Zukunft betrachten. Darum geht es in diesem Buch.

Wir alle kennen diese Marshmallow-Momente. Ich möchte zeigen, wie wir mit ihnen umgehen und wie wir unseren Kindern helfen können, sie zu meistern. Es geht um die Entscheidungen, die wir treffen, um das Beste aus unserem Leben zu machen.

Einleitung

WIE MEINE STUDENTEN, aber auch meine Kinder nur allzu gut wissen, fällt mir Selbstkontrolle nicht gerade leicht. Ich bin bekannt dafür, dass ich meine Studenten schon mal mitten in der Nacht anrief, um mich über den letzten Stand der neuesten Datenauswertung zu informieren – obwohl diese erst am Vorabend begonnen hatte. Beim Abendessen mit Freunden ist mein Teller – zu meiner Verlegenheit – oft als erster leer gegessen, während die anderen noch längst nicht fertig sind. Eben diese Ungeduld, aber auch die Erkenntnis, dass wir Strategien der Selbstkontrolle tatsächlich *lernen* können, führten dazu, dass mich diese Strategien ein Leben lang beschäftigt haben.

Die Fähigkeit, sofortige Belohnungen zugunsten künftiger Resultate aufzuschieben, ist eine kognitive Kompetenz, die man erwerben kann – das ist die Grundidee, die meine Forschungen antrieb und mich dazu brachte, dieses Buch zu schreiben. Unsere Studien, die vor fünfzig Jahren begannen und bis heute fortgeführt werden, haben gezeigt, dass diese Fähigkeit bereits in früher Kindheit sicht- und messbar ist und dass sie große Auswirkungen auf unser späteres Leben hat, auf unser Wohlergehen und unsere psychische, aber auch körperliche Gesundheit. Und was wegen der weitreichenden Folgen für die Erziehung von Kindern besonders wichtig ist: Wir können diese Fähigkeit beeinflussen; vor allem können wir sie durch bestimmte kognitive Strategien, die wir inzwischen identifiziert haben, verbessern.

Der Marshmallow-Test und die sich daran anschließenden Experimente haben in den letzten knapp fünfzig Jahren eine erstaunliche Welle an Forschungsarbeiten über Selbstkontrolle angestoßen – allein innerhalb der ersten Dekade dieses Jahrhunderts hat sich die Zahl der einschlägigen wissenschaftlichen Publikationen verfünffacht.[1] In diesem Buch möchte ich von den Ergebnissen dieser Forschung berichten; sie hat die Mechanismen zutage gefördert, die Selbstkontrolle möglich machen, und sie hat uns gelehrt, wie wir sie im Alltag anwenden können.

ES BEGANN in den Sechzigerjahren mit einem einfachen Experiment, bei dem Kinder im Vorschulalter an der Bing Nursery School, einer Kindertagesstätte der Stanford University, in einem echten Dilemma steckten. Meine Studenten und ich stellten die Kinder vor die Wahl zwischen einer Belohnung (etwa einem Marshmallow), die sie sofort bekommen konnten, und einer größeren Belohnung (zwei Marshmallows), für die sie jedoch – bis zu zwanzig Minuten – warten mussten. Den Kindern standen viele Belohnungen zur Wahl, sie konnten sich aussuchen, was sie sich am meisten wünschten – Marshmallows, Kekse, Brezeln, Pfefferminzbonbons und manches mehr.

Amy[2] zum Beispiel entschied sich für Marshmallows. Sie saß allein an einem Tisch und betrachtete sowohl den einen Marshmallow vor sich, den sie sofort haben konnte, als auch die beiden Marshmallows, die sie bekäme, wenn sie wartete. Neben den Süßigkeiten stand eine Tischglocke, die sie jederzeit läuten konnte, um den Versuchsleiter zu rufen und den einen Marshmallow zu essen. Oder sie konnte auf die Rückkehr des Versuchsleiters warten – und wenn Amy dann immer noch auf ihrem Stuhl saß und nicht schon begonnen hatte, den einen

Marshmallow zu essen, konnte sie beide haben. Es trieb uns fast die Tränen in die Augen zu beobachten, wie sich diese Kinder regelrecht selbst quälten, um die Glocke nicht zu läuten; zugleich aber mussten wir ihre Kreativität bewundern und hätten sie am liebsten angefeuert. Es war aber auch ermutigend zu sehen, dass selbst kleine Kinder offenbar in der Lage sind, Verlockungen beharrlich zu trotzen, um sich später zu belohnen.

Eines jedoch überraschte uns völlig: Es stellte sich heraus, dass das, was die Vorschulkinder alles taten, um sich nicht verlocken zu lassen, und die Tatsache, ob es ihnen gelang, die Belohnung aufzuschieben, viel über ihr zukünftiges Leben verrieten. Je länger sie als Vier- oder Fünfjährige warteten, umso besser schnitten sie später bei Studierfähigkeitstests ab und umso höher wurden ihre soziale Kompetenz und ihr kognitives Leistungsvermögen im Jugendalter eingestuft.[3] Als sie zwischen 27 und 32 Jahren alt waren, verfolgten diejenigen, die im Vorschulalter beim Marshmallow-Test länger gewartet hatten, ihre Ziele konsequenter und kamen besser mit Frustration und Stress zurecht, sie hatten ein höheres Selbstwertgefühl und überdies einen niedrigeren Body-Mass-Index. Im mittleren Alter konnte man in den Hirnarealen, die mit Suchtverhalten und Fettleibigkeit verknüpft sind, deutliche Aktivitätsunterschiede feststellen zwischen denjenigen, die konsequent warten konnten (»hoher Belohnungsaufschub«), und denjenigen, die dazu nicht in der Lage waren.

Aber was beweist der Marshmallow-Test wirklich? Ist die Fähigkeit, Belohnungen aufzuschieben, tatsächlich angeboren? Wie kann man Menschen diese Fähigkeit beibringen? Was ist ihre Kehrseite? In diesem Buch spreche ich all diese Fragen an, und die Antworten sind oft überraschend. Ich beschreibe, was »Willenskraft« ist und was sie nicht ist; ich zeige, welche Umstände die Willenskraft schwächen, auf welchen kognitiven Fähigkeiten und Motivationen sie basiert und welche Folgen es hat, wenn man Willenskraft ausübt. Außerdem gehe ich der Frage nach, was diese Erkenntnisse bedeuten: Müssen wir unsere bisherigen Annahmen über die menschliche Natur und unsere psychischen Funktionsmechanismen überdenken? Was sagt das alles darüber aus, wie sehr wir unsere Impulse, unsere Gefühle und Veranlagungen im Griff haben, wie und in welchem Ausmaß wir uns verändern können und schließlich: wie wir unsere Kinder erziehen sollten?

Jeder möchte wissen, wie Willenskraft funktioniert, wir alle hätten gern mehr davon – vor allem mit weniger Anstrengung –, für uns selbst, für unsere Kinder oder auch für unsere Verwandten, die sich eine Zigarette nach der anderen anstecken. Belohnungen aufschieben und Verlockungen widerstehen zu können, das war für uns Menschen schon immer eine große Herausforderung. Bei Adam und Eva, die im Garten Eden in Versuchung geführt werden, spielt Willenskraft eine zentrale Rolle. Oder für die Philosophen im alten Griechenland: Sie nannten Willensschwäche *akrasia*.

Über Jahrtausende hinweg galt Willensstärke als ein unveränderlicher Teil der Persönlichkeit – man besaß sie oder eben nicht; die vermeintlich Willensschwachen wurden dadurch zu Opfern ihres biologischen Erbes, ihres sozialen Milieus und all der Kräfte, die in einer bestimmten Situation auf sie einwirken. Selbstkontrolle ist von entscheidender Bedeutung, wenn wir langfristige Ziele erreichen wollen. Genauso wichtig ist sie, um Selbstbeherrschung zu lernen und enge Bindungen zu unseren Mitmenschen aufbauen zu können. Sie kann uns dabei helfen, dass wir nicht schon früh im Leben in eine Sackgasse geraten: dass wir nicht die Schule abbrechen, nicht gegenüber den Konsequenzen des eigenen Verhaltens abstumpfen oder nicht in verhassten Jobs stecken bleiben. Sie ist die »Leitkompetenz«, die der emotionalen Intelligenz zugrunde liegt – und ohne die wiederum ist ein erfülltes Leben schwer möglich.[4]

Doch trotz ihrer offensichtlichen Bedeutung wurde sie nie ernsthaft wissenschaftlich erforscht, bis meine Studenten und ich das Konzept gleichsam entmystifizierten. Wir entwickelten eine Methode zur empirischen Untersuchung, indem wir die zentrale Bedeutung der Selbstkontrolle für sozial angepasstes Verhalten nachwiesen und die psychischen Prozesse analysierten, die sie möglich machen.

Zu Beginn dieses Jahrhunderts nahm die öffentliche Aufmerksamkeit für den Marshmallow-Test zu – und sie wächst weiter. David Brooks widmete dem Thema 2006 einen Leitartikel in einer Sonntagsausgabe der *New York Times*;[5] Jahre später führte er mit Barack Obama ein Interview, und der Präsident fragte ihn, ob er über Marshmallows reden wolle.[6] Das Magazin *New Yorker* brachte 2009 einen großen Artikel über den Test, und im Fernsehen sowie in Magazinen und Zeitungen weltweit wird ausführlich über die einschlägigen Forschungen berichtet.[7] Sogar das Krümelmonster aus der *Sesamstraße* versucht mithilfe des Tests seinen Keksdrang zu zügeln – um endlich in den »Klub der Keskenner« aufgenommen zu werden. Die Marshmallow-Forschung beeinflusst die Lehrpläne vieler Schulen, in denen Kinder aus unterschiedlichsten sozialen Milieus unterrichtet werden – solche, die in Armut leben, und solche, die Eliteinternate besuchen. Internationale Investmentfonds nutzen die Forschungsergebnisse, um für Altersvorsorge zu werben.[8] Und die Abbildung eines Marshmallows hilft bei jedem Einstieg in Diskussionen über das Thema Belohnungsaufschub, egal vor welchem Publikum. In New York sehe ich Kinder mit T-Shirts, auf denen *Iss keine Marshmallows* steht, und Kinder, die große Buttons mit dem stolzen Hinweis tragen: *Ich hab den Marshmallow-Test bestanden.* Zum Glück wächst mit dem öffentlichen Interesse am Thema Willenskraft auch die Menge und Qualität wissenschaftlicher Erkenntnisse über die psychischen und biologischen Voraussetzungen von Belohnungsaufschub und Selbstkontrolle. Wenn wir begreifen wollen, was genau mehr Selbstkontrolle und damit die Fähigkeit zum Belohnungsaufschub möglich macht, müssen wir nicht nur herausfinden, wie beides zustande kommt, sondern auch, wodurch es verhindert wird. Wie in der Geschichte von Adam und Eva verraten uns fast täglich neue Schlagzeilen, dass wieder mal eine prominente Persönlichkeit – ein Präsident; der ein oder andere Gouverneur; ein ehrenwerter Richter (eine vermeintlich moralische Stütze der Gesellschaft); ein Finanzgenie; ein hoffnungsvoller Jungpolitiker; ein Sportass oder ein Filmstar – ihre Zukunft vergeigt, weil sie einer jungen Praktikantin, einer Haushälterin oder einer illegalen Droge allzu nahe gekommen ist. Diese Personen sind schlau – nicht nur im Sinne jener Intelligenz, die der IQ abbildet, sie besitzen auch eine hohe emotionale und soziale Intelligenz –, andernfalls wären sie nie so weit gekommen. Warum verhalten sie sich dann so dumm? Und warum befinden sie sich in Gesellschaft so vieler anderer, die es allerdings nie in die Schlagzeilen schaffen?

Um diese Fragen zu beantworten, nutze ich die neuesten wissenschaftlichen Erkenntnisse. Im Zentrum stehen zwei eng miteinander verwobene Systeme im menschlichen Gehirn, das eine »heiß« – emotional, reflexgesteuert, unbewusst – und das andere »kühl« – kognitiv, reflektierend, langsamer und mehr Anstrengung erfordernd.[9] Die spezifischen Wechselwirkungen zwischen diesen beiden Systemen, die sich in Anbetracht starker Verlockungen ergeben, bestimmen, wie Vorschulkinder mit Marshmallows umgehen und ob ihre Willenskraft der Verlockung gewachsen ist oder nicht. Was ich bei meinen Studien herausgefunden habe, hat meine lang gehegte Vorstellung vom Wesen und den Ausdrucksformen der Persönlichkeit komplett infrage gestellt – aber auch vom Spielraum für Veränderungen des Charakters aus eigenem Antrieb.

Der erste Teil, »Belohnungsaufschub und Selbstkontrolle«, erzählt die Geschichte des Marshmallow-Tests und der Experimente, in denen Vorschulkinder das taten, was Adam und Eva im Garten Eden nicht tun konnten. Dank dieser Forschungsarbeiten konnten wir herausfinden, wie die mentalen Prozesse und Strategien beschaffen sind, mit denen wir heiße Verlockungen abkühlen, Belohnungen aufschieben und Selbstkontrolle entwickeln. Sie deuteten auch auf potenzielle neuronale Mechanismen im Gehirn hin, die diesen Fähigkeiten zugrunde liegen. Jahrzehnte später wenden Hirnforscher bei ihren Studien modernste bildgebende Verfahren an, um die Verknüpfungen zwischen Geist und Gehirn zu entschlüsseln und uns dabei zu helfen, die Leistungen dieser Vorschulkinder zu verstehen.

Die Ergebnisse der Marshmallow-Studien führen zwangsläufig zu der Frage, ob die Selbstkontrolle fest angelegt, also genetisch vorgegeben ist. Jüngste Erkenntnisse auf dem Gebiet der Genetik haben diese Frage neu beantwortet. Sie offenbaren die erstaunliche Formbarkeit unseres Gehirns und revolutionieren unsere Ansichten über die Rolle von Erziehung und DNA, Umwelt und Anlage und über die Formbarkeit der menschlichen Natur. Diese Erkenntnisse wirken weit über das Forschungslabor hinaus und widersprechen gängigen Vorstellungen über das Wesen des Menschen.

Der erste Teil lässt eine offene Frage im Raum stehen: Wenn Vorschulkinder auf mehr Süßigkeiten warten, statt die Glocke zu läuten und sich mit weniger zu begnügen, lassen sich daraus Prognosen über ihren Erfolg und ihr Wohlergehen im späteren Leben ableiten – aber warum ist das so? Diese Frage beantworte ich im zweiten Teil: »Von Marshmallows im Kindergarten zur Altersvorsorge«. Ich untersuche, wie die Fähigkeit zur Selbstkontrolle den Lebensweg vom Kindergarten bis zur Altersvorsorge beeinflusst, wie sie den Weg zu Erfolgserlebnissen und positiven Erwartungen ebnet – eine innere Einstellung nach dem Motto »Ich weiß, ich kann es (schaffen)!« – und ein starkes Selbstwertgefühl erzeugt. Auch wenn die Fähigkeit zur Selbstkontrolle ein erfolgreiches und erfülltes Leben natürlich nicht garantiert, so steigert sie doch die Chancen dazu enorm; sie hilft uns, schwierige Entscheidungen zu treffen und uns genügend anzustrengen, um unsere Ziele zu verwirklichen. Wie gut dies funktioniert, hängt nicht nur von unseren Fähigkeiten ab, sondern auch davon, wie wir Ziele und Werte verinnerlicht haben, die die zukünftige Lebensgestaltung maßgeblich anleiten – und von der Motivation, die groß genug sein muss, um unvermeidliche Rückschläge wegzustecken.

Wie lässt sich die Fähigkeit zur Selbstkontrolle für ein erfülltes Leben nutzen? Wie können wir unsere Willenskraft mit immer weniger Aufwand immer besser automatisch mobilisieren, und dies sogar als befriedigend empfinden? Dies sind Fragen, denen ich im zweiten Teil nachgehe, und wie das Leben selbst nimmt er zuweilen einen überraschenden Verlauf. Es geht dabei nicht nur darum, Verlockungen zu widerstehen, sondern auch um diverse andere Herausforderungen für unsere Selbstkontrolle, etwa schmerzliche Gefühle abzukühlen,

Liebeskummer zu überwinden, Depressionen zu vermeiden oder auch wichtige Entscheidungen zu fällen, die zukünftige Konsequenzen mit berücksichtigen.

Aber der zweite Teil zeigt nicht nur die Vorteile, sondern auch die Grenzen der Selbstkontrolle klar auf: *Zu viel* Selbstkontrolle lässt unser Leben ebenso unerfüllt erscheinen wie zu wenig.

Im dritten Teil, »Vom Labor ins Leben«, zeige ich, welche Konsequenzen die Forschungsergebnisse für die Politik haben. Ich konzentriere mich dabei auf gezielte pädagogische Maßnahmen, die bereits im Kindergarten ansetzen und wissenschaftliche Erkenntnisse über Selbstkontrolle berücksichtigen, um den Kindern, deren Lebensumstände von »toxischem« – unkontrollierbarem – Stress geprägt sind, eine Chance auf ein besseres Leben zu geben. Anschließend fasse ich die in diesem Buch vorgestellten Konzepte und Strategien, die uns in unserem alltäglichen Ringen um Selbstkontrolle helfen können, noch einmal zusammen. Im Schlusskapitel zeige ich, wie die Forschungsergebnisse über Selbstkontrolle, Genetik und Plastizität des Gehirns unsere Vorstellung von der menschlichen Natur und unsere Sicht auf die Möglichkeiten und Grenzen der Persönlichkeitsentwicklung verändert haben.

Während ich dieses Buch schrieb, habe ich mir vorgestellt, ich würde mit Ihnen ein lockeres Gespräch führen – so wie ich es mit Freunden und Kollegen tat, als wir uns die Frage stellten: Was sind eigentlich die neuesten Erkenntnisse der Marshmallow-Forschung? Schon bald schweifen wir ab und fragen uns, ob sich diese Erkenntnisse vielleicht auch auf gewisse Aspekte unseres eigenen Lebens anwenden lassen: Wie wir unsere Kinder erziehen oder neue Mitarbeiter einstellen; wie wir unkluge persönliche und berufliche Entscheidungen vermeiden; wie wir großen Kummer überwinden; aber auch, wie wir mit dem Rauchen aufhören, unser Gewicht halten, unser Bildungswesen reformieren – oder schlicht unsere eigenen Schwächen und Stärken erkennen. Ich habe dieses Buch für all diejenigen geschrieben, die sich – genau wie ich – mit Selbstkontrolle immer schon schwergetan haben. Aber auch für alle, die genauer wissen möchten, wie unsere Psyche funktioniert. Ich hoffe, *Der Marshmallow-Test* wird auch Sie zu vielen anregenden Gesprächen inspirieren.

Belohnungsaufschub und Selbstkontrolle

DER ERSTE TEIL BEGINNT in den Sechzigerjahren, wir befinden uns in der Bing Nursery School, einer Kindertagesstätte der Stanford University, genauer: im »Überraschungszimmer«, wie meine Studenten und ich es nannten. Dort entwickelten wir die Methode, die zum Marshmallow-Test wurde. Wir begannen mit Experimenten, die zeigen sollten, wann und wie Vorschulkinder dazu in der Lage sind, sich selbst zu beherrschen: auf zwei heiß begehrte Marshmallows zu warten, statt sich mit nur einem sofort zu begnügen. Je länger wir unbemerkt durch unser Beobachtungsfenster spähten, desto mehr staunten wir darüber, wie die Kinder versuchten, sich selbst zu disziplinieren und zu warten. Einfache Anregungen, sich die Leckereien ganz unterschiedlich vorzustellen, machten es ihnen entweder unmöglich oder aber besonders leicht, der Verlockung zu widerstehen. Unter manchen Bedingungen konnten sie mühelos warten, unter anderen läuteten sie die Glocke nur wenige Sekunden, nachdem der Versuchsleiter den Raum verlassen hatte. Wir forschten weiter, um mehr darüber herauszufinden, um zu verstehen, was die Kinder dachten und taten, damit sie sich beherrschen konnten, wie sie es sich einfacher machten, um ihre Selbstkontrolle nicht zu verlieren – oder es sich so viel schwerer machten, dass sie scheitern mussten.

Nach einigen Jahren entstand allmählich ein Modell der neuralen und psychischen Prozesse, die ablaufen, wenn sich Vorschulkinder und Erwachsene erfolgreich bemühen, Verlockungen zu widerstehen. Wie wir uns selbst beherrschen können – nicht dadurch, dass wir einfach nur durchhalten oder Nein sagen, sondern durch eine andere Art zu *denken* –, das ist Gegenstand des ersten Teils. Einige Menschen können sich schon in jungen Jahren besser beherrschen als andere, aber fast alle können sich mit gewissen Strategien die Selbstkontrolle erleichtern. Hier wird gezeigt, wie das möglich ist.

Wie wir herausfanden, sind die ersten Anflüge von Selbstkontrolle bereits im Verhalten von Kleinkindern unter drei Jahren sichtbar. Ist Selbstkontrolle also von vornherein festgelegt? Der erste Teil geht dieser Frage nach und nutzt dafür die jüngsten Erkenntnisse der Genetik, die ältere Sichtweisen des Anlage-Umwelt-Problems gründlich hinterfragen. Diese neue Sicht betrifft auch das Verhältnis zu unseren Kindern und zeigt ganz neue Ansätze und Anregungen, wie wir sie erziehen können.

Im »Überraschungszimmer«
der Stanford University

EINDRUCKSVOLLE SÄULEN zieren den Eingang der berühmten Medizinischen Fakultät der Universität von Paris, die den Namen von René Descartes trägt. In der Straße davor drängen sich Studenten und rauchen eine Zigarette nach der anderen, als warnten die Packungen nicht in großen Lettern vor den Gefahren des Rauchens. Jeder kennt die möglichen Folgen nur allzu gut, wenn wir nicht auf eine längerfristige Belohnung warten, sondern stattdessen lieber einer kurzfristigen Befriedigung nachgehen. Wir können das bei unseren Kindern beobachten, aber auch bei uns selbst. Jedes Mal wenn von den guten Vorsätzen zum Jahresbeginn – mit dem Rauchen aufhören, regelmäßig ins Fitnessstudio gehen, nicht länger mit unseren Liebsten streiten – noch vor Ende Januar nichts mehr übrig ist, erkennen wir, wie unsere Willenskraft versagt. Ich hatte einmal das Vergnügen, zusammen mit Thomas Schelling, Nobelpreisträger für Ökonomie, an einem Seminar über Selbstkontrolle teilzunehmen. Er fasste das große Dilemma der Willensschwäche so zusammen:

Was sollen wir von diesem rationalen Konsumenten, den wir alle nur zu gut kennen, bloß halten, der vor lauter Selbstekel seine Kippen wegwirft und dabei hoch und heilig schwört, nie wieder zu riskieren, seine Kinder durch Lungenkrebs zu Waisen zu machen –

und drei Stunden später auf der Straße wieder nach Zigaretten giert? Der ein kalorienreiches Mittagessen zu sich nimmt, obwohl er ganz genau weiß, dass er es bereuen wird? Und tatsächlich bereut er es, er kann gar nicht verstehen, wieso er die Beherrschung verloren hat. Er beschließt, alles mit einem gesunden Abendessen wiedergutzumachen, ertappt sich dann aber wieder bei einem üppigen Mahl, obwohl er weiß, dass er es bereuen wird – und natürlich bereut er es. Der wie gebannt vor dem Fernseher sitzt, obwohl er ahnt, was am nächsten Morgen passieren wird: dass er noch vor dem Klingeln des Weckers in kalten Schweiß gebadet aufwachen wird, weil er sich nicht auf die Besprechung vorbereitet hat, von der seine weitere Karriere abhängt. Der den Ausflug nach Disneyland ruiniert, weil er außer sich gerät, als seine Kinder genau das tun, von dem er wusste, dass sie es tun würden. Dabei hatte er sich doch geschworen, beim nächsten Mal nicht mehr auszurasten.[1]

Ungeachtet der theoretischen Debatten darüber, ob es so etwas wie Willensstärke überhaupt gibt und wie sie beschaffen ist, wird sie von manchen Menschen kurzerhand praktiziert und eifrig geübt: Manche plagen sich ab, weil sie unbedingt den Mount Everest besteigen wollen, andere erdulden langjährige Entbehrungen und hartes Training, um an den Olympischen Spielen teilzunehmen oder als Tänzer Karriere zu machen, und wieder andere schaffen es, keine Drogen mehr zu nehmen, auch wenn sie jahrelang abhängig gewesen sind. Manche halten strenge Diätpläne ein oder gewöhnen sich das Rauchen ab, obwohl sie über Jahre hinweg Kettenraucher waren;

andere scheitern, obwohl sie die gleichen guten Vorsätze haben. Und wenn wir uns selbst betrachten: Wie erklären wir, dass es uns gelingt, unsere Willenskraft und unsere Selbstkontrolle zu aktivieren – oder eben nicht?

Bevor ich 1962 als Professor für Psychologie an die Stanford University kam, habe ich in Trinidad und in Harvard Studien zum Thema Entscheidungsfindung durchgeführt; dabei stellten wir Kinder vor die Wahl: Sofort wenige Süßigkeiten bekommen oder später viele beziehungsweise sofort wenig Geld bekommen oder später mehr. (Um diese Studien geht es in Kapitel 6.) Aber unsere anfängliche *Entscheidung*, eine Belohnung aufzuschieben, und unsere Fähigkeit, sich trotz großer Verlockungen daran zu halten, gehen oft ihre eigenen Wege. Wenn ich ein Restaurant betrete, kann ich mich entscheiden, ja sogar den festen, eisernen Entschluss fassen: »Heute Abend keinen Nachtisch! Ich werde darauf verzichten, weil ich Cholesterin vermeiden sollte, das zunehmende Bauchfett, die schlechten Blutwerte …« Aber dann rollt der Ober den Dessertwagen heran und präsentiert mir eine Mousse au Chocolat – und ehe ich auch nur die Zeit habe, darüber nachzudenken, landet sie schon in meinem Mund. Da mir das sehr oft passierte, wollte ich wissen, wie es gelingt, an jenen tugendhaften Vorsätzen festzuhalten, die ich in schöner Regelmäßigkeit fallen ließ. Wenn Menschen beschlossen haben, eine Belohnung aufzuschieben, wie bringen sie es dann tatsächlich fertig, zu warten und der Verlockung zu widerstehen? Der Marshmallow-Test wurde zum Werkzeug, mit dem wir diese wichtige Frage erforschten.

Die Entwicklung des Marshmallow-Tests

VON DER ANTIKE über die Aufklärung bis hin zu Freud und in die Gegenwart hinein galten kleine Kinder als impulsive, hilflose Wesen, unfähig zum Belohnungsaufschub und immer nach sofortiger Bedürfnisbefriedigung strebend.[2] Vor dem Hintergrund dieser naiven Vorstellungen staunte ich nicht schlecht, als ich sah, wie sich meine innerhalb weniger Jahre geborenen Töchter – Judith, Rebecca und Linda – in ihren ersten Lebensjahren veränderten. Die überwiegend glucksenden und schreienden kleinen Wesen lernten schon bald, sich mit allen Finessen gegenseitig zu ärgern und zugleich ihre Eltern zu entzücken. Und genauso schnell wurden aus ihnen Menschen, mit denen man faszinierende, gedankenreiche Gespräche führen konnte. Innerhalb weniger Jahre konnten sie sogar mehr oder weniger still sitzen und auf Dinge warten, die sie wollten, und ich versuchte mir einen Reim auf das zu machen, was sich vor mir am Küchentisch abspielte. Mir wurde klar, dass ich keinen blassen Schimmer davon hatte, welche inneren, psychischen Prozesse sie dazu befähigten, sich – jedenfalls die meiste Zeit – im Griff zu haben und angesichts von Verlockungen die Befriedigung aufzuschieben, selbst wenn sich niemand in ihrer Nähe aufhielt.

Ich wollte das Phänomen der Willensstärke besser verstehen lernen und vor allem die Fähigkeit, sofortige Belohnung zugunsten zukünftiger Vorteile aufzuschieben. Wie erleben Menschen das in ihrem Alltag und wie setzen sie es ein oder auch nicht? Um nicht bei bloßen Spekulationen zu bleiben, brauchten wir eine Methode, mit der wir erforschen konnten, wie sich diese Fähigkeit bei Kindern entwickelt. Bei meinen drei Töchtern konnte ich diese Entwicklung mit eigenen Augen beobachten, als sie die Kindertagesstätte der Stanford University besuchten. Diese gerade fertiggestellte, integrierte Erziehungs- und Forschungseinrichtung auf dem Campus war das ideale Versuchslabor. Es verfügte über Spiegelglasfenster, durch die man auf schöne Spielflächen blickte, und angeschlossene kleine Forschungsräume, in denen das Verhalten der Kinder unauffällig von einer Beobachtungskabine aus verfolgt werden konnte.

Wir benutzten einen dieser Räume für unsere Forschungen und erzählten den Kindern, dies sei das »Überraschungszimmer«. Wir führten sie in dieses Zimmer, in dem sie sich mit den »Spielen« beschäftigen sollten, die in Wahrheit unsere Experimente waren.

Im »Überraschungszimmer« verbrachten meine Doktoranden Ebbe Ebbesen, Bert Moore und Antonette Zeiss und ich – und noch viele andere Studenten – Monate voller Freude und Frust damit, die Methode zu erarbeiten, zu erproben und weiter zu verfeinern. Wenn man den Vorschulkindern zum Beispiel sagte, wie lange die Belohnung aufgeschoben würde – etwa fünf Minuten gegenüber fünfzehn Minuten –, hätte dies einen Einfluss darauf, wie lange sie warteten? Wie wir feststellten, spielte dies keine Rolle, da sie noch zu jung waren, um solche Zeitunterschiede zu verstehen. Hatte die relative Menge der Belohnungen einen Einfluss? Ja. Aber welche Arten von Belohnungen sollten wir verwenden? Wir mussten einen heftigen inneren Konflikt zwischen einem sehr verlockenden – heißen – Objekt, welches das Kind unbedingt sofort haben wollte, und einer doppelt so starken Verlockung erzeugen. Letztere erforderte von dem Kind jedoch, die Belohnung wenigstens ein paar Minuten aufzuschieben. Die Verlockung musste für kleine Mädchen und Jungen verständlich und ausreichend stark sein; sie musste altersgerecht sein und zugleich einfach und präzise messbar.

Vor fünfzig Jahren mochten die meisten Kinder Marshmallows vermutlich genauso sehr wie heute, aber manchmal – zumindest in der Bing Nursery School der Stanford University – sahen die Eltern es nicht sehr gern, es sei denn, eine Zahnbürste war zur Hand. Da es keine allgemeine »Lieblingsleckerei« gab, boten wir den Kindern eine breite Palette von Süßigkeiten an. Wofür sie sich auch entschieden, wir stellten sie vor die Wahl, entweder eine Süßigkeit sofort zu bekommen, oder zwei, wenn sie warteten, bis die Versuchsleiterin zurückkam. Während wir den Test nach und nach weiterentwickelten, waren wir völlig frustriert, als eine Bundesbehörde unseren ersten Antrag auf Förderung des Forschungsvorhabens ablehnte und uns riet, wir sollten uns doch an einen Süßwarenhersteller wenden. Wir befürchteten, dass uns vielleicht tatsächlich nichts anderes übrigblieb.

Meine früheren Forschungen in der Karibik hatten gezeigt, dass die Bereitschaft zum Belohnungsaufschub wesentlich von dem Faktor Vertrauen beeinflusst wird.[3] Damit es zwischen dem Kind und dem Versuchsleiter zu einem Vertrauensverhältnis kam, spielten sie erst einmal so lange miteinander, bis sich das Kind wohlfühlte. Dann wurde es an einen kleinen Tisch gesetzt, auf dem eine Glocke stand. Um das Vertrauen weiter zu stärken, verließ der Versuchsleiter immer wieder den Raum, das Kind läutete die Glocke, und der Forscher kam sofort zurück, wobei er sagte: »Siehst du? Du hast mich zurückgeholt!« Sobald das Kind darauf vertraute, dass der Versuchsleiter nach dem Läuten immer sofort zurückkommen würde, begann der Test zur Selbstkontrolle, der dem Kind als ein Spiel beschrieben wurde.

Obwohl unsere Methode simpel war, gaben wir ihr den unglaublich sperrigen wissenschaftlichen Namen »Das Paradigma des selbst auferlegten Aufschubs sofortiger Befriedigung zugunsten verzögerter, aber höher geschätzter Belohnungen bei Kindern im Vorschulalter«. Nachdem der Kolumnist David Brooks auf unsere Forschungsarbeiten aufmerksam wurde und sie in einem Beitrag in der *New York Times* unter der Überschrift »Marshmallows und Politik« vorstellte, sprachen die Medien glücklicherweise nur noch vom »Marshmallow-Test«. Der Name blieb hängen, auch wenn wir oft andere Süßigkeiten verwendet haben.

Als wir das Experiment in den Sechzigerjahren entwickelten, haben wir die Kinder nicht gefilmt. Um den Ablauf des Marshmallow-Testverfahrens festzuhalten und die unterschiedlichen Aufschubstrategien der Kinder beim Warten zu verdeutlichen, hat Monica L. Rodriguez, die zuvor für mich im Rahmen einer Postdoc-Stelle tätig war, zwanzig Jahre später Fünf- bis Sechsjährige mit einer versteckten Kamera in einer staatlichen Schule in Chile gefilmt. Monica hielt sich an die gleiche Vorgehensweise wie wir bei den ursprünglichen Experimenten. Als Erstes war Inez an der Reihe, eine bezaubernde kleine Erstklässlerin mit ernstem Gesichtsausdruck, aber verschmitztem Augenzwinkern. Monica setzte Inez an einen kleinen Tisch in dem kargen Versuchsraum der Schule. Inez hatte Kekse der Marke Oreo als Belohnung ausgewählt. Auf dem Tisch gab es eine Glocke und ein Plastiktablett mit zwei Keksen in einer Ecke und einem Keks in der anderen. Sowohl die sofortige als auch die aufgeschobene Belohnung blieben also in unmittelbarer Nähe der Kinder. Damit sollte einerseits ihr Vertrauen darauf gestärkt werden, dass sie die Leckereien tatsächlich bekommen würden, wenn sie darauf warteten, andererseits aber auch ihr innerer Konflikt verschärft werden. Sonst war nichts auf dem Tisch, und im Raum gab es weder Spielzeug noch andere interessante Dinge, die die Kinder während des Wartens hätten ablenken können.

Als sie vor der Wahl stand, wollte Inez unbedingt zwei Kekse statt nur einen bekommen. Sie wusste, dass Monica etwas erledigen und darum den Raum verlassen musste, und sie wusste auch, dass sie Monica jederzeit zurückrufen konnte, indem sie die Glocke betätigte. Monica ließ Inez mehrere Male läuten und zeigte ihr so, dass sie sofort wieder in den Raum kommen würde. Dann erklärte ihr Monica die Alternative. Wenn Inez auf Monica wartete, könne sie beide Kekse bekommen. Wenn sie nicht warten wolle, könne sie jederzeit die Glocke läuten. Sollte sie das allerdings tun oder die Süßigkeit aufessen oder auch nur den Stuhl verlassen, würde sie nur einen Keks bekommen. Inez sollte die Anweisungen wiederholen, um zu zeigen, dass sie diese auch wirklich verstanden hatte.

Als Monica hinausging, litt Inez ein paar qualvolle Momente lang. An ihrem immer trauriger werdenden Gesicht konnte man ein deutliches Unbehagen ablesen. Das ging so weit, dass sie kurz davorstand, in Tränen auszubrechen. Dann sah sie auf die Kekse und starrte sie über zehn Sekunden lang gedankenverloren an. Plötzlich schoss ihr Arm Richtung Glocke, aber gerade als ihre Hand diese erreichte, hielt Inez inne. Zögernd schwebte ihr Zeigefinger in Haaresbreite über der Glocke und berührte sie immer wieder beinahe – als wollte sie sich selbst necken. Aber dann wandte sie ihren Kopf ruckartig von dem Tablett und der Glocke ab und brach in Gelächter aus, als hätte sie etwas unglaublich Witziges getan. Sie steckte sich die Faust in den Mund, damit sie nicht laut losbrüllte, während über ihr Gesicht ein selbstgefälliges Lächeln huschte. Jeder,

der dieses Video sah, ließ sich vom Glucksen und Lachen von Inez anstecken. Sobald sie aufhörte zu kichern, wiederholte sie ihr neckisches Spiel mit der Glocke, aber jetzt benutzte sie abwechselnd ihren Zeigefinger, um sich selbst zum Stillsein zu ermahnen, und ihre Hand, die sie vor ihren fest geschlossenen Mund hielt. Dabei flüsterte sie »Nein, nein«, als wollte sie sich selbst davon abhalten, das zu tun, was sie gerade tun wollte. Nachdem zwanzig Minuten vergangen waren, kam Monica »von sich aus« zurück, aber statt die Süßigkeiten sofort aufzuessen, marschierte Inez triumphierend mit ihren beiden Keksen in einer Tüte davon – sie wollte sie mit nach Hause nehmen, um ihrer Mutter zu zeigen, was sie vollbracht hatte.

Enrico war für sein Alter recht groß und trug ein farbenfrohes T-Shirt; er hatte ein hübsches Gesicht, fein säuberlich geschnittene blonde Stirnfransen und wartete geduldig. Er kippte seinen Stuhl nach hinten an die Wand und schlug unablässig mit der Rückenlehne dagegen, während er mit einem gelangweilten, resignierten Blick an die Decke starrte, schwer atmend. Dabei schien er die lauten, krachenden Geräusche, die er produzierte, zu genießen. Er machte damit so lange weiter, bis Monica zurückkehrte und er seine beiden Kekse bekam.

Blanca wiederum beschäftigte sich mit einem stillen Selbstgespräch, zu dem sie die Lippen bewegte – ähnlich einem Monolog von Charlie Chaplin. Sie ermahnte sich selbst gewissenhaft über das, was sie tun sollte und was nicht, während sie auf die Süßigkeiten wartete. Sie tat sogar so, als würde sie an den Keksen riechen, indem sie ihre hohle Hand an die Nase drückte.

Javier, der einen konzentrierten, durchdringenden Blick und ein intelligentes Gesicht hatte, verbrachte die Wartezeit scheinbar völlig versunken in das, was nach einem minuziösen wissenschaftlichen Experiment aussah. Mit höchst konzentriertem Gesichtsausdruck schien er zu testen, wie langsam er die Glocke heben und bewegen konnte, ohne sie zu läuten. Er hob die Glocke hoch über seinen Kopf und senkte sie dann langsam wieder ab. Während er sie scharf im Auge behielt, schob er sie auf der Tischplatte so weit und so langsam wie möglich von sich weg. Das war eine wahre Meisterleistung der psychomotorischen Kontrolle und Fantasie eines angehenden Wissenschaftlers.

Die gleichen Anweisungen gab Monica auch Roberto, einem adrett gekleideten Sechsjährigen mit einer beigen Schuljacke, dunkler Krawatte über seinem weißen Hemd und perfekt gekämmtem Haar. Sobald sie den Raum verlassen hatte, warf er einen schnellen Blick zur Tür, um sich davon zu überzeugen, dass sie fest geschlossen war. Dann schaute er schnell auf das Kekstablett, leckte sich die Lippen und schnappte sich einen Keks. Vorsichtig öffnete er ihn, um die weiße Cremefüllung in der Mitte freizulegen. Dann begann er mit gebeugtem Kopf und geschäftiger Zunge, die Creme fein säuberlich aufzulecken, wobei er hin und wieder für eine Sekunde innehielt, um sein Werk lächelnd zu betrachten. Nachdem er den Keks blitzblank geleckt hatte, setzte er die beiden runden Keksteile geschickt wieder zusammen – was ihm offensichtlich noch mehr Spaß machte – und legte den seiner Füllung beraubten Keks auf das Tablett zurück. Dann verpasste er in einem Wahnsinnstempo den anderen beiden Keksen die gleiche Behandlung. Nachdem er ihre Füllung verschlungen hatte, legte Roberto die Keksstücke genau an ihre ursprüngliche Position auf dem Tablett zurück. Dabei sah er sich aufmerksam um, vor allem schielte er in Richtung der Tür, um sich davon zu überzeugen, dass alles in Ordnung war. Wie ein versierter Schauspieler ließ er dann langsam den Kopf sinken, zog ein schiefes Kinn und legte eine Wange in die rechte Hand, während er den Ellbogen auf den Schreibtisch aufstützte. Auf seinem Gesicht lag ein Ausdruck äußerster Unschuld, seine weiten, vertrauensseligen Augen fixierten erwartungsvoll und in kindlich unschuldigem Staunen die Tür.

Robertos Vorstellung wurde von allen Zuschauern mit den meisten Jubelrufen und dem lautesten Lachen und Beifall quittiert. Der hoch angesehene Rektor einer der führenden Privatuniversitäten der USA war so beeindruckt, dass er versprach, dem Jungen »ein Stipendium zu verschaffen, sobald er so weit ist, hierherzukommen«. Ich glaube nicht, dass er einen Scherz gemacht hat.

Die Zukunft voraussagen?

DER MARSHMALLOW-TEST war nicht als Test konzipiert. Tatsächlich hatte ich immer erhebliche Zweifel an den meisten psychologischen Tests, die versuchen, Verhalten unter realen Lebensbedingungen vorherzusagen. Ich habe immer wieder auf die begrenzte Aussagekraft vieler der gebräuchlichsten Persönlichkeitstests hingewiesen und beschlossen, niemals selbst einen solchen Test zu entwickeln. Meine Studenten und ich haben dieses Verfahren nicht erarbeitet, um auszuloten, wie gut Kinder dabei abschneiden. Wir wollten vielmehr herausfinden, was sie befähigte, Belohnungen aufzuschieben, sofern sie dies wollten. Ich hatte keinen Grund zu der Annahme, dass sich daraus, wie lange ein Vorschulkind auf Marshmallows oder Kekse wartete, etwas Wissenswertes über seine späteren Lebensjahre vorhersagen ließe. Denn die Versuche, aus psychologischen Tests während der frühen Kindheit langfristige Prognosen über Lebensverläufe und Entwicklungsprozesse abzuleiten, waren spektakulär gescheitert.[4]

Doch einige Jahre nach dem Beginn der Marshmallow-Experimente kam mir erstmals der Gedanke, dass ein Zusammenhang zwischen dem Verhalten der Kinder in unseren Experimenten und ihrem späteren Leistungsvermögen und Erfolg im Leben bestehen könnte. Alle meine Töchter hatten die Bing Nursery School besucht, und im Lauf der Jahre fragte ich sie gelegentlich, wie es denn ihren Freunden von damals so gehe. Dies hatte nichts mit einer systematischen Anschlussstudie zu tun, es waren nur beiläufige Fragen beim Abendessen: »Wie geht's Debbie?«, »Was macht Sam?«. Als sie dann junge Teenager waren, bat ich sie, auf einer Skala von null bis fünf die sozialen Kontakte und die schulische Leistungsfähigkeit ihrer Freunde einzustufen. Dabei fiel mir eine mögliche Verbindung zwischen dem Abschneiden der Vorschulkinder beim Marshmallow-Test und den subjektiven Einschätzungen ihrer Fortschritte durch meine Töchter auf. Als ich diese Einschätzungen mit den ursprünglichen Daten verglich, erkannte ich einen deutlichen Zusammenhang, und mir wurde klar, dass ich mir dies gemeinsam mit meinen Studenten genauer anschauen musste.

Es war das Jahr 1978, und Philip K. Peake, heute Professor am Smith College, war damals mein neuer Doktorand in Stanford. Phil, der eng und oftmals rund um die Uhr mit anderen Studenten zusammenarbeitete, insbesondere mit Antonette Zeiss und Bob Zeiss, war maßgeblich an der Konzipierung, Einführung und Begleitung der späteren Stanford-Längsschnittstudie über Belohnungsaufschub beteiligt. Ab 1982 verschickte unser Team Fragebogen an alle noch erreichbaren Eltern, Lehrer und wissenschaftlichen Betreuer der Vorschulkinder, die an unseren Studien über Belohnungsaufschub teilgenommen hatten. Wir fragten nach unterschiedlichsten Verhaltensweisen und Persönlichkeitsmerkmalen, die möglicherweise für die Impulskontrolle relevant waren: angefangen von der Fähigkeit der Kinder, vorauszuplanen und -zudenken, über ihre Fähigkeit, persönliche und soziale Probleme effektiv zu bewältigen (wie gut kamen sie zum Beispiel mit Gleichaltrigen zurecht?), bis hin zu ihren Studienleistungen.

Über 550 Kinder, die zwischen 1968 und 1974 die Bing Nursery School der Stanford University besuchten, nahmen am Marshmallow-Test teil. Wir konzentrierten uns auf eine Stichprobe dieser Teilnehmer und beurteilten sie hinsichtlich verschiedener psychologischer Messgrößen etwa einmal alle zehn Jahre nach dem ersten Test. Im Jahr 2010 waren sie alle Anfang bis Mitte vierzig, und auch 2014 sammeln wir noch Informationen über sie, unter anderem über ihre berufliche Stellung, ihren Familienstand, ihre körperliche und psychische Gesundheit und ihre finanzielle Lage. Die Ergebnisse überraschten uns von Anfang an – bis heute.

Adoleszenz: Stressbewältigung und schulischer Erfolg

BEI DER ERSTEN ANSCHLUSSSTUDIE schickten wir den Eltern einen Fragebogen und baten sie, ihr Kind »im Vergleich zu Gleichaltrigen wie etwa Klassenkameraden und Freunden zu beurteilen. Wir würden gern wissen, wie Ihr Sohn oder Ihre Tochter Ihrem Eindruck nach im Vergleich zu diesen Gleichaltrigen dasteht.« Sie sollten die Ähnlichkeit auf einer Skala von eins bis neun einstufen (von »überhaupt nicht« über »moderat« bis zu »in höchstem Grad«). Vergleichbare

Beurteilungen der kognitiven und sozialen Fähigkeiten der Kinder in der Schule erhielten wir von ihren Lehrern.[5]

Vorschulkinder, die beim Marshmallow-Test länger auf die Belohnung warteten, wurden Jahre später als Jugendliche folgendermaßen beurteilt: Sie zeigten mehr Selbstkontrolle in frustrierenden Situationen, sie waren nicht so anfällig für Verlockungen, sie ließen sich weniger leicht ablenken, wenn sie sich zu konzentrieren versuchten; sie waren intelligenter, selbstbewusster und zuversichtlicher, und sie vertrauten ihrem Urteilsvermögen. Unter Stress gerieten sie nicht so schnell in Panik wie diejenigen, die Belohnungen nicht so lange aufschieben konnten, und sie verloren auch nicht so schnell die Fassung, waren nicht so leicht aus dem Konzept zu bringen und verfielen nicht so oft in unreife Verhaltensmuster. Ebenso konnten sie besser vorausdenken und planen, und bei hinreichender Motivation waren sie zielstrebiger. Außerdem waren sie achtsamer, in höherem Maße zu rational-logischem Denken fähig und vernünftigen Argumenten aufgeschlossen, und sie ließen sich durch leichte Rückschläge nicht aus der Ruhe bringen. Kurzum, sie widerlegten – zumindest in den Augen und Berichten ihrer Eltern und Lehrer – das weitverbreitete Stereotyp des problematischen, schwierigen Jugendlichen.

Um die tatsächliche schulische Leistungsfähigkeit der Kinder zu messen, baten wir die Eltern um die Punktwerte ihrer Kinder im verbalen und mathematischen Teil des Studierfähigkeitstests (SAT). Wenn sich in den USA Highschool-Absolventen um einen Studienplatz bewerben, müssen sie in der Regel dafür am SAT teilnehmen. Um zu sehen, wie zuverlässig die von den Eltern angegebenen Punktwerte sind, kontaktierten wir auch das Unternehmen Educational Testing Service, das den Test durchführt. Vorschulkinder, die die Be-

lohnung länger aufschieben konnten, schnitten beim Studierfähigkeitstest viel besser ab.[6] Verglich man die SAT-Ergeb-
nisse von Kindern mit den kürzesten Aufschubzeiten (das
untere Drittel) mit denen von Kindern mit längeren Aufschubzeiten (oberes Drittel), so ergab sich eine Gesamtdiffe-
renz von 210 Punkten.[7]

Erwachsenenalter

ETWA IM ALTER zwischen 25 und 30 Jahren schafften es
diejenigen, die im Vorschulalter länger auf die Belohnung warten konnten, laut eigener Auskunft besser, langfristige Ziele zu
verfolgen, gefährliche Drogen zu vermeiden und ein höheres
Bildungsniveau zu erreichen. Und ihr Body-Mass-Index war
zudem deutlich niedriger.[8] Außerdem waren sie belastbarer
und anpassungsfähiger bei der Bewältigung zwischenmensch-
licher Probleme, und sie schafften es besser, enge Beziehungen
aufrechtzuerhalten (darauf gehe ich in Kapitel 12 genauer ein).
Im Lauf der Jahre zeigte sich, dass die Ergebnisse der Bing-
Studie von überraschender Stabilität, Tragweite und Aussagekraft waren: Wenn das Verhalten bei diesem einfachen Marshmallow-Test im Vorschulalter (in statistisch signifikantem
Ausmaß) eine so starke, weitreichende Vorhersagekraft hinsichtlich des späteren Erfolgs im Leben besaß, war es notwendig, die sich daraus ergebenden politischen und pädagogischen
Konsequenzen näher zu betrachten. Was waren die wesent-
lichen Fähigkeiten, die diese Selbstkontrolle ermöglichen?
Konnte man sie erlernen?
    Aber vielleicht hatten wir nur einen Zufallstreffer gelan-
det, beschränkt auf das, was in den Sechziger- und frühen

Siebzigerjahren, auf dem Höhepunkt der Gegenkultur und des Vietnamkriegs, im kalifornischen Stanford geschehen war. Um dies zu überprüfen, führten meine Studenten und ich Jahrzehnte nach dem Beginn der Stanford-Studien eine Reihe weiterer Untersuchungen mit Personengruppen (Kohorten) aus ganz anderen sozialen Milieus – nicht der privilegierten Bildungselite des Stanford-Campus – und vor einem anderen zeithistorischen Hintergrund durch; darunter waren auch öffentliche Schulen in der South Bronx in New York City.[9] Wir fanden heraus, dass die Ergebnisse bei Kindern, die in völlig anderen Verhältnissen aufwuchsen und lebten (in Kapitel 12 schildere ich sie ausführlich), ganz ähnlich waren.

Hirnscans im mittleren Lebensalter

YUICHI SHODA, heute Professor an der University of Washington, und ich haben eng zusammengearbeitet, seit er 1982 ein Aufbaustudium an der Stanford University begann. Im Jahr 2009 waren diejenigen, die an unseren ersten Studien an der Bing Nursery School in Stanford teilgenommen hatten, ungefähr Mitte vierzig. Yuichi und ich brachten damals ein Team kognitiver Neurowissenschaftler von mehreren Hochschulen in den Vereinigten Staaten zusammen, um eine weitere Anschlussstudie durchzuführen. Diesem Team gehörten John Jonides von der University of Michigan, Ian Gotlib aus Stanford und B. J. Casey vom Weill Cornell Medical College an, alles Experten der sozialen Neurowissenschaft, eines Gebiets, das sich mit den neuronalen Mechanismen befasst, die unserem Denken, Fühlen und Handeln zugrunde liegen. Sie erforschen diese Mechanismen mit Verfahren wie der funktionellen Magnetresonanztomografie (fMRT), die die Hirnaktivität einer Person darstellt, während sie verschiedene mentale Aufgaben verrichtet.

Wir wollten mögliche Unterschiede in den Hirnscans von Menschen aufspüren, die ausgehend vom Marshmallow-Test im Lauf ihres Lebens durchweg entweder einen hohen oder niedrigen Grad an Selbstkontrolle zeigten. Wir luden frühere Schüler der Bing Nursery School, die jetzt über das gesamte Land verstreut waren, dazu ein, für ein paar Tage auf den Stanford-Campus zurückzukehren. Sie konnten, wenn sie wollten, ihre Kita von damals besuchen und einige kognitive Tests absolvieren – unter anderem im Hirnscanner der Stanford School of Medicine, die sich auch auf dem Gelände befindet.

Diese Gehirnaufnahmen verrieten, dass diejenigen, die im Kindergarten den verlockenden Marshmallows besser widerstehen konnten und im Lauf der Jahre durchweg ein hohes Maß an Selbstkontrolle aufwiesen, in ihren sogenannten striatofrontalen neuronalen Regelkreisen – die motivationale und Steuerungsprozesse integrieren – deutlich andere Aktivitätsmuster zeigten als diejenigen, die sich damals anders verhielten.[10] Bei den »guten Belohnungsaufschiebern« war das Areal im präfrontalen Kortex aktiver, das für effektives Problemlösen, kreatives Denken und die Kontrolle impulsiven Verhaltens beansprucht wird. Dagegen war bei den »schlechten Belohnungsaufschiebern« das ventrale Striatum aktiver, vor allem wenn sie sich bemühten, ihre Reaktionen auf emotional aufgeladene, verlockende Stimuli zu kontrollieren. Dieses im tiefer liegenden, primitiveren Teil des Gehirns angesiedelte Areal ist mit Verlangen, Lust und Sucht assoziiert.

Als B. J. Casey mit Journalisten über diese Ergebnisse sprach, wies sie darauf hin, dass »schlechte Aufschieber« offenbar einen starken Motor haben, während »gute Aufschieber« scheinbar bessere mentale Bremsen besitzen. Diese Studie verdeutlichte einen wichtigen Punkt: Menschen, die bei unseren psychologischen Tests lebenslang ein geringes Maß an Selbstkontrolle zeigten, fiel es nicht schwer, sich in den meisten Situationen des Alltagslebens zu beherrschen. Ihre charakteristischen Probleme mit der Impulskontrolle im Verhalten und in der Hirnaktivität zeigten sich nur bei sehr starken Verlockungsreizen.

2.

Wie sie es schaffen

DER MARSHMALLOW-TEST und die vielen Studien in den Jahren danach haben uns gezeigt, dass die Fähigkeit zur Selbstkontrolle im frühen Kindesalter einen enormen Einfluss auf unser weiteres Leben hat und dass diese Fähigkeit bei Kleinkindern zumindest grob mit einem einfachen Test gemessen werden kann. Die Herausforderung bestand nun darin, die grundlegenden mentalen und neuronalen Mechanismen zu erklären: Warum sind manche Kinder in der Lage, bei dem Test schier übermenschlich lange zu warten, während andere die Glocke innerhalb von Sekunden läuten? Wenn man herausfinden könnte, wann und warum die Selbstkontrolle besonders leicht- oder besonders schwerfällt, könnte man denen, die kaum warten können, diese vielleicht gezielt beibringen.

Ich habe Vorschulkinder für die Studie ausgewählt, weil ich bei meinen eigenen Kindern beobachtete, dass sie offenbar in diesem Alter beginnen, die Alternative zu verstehen: Sie begreifen, dass ihnen die größere Belohnung entgeht, wenn sie sich entschließen, die kleinere sofort aufzuessen. In dem Alter werden auch wichtige individuelle Unterschiede hinsichtlich dieser Fähigkeit sichtbar.

DIE WANDLUNGEN, die das Neugeborene beziehungsweise Kleinkind in kurzer Zeit vollzieht – diese Entwicklung
vom Krabbeln zum Sprechen und Laufen –, sind wie kleine
Wunder. Aber nichts beeindruckt mich mehr als der Weg
eines Kindes vom verzweifelten Schreien um Hilfe zu der Fähigkeit, in Erwartung zweier Kekse viele langweilige und frus-
trierende Minuten allein auf einem Stuhl zu sitzen, ohne etwas
zu tun zu haben. Wie schaffen sie das?

Vor hundert Jahren glaubte Sigmund Freud, das Neugeborene komme als ein vollständig triebgesteuertes Wesen zur
Welt, und er spekulierte darüber, wie es diesem Bündel biologischer Instinkte, das auf sofortige Bedürfnisbefriedigung aus
war, gelang, die Befriedigung aufzuschieben, wenn es die mütterliche Brust nicht erreichte. Freud stellte 1911 die These auf,
dieser Übergang gelinge dem Kleinkind in den ersten Lebensjahren dadurch, dass es ein mentales halluzinatorisches Bild
seiner Wunschobjekte – der mütterlichen Brüste – erzeuge
und sich darauf konzentriere.[1] Er sprach davon, die libidinöse
oder sexuelle Energie des Säuglings sei auf dieses halluzinatorische Bild gerichtet (genauer gesagt »besetze« sie dieses Bild).
Diese visuelle Repräsentation, so mutmaßte er, erlaube eine
»Zeitbindung«; sie befähige den Säugling, den Impuls zu sofortiger Befriedigung aufzuschieben und vorübergehend zu
hemmen.[2]

Die Annahme, dass mentale Repräsentationen der Belohnung und deren gedankliche Vorwegnahme das zielgerichtete
Streben danach aufrechterhalten, war provokant – aber wie
sollte man sie, lange bevor uns entsprechende Apparate direkte
Einblicke in das menschliche Gehirn ermöglichten, an Klein-

kindern überprüfen? Wir waren davon überzeugt, dass der direkteste Weg, um ein Kleinkind dazu zu bringen, sich die erwarteten Belohnungen vorzustellen, darin besteht, sie während des Wartens unmittelbar vor seinen Augen zu platzieren. In den ersten Experimenten wählte das Kind die Belohnungen aus, die es wollte; daraufhin legte der Versuchsleiter sie auf ein Tablett vor ihm, wo es sie klar und deutlich sehen konnte. In anderen Versuchen wurden die Belohnungen unter das Tablett gelegt, sodass sie nicht zu sehen waren. In diesem Alter begriffen die Kinder aber, dass ihre Belohnungen tatsächlich dort, unter dem Tablett, waren.[3] Wann fiel es den Vorschulkindern am schwersten zu warten?

Vermutlich haben Sie intuitiv richtig geraten: Wenn die Belohnungen offen sichtbar dalagen, war die Versuchung groß, und das Warten fiel den Kindern unglaublich schwer; waren die Belohnungen verdeckt, fiel es ihnen leicht. Vorschulkinder, die die Belohnungen sehen konnten (egal ob es die sofortigen, die aufgeschobenen oder beide waren), warteten im Schnitt weniger als eine Minute, während sie fast zehnmal so lange warteten, wenn die Belohnungen verdeckt waren. Auch wenn die Ergebnisse im Rückblick offensichtlich zu sein scheinen, mussten wir sie empirisch nachweisen, um sicherzustellen, dass wir eine wirklich verlockende, schwierige Konfliktsituation gefunden hatten.

Ich beobachtete die Kinder unbemerkt durch das Spiegelfenster, während sie sich bemühten, vor den offen sichtbaren Belohnungen zu warten. Einige hielten sich ihre Hände vor die Augen, andere stützten den Kopf auf die Arme und starrten zur Seite, oder sie wandten den Kopf nach hinten, um sich den Anblick der Belohnungen zu ersparen. Während sie die meiste Zeit über verzweifelt versuchten, den Blick abzuwenden, schauten einige hin und wieder flüchtig auf die Leckereien, um sicherzugehen, dass sie noch da waren und sich das Warten noch lohnte. Andere führten leise Selbstgespräche; ihr kaum vernehmbares Geflüster schien darauf abzuzielen, ihre Absichten durch Selbstermahnungen – »Ich warte auf die beiden Kekse!« – oder durch lautes Wiederholen der Alternative – »Wenn ich die Glocke läute, bekomme ich diesen, aber wenn ich warte, krieg ich beide!« – zu untermauern. Wieder andere schoben die Glocke und das Tablett so weit wie möglich von sich weg, bis an die Außenkante des Tischs.

Erfolgreiche Belohnungsaufschieber dachten sich alle möglichen Kniffe aus, um sich abzulenken und den Konflikt und Stress, den sie erlebten, abzukühlen. Sie verwandelten die zutiefst unangenehme Situation des Wartens, indem sie sich auf fantasievolle, lustige Art zerstreuten und so ihre Willenskraft nicht unentwegt anspannen mussten: Sie dachten sich kleine Lieder aus (»Was für ein schöner Tag, wie ich ihn mag«, »Das ist mein Zuhause in Redwood City«), schnitten Grimassen, bohrten in der Nase, fummelten in ihren Ohren herum und spielten mit dem, was sie dort zutage förderten; sie erfanden Spiele mit Händen und Füßen und trommelten auf die Zehen, als wären sie Klaviertasten. Wenn alle Ideen ausgeschöpft waren, schlossen einige ihre Augen und versuchten einzuschlafen – wie ein kleines Mädchen, das schließlich den Kopf in die verschränkten Arme auf dem Tisch sinken ließ und in tiefen Schlummer fiel, nur wenige Zentimeter von der Signalglocke entfernt. Solche Tricks, die bei Vorschulkindern wunderbar anzusehen sind, kennt jeder, der schon mal bei einer langweiligen Lesung ganz vorne in der Falle saß.

Auf langen Autofahrten helfen Eltern ihren Kindern dabei, sich mit Späßen die Langeweile zu vertreiben. Wir versuchten das auch im »Überraschungszimmer«: Bevor sie warten mussten, empfahlen wir den Kindern, sich die Zeit mit ein paar lustigen Gedanken zu vertreiben. Wir brachten sie dazu, sich einige Beispiele einfallen zu lassen, etwa »Als mich Mami auf der Schaukel anschubste, ging es hoch und runter, ganz weit hoch und runter«.[4] Sogar die jüngsten Kinder waren beim Erfinden lustiger Gedanken unglaublich fantasievoll, wenn man sie mit ein paar einfachen Beispielen dazu ermunterte. Brachte man die Kinder auf diese heiteren Gedanken, ehe der Versuchsleiter den Raum verließ, warteten sie im Schnitt länger als zehn Minuten, selbst wenn die Belohnungen offen sichtbar waren. Die von ihnen selbst erzeugten Ablenkungen wirkten den starken Effekten der sichtbaren Belohnungen entgegen und ermöglichten ihnen, so lange zu warten, wie sie es bei verdeckten Belohnungen taten. Sie warteten weniger als eine Minute, wenn sie keine ablenkenden Gedanken hatten. Brachte man sie dagegen durch einen Hinweis dazu, an die Belohnungen zu denken (indem man zum Beispiel sagte: »Wenn du willst, kannst du während des Wartens an die Marshmallows denken«), betätigten sie mit Sicherheit die Glocken, bald nachdem die Tür zuging.

Von der Ablenkung zur Abstraktion:
»Ein Bild kann man nicht essen«

UM DIE KINDER verstärkt dazu zu bringen, jene mentalen Bilder zu erzeugen, an die Freud gedacht haben mag, zeigten wir ihnen Abbildungen der Süßigkeiten statt die Süßigkeiten selbst. Bert Moore, damals mein Doktorand in Stanford (heute ist er Dekan der Fakultät für Verhaltens- und Neurowissenschaften an der University of Texas in Dallas), und ich zeigten den Vorschulkindern realistische, lebensgroße Fotos der Leckereien, die sie ausgewählt hatten. Die Bilder wurden auf dem Monitor eines Diaprojektors (der damals besten verfügbaren Technologie) vorgeführt, er stand in der Mitte des Tischs, an dem die Kinder saßen. Wenn sich das Kind zum Beispiel für Marshmallows entschieden hatte, sah es ein Dia davon, während es wartete.[5]

Die Ergebnisse waren überraschend: Sahen die Kinder die realen Marshmallows, war der Aufschub für die meisten unerträglich, wenn sie jedoch nur Bilder davon sahen, fiel ihnen das Warten viel leichter. Kinder, die Bilder der Marshmallows zu sehen bekamen, warteten fast doppelt so lange wie diejenigen, die andere oder gar keine Bilder sahen, oder diejenigen, die den Marshmallows direkt ausgesetzt waren. Allerdings mussten die Bilder genau die Leckereien zeigen, auf die das Kind wartete, nicht nur ähnliche Süßigkeiten ohne Bezug zu dem, was das Kind ausgewählt hatte. Kurzum, verglichen mit dem verlockenden Objekt selbst erleichterte ein Bild davon das Warten. Warum?

Ich fragte Lydia, ein vierjähriges Mädchen mit strahlendem Lächeln, rosigen Wangen und leuchtend blauen Augen: Wie brachte sie es fertig, die ganze Zeit zu warten und geduldig vor dem Bild ihrer Leckereien zu sitzen? »Ein Bild kann man nicht essen!«, antwortete sie, während sie vergnügt ihre beiden Marshmallows probierte. Wenn ein vierjähriges Kind den Blick auf die begehrten Marshmallows heftet, konzentriert es sich wahrscheinlich auf deren heiße, verlockende Merkmale und läutet die Glocke; wenn es ein Bild davon sieht, dient dieses eher als eine kühle Erinnerung an das, was es am Ende erhalten wird. Und eine solche halluzinatorische Repräsentation eines

Wunschobjekts kann man nicht verzehren, was wohl auch Freud schon so gesehen hat.

Während eines Versuchs im Rahmen einer der Studien erklärte man den Kindern, bevor sie sich die realen Objekte anschauen sollten: »Wenn du willst, kannst du so tun, als wären sie nicht wirklich, sondern nur Bilder; rahme sie einfach in deinem Kopf ein, wie bei einem Bild.« Andere Kinder sahen Bilder der Belohnungen, sollten sich aber vorstellen, sie wären real: »Du kannst dir ausmalen, sie wären wirklich vor dir; sag dir einfach, dass sie da sind.«[6]

Wenn die Kinder Bilder der Belohnungen vor sich sahen, warteten sie im Schnitt achtzehn Minuten – aber wenn sie so taten, als hätten sie nicht die Bilder, sondern die realen Belohnungen vor sich, warteten sie weniger als sechs Minuten. Selbst wenn sie vor den realen Belohnungen saßen – die Situation, in der die durchschnittliche Aufschubzeit höchstens eine Minute beträgt –, sie sich aber vorstellten, diese wären Bilder, konnten sie achtzehn Minuten warten. Das Bild, das sie in ihren Köpfen heraufbeschworen, war stärker als das, was sie auf dem Tisch sahen.

Heißer und kühler Fokus

VOR ÜBER FÜNFZIG JAHREN unterschied der kanadische Kognitionspsychologe Daniel Berlyne zwischen zwei Aspekten jedes Stimulus.[7] So hat ein verlockender, appetitiver (also angenehmer) Reiz eine erregende, motivierende Qualität: Er weckt in uns den Wunsch, das Marshmallow zu essen, und dabei empfinden wir ein Lustgefühl. Andererseits liefert er auch deskriptive Hinweise, die etwas über seine nichtemotionalen, kognitiven Merkmale sagen: Er ist rund, weiß, dick, weich, essbar. Die Wirkung, die ein Reiz auf uns hat, hängt also davon ab, wie wir ihn mental repräsentieren. Eine anregende Repräsentation konzentriert sich auf die motivierenden, heißen Eigenschaften des Reizes – die weiche, süße Qualität der Marshmallows oder das Gefühl des eingeatmeten Zigarettenrauchs für den Tabaksüchtigen. Dieser heiße Fokus löst unwillkürlich die impulsive Reaktion aus, das Marshmallow zu essen oder die Zigarette zu rauchen. Eine kühle Repräsentation hingegen konzentriert sich auf die eher abstrakten, kognitiven, faktischen Aspekte des Reizes (das Objekt ist rund, weiß, weich und klein) und sagt uns, wie er beschaffen ist, ohne ihn verlockender zu machen. Sie erlaubt uns, »kühl« darüber nachzudenken, statt nur danach zu greifen. Um diese Hypothese zu überprüfen, brachte der Versuchsleiter in einem Experiment die Kinder dazu, an die heißen, reizvollen Eigenschaften der Belohnungen zu denken: den süßen, weichen Geschmack der Marshmallows.[8] Wenn das »kühle Denken« untersucht werden sollte, wurden die Kinder dazu gebracht, sich die Marshmallows als runde, bauschige Wolken vorzustellen.

Wenn sich die Kinder auf die kühlen Merkmale ihrer Belohnungen konzentrieren sollten, warteten sie doppelt so lange, wie wenn sie ihre Aufmerksamkeit auf die heißen Merkmale lenkten. Noch wichtiger: Wenn das Kind die spezifischen Belohnungen, die vor ihm standen, mental »heiß« fokussierte, konnte es schon bald nicht länger warten. Dachte das Kind hingegen an die heißen Eigenschaften ähnlicher Belohnungen, auf die es nicht wartete (zum Beispiel an Brezeln, während es auf Marshmallows wartete), war dies eine wunderbare Ablenkung – im Schnitt gelang es ihm, die Belohnung siebzehn Minuten aufzuschieben. Kindern, die nicht warten konnten, wenn sie »heiß« an ihr Wunschobjekt denken sollten, fiel das Warten hingegen leicht, wenn man ihnen sagte, »kühl« daran zu denken.

Die von den Vorschulkindern erlebten Emotionen beeinflussten ebenfalls, wie schnell sie die Glocke läuteten. Wenn wir ihnen, bevor wir den Raum verließen, vorschlugen, während des Wartens an etwas zu denken, was sie traurig machte (etwa zu weinen, ohne dass sie jemand tröstet), hörten sie genauso schnell auf zu warten, als hätten wir ihnen vorgeschlagen, an die Leckereien zu denken. Wenn sie an lustige Dinge dachten, warteten sie fast dreimal so lange: im Schnitt rund vierzehn Minuten.[9] Wenn man Neunjährigen Komplimente (zum Beispiel für ihre Zeichnungen) macht, statt etwas Negatives über ihre Arbeit zu sagen, entscheiden sie sich viel öfter für aufgeschobene statt für sofortige Belohnungen.[10] Und das gilt nicht nur für Kinder, sondern auch für Erwachsene.[11] Halten wir fest: Wir sind deutlich weniger dazu bereit, unsere Belohnungen aufzuschieben, wenn wir uns traurig oder schlecht fühlen.[12] Im Vergleich zu glücklicheren Menschen neigen diejenigen mit chronisch negativen Emotionen oder depressiven Verstimmungen dazu, sofortige, aber vergleichsweise weniger reizvolle Belohnungen den höher eingeschätzten vorzuziehen, auf die sie noch warten müssten.

Je heißer und offensichtlicher die begehrte Belohnung und je größer der ihr zugeschriebene Befriedigungswert ist, umso schwieriger ist es, die impulsive Reaktion darauf abzukühlen. Forscher boten fast siebentausend Viert- und Sechstklässlern in staatlichen Schulen Israels die Möglichkeit, zwischen Alternativen zu wählen, die sich in Bezug auf Belohnungsmenge (eins zu zwei), Aufschubintervall (sofort oder eine Woche, eine Woche oder ein Monat) und appetitiven Reiz (Schokolade,

Geld, Farbstifte) voneinander unterschieden. Es ist nicht weiter überraschend, dass sie als aufgeschobene Belohnungen am häufigsten Farbstifte und am seltensten Schokolade wählten.[13] Jeder, der eine Diät macht, weiß, dass süße Verlockungen eine Anziehungskraft ausüben, sobald der Kühlschrank offen ist oder der Kellner die Desserts aufzählt.

Die Anziehungskraft liegt jedoch nicht im Reiz selbst, sondern in seiner mentalen Bewertung: Wenn man anders über ihn denkt, erlebt man ihn anders und reagiert auch anders darauf. Das verlockende Mousse au Chocolat auf dem Dessertwagen des Restaurants wirkt weniger verführerisch, wenn man sich vorstellt, dass gerade eine Kakerlake in der Küche daran genascht hat. Shakespeares Hamlet verkörpert zwar eine unkonstruktive Form der Erfahrungsbeurteilung mit tragischen Konsequenzen – er hat aber einen Punkt sehr gut erkannt: »Denn an sich ist nichts weder gut noch schlimm, das Denken macht es erst dazu.«[14] Hamlet zeigt uns allerdings auch, dass der Versuch, tief verankerte Muster der gedanklichen Verarbeitung und Bewertung von Reizen und Erfahrungen zu verändern, so vergeblich sein kann wie das Bestreben, sich selbst am Gehirn zu operieren.

Wie lassen sich Ereignisse leichter und effektiver kognitiv neu bewerten? Das ist die zentrale Herausforderung kognitiver Verhaltenstherapien sowie eines jeden, der die fest verwurzelten Dispositionen und Gewohnheiten verändern will. Es ist auch die grundlegende Frage, der wir in diesem Buch nachgehen.

Die Marshmallow-Experimente haben mich davon überzeugt, dass Menschen, wenn es ihnen gelingt, einen Reiz mental anders zu repräsentieren, Selbstkontrolle ausüben können und nicht länger Opfer der heißen Stimuli sind, die ihr Verhalten beeinflussen. Sie können heiße, verlockende Reize durch kognitive Neubewertungen »abkühlen« und damit deren Wirkung verändern – zumindest manchmal, unter bestimmten Bedingungen.

Der Trick besteht darin, für die richtigen Bedingungen zu sorgen. Dazu bedarf es keiner spartanischen Selbstquälerei, um sich abzuhärten und den Schmerz mit zusammengebissenen Zähnen zu erdulden, aber es braucht mehr als nur eine starke Motivation und beste Absichten.

Die Macht, dies zu bewerkstelligen, liegt beim präfrontalen Kortex: Wenn er aktiviert wird, verfügt er über schier endlose Möglichkeiten, heiße, verlockende Reize dadurch abzukühlen, dass er sie kognitiv neu bewertet. Die Vorschulkinder haben das mit großer Fantasie vorgeführt, obwohl ihr Stirnhirn noch nicht ausgereift war. Die Verlockungen, denen sie ausgesetzt waren, deuteten sie nach der Devise »Es ist nur ein Bild« um und rahmten sie in ihren Köpfen ein. Oder sie wandten ihre Aufmerksamkeit gänzlich davon ab, indem sie sich selbst auf andere Gedanken brachten und erfundene Lieder sangen oder an ihren Zehen spielten. Oder aber sie deuteten die Reize kognitiv um, um sich auf deren kühle und informative Merkmale statt auf die heißen und erregenden Merkmale zu konzentrieren. Ich selbst habe bei Kindern erlebt, dass sie die Marshmallows in bauschige, in der Luft schwebende Wolken umdeuteten, statt sie als köstliche weiche Leckereien wahrzunehmen. Sie saßen so lange auf ihren Stühlen und rührten weder die Süßigkeiten noch die Glocke vor ihnen an, dass es schließlich meine Studenten und ich waren, die es nicht mehr aushalten konnten.

WIR WISSEN HEUTE, dass die Art und Weise, wie Kinder äußere Belohnungen mental repräsentieren, vorhersagbar die Länge ihrer Wartezeit verändert. In anderen Studien fanden wir auch heraus, dass die Kinder es mit zunehmendem Alter besser schaffen, Belohnungen aufzuschieben; ebenso nimmt das Spektrum von Strategien zu, die sie dafür anwenden.[15] Was aber weiß ein kleines Kind über die Strategien, die ihm dabei helfen – oder nicht helfen –, so lange zu warten, dass es schließlich die Leckereien bekommt? Wie entwickelt sich bei dem Kind das Verständnis dieser Strategien im Lauf der Zeit? Und die wichtigste Frage: Ließ sich durch dieses Verständnis die Fähigkeit verbessern, länger auf eine Belohnung zu warten? Meine Mitarbeiter und ich fragten viele Kinder unterschiedlichen Alters, welche Umstände, Handlungen und Gedanken es ihnen während des Marshmallow-Tests erschweren oder erleichtern würden, auf die Leckereien zu warten.[16] Keines dieser Kinder hatte den Test zuvor schon einmal gemacht, und sie alle wurden in der üblichen Weise in den Test eingeführt. Das Kind wurde an den kleinen Tisch gesetzt, die ausgewählten Leckereien wurden auf dem Tablett präsentiert, und man erklärte ihm die Glocke sowie die Wahl zwischen »Eine Süßigkeit jetzt« und »Zwei Süßigkeiten später«. Doch statt nun den Raum zu verlassen, damit das Kind mit dem Warten beginnen konnte, wollte der Versuchsleiter wissen, was ihm dabei helfen würde. Zum Beispiel: »Würde das Warten für dich einfacher sein, wenn die Marshmallows auf dem Tablett liegen, sodass du sie sehen kannst, *oder* wenn sie unter dem Tablett sind, sodass du sie nicht sehen kannst?«

Im Alter von drei Jahren konnten die meisten Kinder die Frage nicht verstehen und wussten nicht, was sie sagen sollten. Vierjährige verstanden unsere Frage, entschieden sich jedoch systematisch für die schlimmste Strategie: Sie wollten, dass die Belohnungen während der Aufschubphase offen sichtbar vor ihnen liegen, und sie wollten über sie nachdenken, sie betrachten und sich vorstellen, wie gut sie schmecken würden. Gefragt, warum sie es so wollten, antworteten sie: »Das gefällt mir so«, »Ich will sie einfach sehen« oder »Sie sind so lecker«. Sie konzentrierten sich also offenbar auf ihren Wunsch (»Ich mag sie«) und verstanden noch nicht – oder es kümmerte sie nicht –, dass der Anblick der Belohnungen ihnen das Warten ungemein erschweren würde. Sie wollten direkt vor Augen haben, worauf sie warteten. Die Belohnungen deutlich zu sehen machte ihnen einen Strich durch die Rechnung, und sie staunten über sich selbst, als sie bemerkten, dass sie die Glocke betätigt und sich die Leckerei geschnappt hatten. Nicht genug damit, dass sie ihr Verhalten nicht richtig vorhersagen konnten, sie sorgten überdies dafür, dass sie die aufgeschobenen Belohnungen nicht mehr erhalten konnten. Diese Ergebnisse verdeutlichen Eltern vielleicht, weshalb es auch ihren Vierjährigen manchmal noch so schwerfällt, sich selbst zu kontrollieren.

Innerhalb eines Jahres kam es bei den Kindern zu einer eindrucksvollen Veränderung. Im Alter von fünf oder sechs Jahren zogen es die meisten vor, die Belohnungen zu verdecken, und sie lehnten es durchweg ab, ihre Selbstkontrolle dadurch zu stärken, dass sie die Belohnungen mental anders repräsentierten.[17] Stattdessen versuchten sie, sich von der Verlockung abzulenken: »Ich singe einfach ein Lied«, »Ich glaube, ich mache eine Reise in den Weltraum« oder »Ich denke, ich nehme ein Bad«. Mit zunehmendem Alter erkannten sie auch, dass es ihnen half, sich auf die Wahl zu konzentrieren und sie zu wiederholen: »Wenn ich warte, bekomme ich die beiden Marshmallows, aber wenn ich läute, bekomme ich nur einen.« Und sie ermahnten sich selbst mit Anweisungen wie: »Ich sage: ›Nein, du sollst die Glocke nicht läuten.‹ Wenn ich die Glocke läute und der Lehrer kommt herein, bekomme ich nur den einen.«

»Wie würde es leichter für dich sein, auf die Marshmallows zu warten?«, fragte ich den neunjährigen Simon. Als Antwort gab er mir eine Zeichnung, auf der eine Person während des Marshmallow-Tests zu sehen war; in einer Gedankenblase stand: »Ich lenke mich ab und denke an etwas, das ich mag.« Sein zusätzlicher schriftlicher Rat an mich: »Schau dir nicht an, worauf du wartest – und denk an nichts, denn sonst denkst du daran. Lenk dich mit dem ab, was du gerade hast.« Im weiteren Verlauf unseres Gesprächs erklärte mir Simon, wie er es fertigbrachte. Er sagte mir: »Ich habe mindestens tausend erfundene Figuren im Kopf, zum Beispiel die kleinen Spielfiguren in meinem Zimmer. Ich stelle mir vor, wie ich sie nehme und mit ihnen spiele – ich denke mir Geschichten aus, richtige Abenteuer.« Wie Simon können auch andere Kinder seines Alters in unglaublich kreativer Weise ihre Fantasie dazu nutzen, sich abzulenken und die Zeit zu vertreiben, wenn sie in Situationen wie dem Marshmallow-Test die Belohnung aufschieben müssen.

Die meisten Kinder schienen bis zum Alter von etwa zwölf Jahren nicht zu erkennen, dass kühle Gedanken nützlicher sind als erregende, heiße Gedanken. Ab diesem Alter verstehen sie dann meistens, dass es mit heißen Gedanken über die Leckereien nicht möglich sein würde, lange darauf zu warten, während sie mit kühlen Gedanken, die die Marshmallows etwa in bauschige Wolken verwandeln, den Wunsch danach weniger dringend machen würden und somit leichter warten könnten. Wie es ein Junge ausdrückte: »Aufgeblähte Wolken kann ich nicht essen.«

Mit diesen Studien wollten wir eine Schlüsselfrage beantworten: Verschafft die Kenntnis von Strategien, die den Aufschub erleichtern, dem Kind – und übrigens ebenso dem Erwachsenen – auch eine größere Freiheit gegenüber Verlockungen und Zwängen, denen es zu widerstehen versucht? Wird man nicht länger von ihnen beherrscht und herumgeschubst? Wir erhielten die Antwort viele Jahre später in einer Studie über Jungen mit gestörter Impulskontrolle, die sich während eines stationären Behandlungsprogramms in einem Sommerlager aufhielten (siehe Kapitel 15).[18] Wenn sie Strategien für den Belohnungsaufschub kannten, warteten sie beim Marshmallow-Test länger als diejenigen, die dieses Wissen nicht hatten. Das galt auch dann, wenn der Einfluss der Faktoren Alter und verbale Intelligenz herausgerechnet und die Ergebnisse entsprechend statistisch bereinigt wurden. Es zeigte sich, dass es für Eltern und Lehrer ein durchaus leicht zu verwirklichendes Ziel sein könnte, bei den Kindern dieses Verständnis zu verbessern.

Einschränkungen

IN DEN ACHTZIGERJAHREN berichtete ich in einem europaweit führenden Forschungsinstitut für Verhaltenswissenschaften von einigen der ersten Ergebnisse unserer Anschlussstudien, die wir in Stanford durchführten. Ich sprach über die Zusammenhänge, die wir zwischen der Wartezeit beim Marshmallow-Test einerseits und den Messungen der

Leistungsfähigkeit in der Adoleszenz, etwa den im Studierfähigkeitstest erreichten Punktwerten, andererseits festgestellt hatten. Ein paar Monate später meldete sich Myra bei mir, eine leitende Mitarbeiterin des Instituts, mit der ich befreundet bin und die meinen Vortrag gehört hatte. Sie erklärte mir allen Ernstes, sie habe einige beunruhigende Neuigkeiten. Ihr vierjähriger Sohn weigere sich konsequent, auf mehr Kekse (seine Lieblingsleckerei) zu warten, obwohl sie alles versucht habe, ihn dazu zu bewegen. Myra ist eine hervorragende Wissenschaftlerin, aber sie hatte die Zusammenhänge, die ich in meinem Vortrag erwähnte, falsch gedeutet. Zumindest was ihren Sohn betraf, glaubte Myra, aus statistisch signifikanten und für verschiedene Gruppen von Kindern gleichen Ergebnissen folge, dass ihrem Kind eine düstere Zukunft bevorstehe, wenn es bei dem von ihr getesteten Indikator die Belohnung nicht aufschieben könne.

Dabei wusste sie: Zusammenhänge, die aussagekräftig, stimmig und statistisch signifikant sind, erlauben mitunter weitgehende Verallgemeinerungen für eine Bevölkerungsgruppe – aber nicht unbedingt verlässliche Vorhersagen für einen Einzelnen. Nehmen wir zum Beispiel den Tabakkonsum. Viele Menschen sterben vorzeitig an Raucherkrankheiten, aber einige – sogar viele – tun dies nicht. Wenn Johnny im Kindergarten auf seine Marshmallows wartet, wissen Sie, dass er, zumindest in dieser Situation, die Belohnung aufschieben kann. Wenn nicht, können Sie nicht sicher sein, was dies bedeutet. Es könnte sein, dass er warten wollte, aber nicht konnte, oder es könnte auch einfach bedeuten, dass er nicht aufs Klo gegangen war, ehe er sich an den Test setzte. Wenn ein kleines Kind unbedingt durchhalten will, aber dann doch die Glocke läutet, lohnt es sich, nach den Gründen zu suchen.

Wie sich in späteren Kapiteln zeigen wird, haben manche Kinder zunächst eine geringe Aufschubfähigkeit und werden dann im Lauf der Jahre besser, während andere zunächst die Belohnung aufschieben können, dann aber nach und nach immer weniger zur Selbstkontrolle fähig sind. Die Experimente an der Bing Nursery School haben nachgewiesen, wie mentale Repräsentationen verlockender Reize deren Einfluss auf das Verhalten ändern und sogar umkehren können. Das Kind, das nicht einmal eine Minute warten kann, bringt es fertig, zwanzig Minuten zu warten, wenn es seine Gedanken über die Verlockungen verändert. Für mich ist diese Erkenntnis wichtiger als die langfristigen Zusammenhänge, weil sie Strategien aufzeigt, die die Fähigkeit zur Selbstkontrolle stärken und Stress reduzieren können. Und die Fortschritte der letzten Jahrzehnte auf dem Gebiet der kognitiven Neurowissenschaften und der bildgebenden Verfahren haben die neuronalen Mechanismen im Gehirn verdeutlicht, die der Fähigkeit zum Belohnungsaufschub zugrunde liegen. Wir sehen und verstehen heute immer besser, wie die Gedanken unser Gehirn abkühlen können, wenn wir unsere Impulse am dringendsten kontrollieren müssen. Das nächste Kapitel zeigt, wie es funktioniert.

3
Heißes Denken, kühles Denken

VOR LANGER, LANGER ZEIT – nach manchen Schätzungen vor etwa 1,8 Millionen Jahren – stiegen unsere evolutionsgeschichtlichen Vorfahren von den Bäumen der Flusswälder herab, dem Lebensraum der Menschenaffen. Sie wurden zum Homo erectus, der sich auf zwei Beinen durch Graslandschaften bewegte, in denen er ums Überleben kämpfte und sich fortpflanzte. Die Menschheit überstand diese prähistorischen Abenteuer – und vermehrte sich erfolgreich – wahrscheinlich wegen des heißen, emotionalen Systems im Gehirn, dem sogenannten limbischen System.[1]

Das heiße, emotionale System

DAS LIMBISCHE SYSTEM besteht aus einfachen Hirnstrukturen zwischen Kortex und Hirnstamm, die sich in einer frühen Phase unserer Evolution entwickelten. Diese Strukturen steuern grundlegende, überlebenswichtige Triebe und Emotionen, von Furcht und Wut bis zu Hunger und Sex. Dieses System half unseren Ahnen, mit Hyänen, Löwen und anderen Wildtieren fertigzuwerden, die sowohl eine Nahrungsquelle als auch eine tägliche tödliche Gefahr für sie waren. Innerhalb des limbischen Systems ist die Amygdala, eine kleine mandelförmige Struktur – Amygdala bedeutet im Lateinischen »Mandel(kern)« –, besonders wichtig. Sie spielt eine

Schlüsselrolle bei Furchtreaktionen und bei sexuellem sowie appetitivem Verhalten (Verhaltensweisen, die auf Bedürfnisbefriedigung und Lustgewinn ausgerichtet sind). Die Amygdala versetzt den Körper schnell in Handlungsbereitschaft, sie hält nicht inne, um nachzudenken, zu reflektieren oder langfristige Folgen abzuwägen.

Wir haben heute noch immer ein limbisches System, das weitgehend genauso funktioniert wie bei unseren evolutionären Vorfahren. Es bleibt unser emotional heißes *Los!*-System, spezialisiert darauf, schnell auf starke, emotionsauslösende Reize zu reagieren, die automatisch Lust, Schmerz und Furcht hervorrufen. Bei der Geburt ist es bereits voll funktionsfähig; es lässt das Neugeborene schreien, wenn es Hunger oder Schmerzen hat. Auch wenn wir es heutzutage im späteren Leben nur noch selten benötigen, um mit Löwen klarzukommen, leistet es uns nach wie vor unschätzbare Dienste, wenn es darum geht, bedrohlichen Gestalten in dunklen Gassen oder einem auf vereister Straße ins Schlittern kommenden Fahrzeug auszuweichen. Das heiße System gibt dem Leben seine emotionale Würze. Es motiviert Kinder im Vorschulalter dazu, zwei Marshmallows zu wollen, aber es macht es für sie auch schwer, das Warten zu ertragen.[2]

Die Aktivierung des heißen Systems sorgt dafür, sofort zu handeln: Der Hunger nach Nahrung und das Verlangen nach anderen verlockenden Reizen rufen schnelle, heiße *Los!*-Verhaltensweisen hervor; Bedrohungen und Gefahrensignale lösen unwillkürliche Verteidigungs- und Fluchtreaktionen aus. Das heiße System ähnelt dem freudschen Es; für Freud war das Es eine unbewusste psychische Instanz mit biologisch angelegten sexuellen und aggressiven Triebregungen, die nach sofortiger Befriedigung und Spannungsabbau drängen und gleichgültig gegenüber den Konsequenzen sind.[3] Wie das freudsche Es arbeitet auch das heiße System automatisch und überwiegend unbewusst, aber es steht im Dienst von weit mehr als nur der sexuellen und aggressiven Impulse, die Freud interessierten. Es reagiert reflexartig, ohne nachzudenken und emotional, was dazu führt, dass es unwillkürlich ganz schnell die Konsumlust erhöht, die Aufmerksamkeit steigert oder impulsive Handlungen auslöst. Es lässt das Vorschulkind die Glocke läuten und zum Marshmallow greifen, den Übergewichtigen während einer Diät in die Pizza beißen, den Nikotinsüchtigen gierig an der Zigarette ziehen, den Gewalttätigen seine Partnerin schlagen und den sexuell enthemmten Mann das Zimmermädchen begrapschen.

Konzentriert man sich auf die heißen Merkmale einer Verlockung, führt das leicht zur *Los!*-Reaktion. Bei den Marshmallow-Experimenten habe ich einmal beobachtet, wie die Hand eines Kindes plötzlich hervorschoss und fest auf die Glocke schlug, während das erstaunte Kind bedrückt auf seine Hand blickte und sich fragte, warum sie das getan hatte. Für Vierjährige kann der Auslöser sein, dass sie an den weichen, süßen Geschmack der Marshmallows denken; für Alkoholiker, Raucher und Menschen, die eine Diät machen, hat jedes der heißen Merkmale seine ganz besondere Anziehungskraft und kann sie zu hilflosen Opfern werden lassen. Der bloße Anblick eines Schokoriegels, einer Whiskey-Flasche oder einer Zigarette – oder auch nur der Gedanke daran – kann die Handlung unwillkürlich auslösen. Und je öfter dies geschieht, umso schwieriger wird es, die mentale Repräsentation zu ändern und die unwillkürliche *Los!*-Reaktion abzuwenden. Es ist viel leichter, einige Strategien zur Selbstkontrolle in frühen Jahren zu lernen und zu üben, als heiße, selbstzerstörische, reflexartige Reaktionsmuster zu verändern, die sich über viele Jahre eingeschliffen haben.

Hoher Stress aktiviert das heiße System. Dieser Mechanismus war in unserer evolutionären Vergangenheit durchaus sinnvoll, um in Gefahrensituationen adäquat zu reagieren, etwa wenn plötzlich Löwen auftauchten. Er aktiviert erstaunlich schnell (innerhalb von Millisekunden) automatische Selbstschutzreaktionen und ist in vielen Notlagen, in denen sofortiges Handeln erforderlich ist, um zu überleben, noch immer nützlich. Aber diese heiße Reaktion ist nicht hilfreich, wenn der Erfolg in einer bestimmten Situation davon abhängt, dass man einen kühlen Kopf bewahrt, vorausplant und das anstehende Problem rational löst. In den ersten Lebensjahren ist das heiße System tonangebend, was für Vorschulkinder die Selbstkontrolle besonders schwer macht.

Das kühle, kognitive System

ENG VERBUNDEN mit dem heißen System des Gehirns ist sein kühles System, das kognitiv, komplex und reflektierend und schwerer zu aktivieren ist. Es befindet sich vornehmlich im präfrontalen Kortex. Dieses kühle, kontrollierte System ist maßgeblich an zukunftsorientierten Entscheidungen beteiligt und hilft bei der Selbstkontrolle, wie man im Marshmallow-Test sehen kann. Wichtig ist folgendes: Starker Stress schwächt das kühle System und stärkt das heiße System. Beide Systeme wirken ständig und direkt aufeinander ein, stehen in einer Wechselbeziehung: In dem Maße, wie die Aktivität des einen zunimmt, sinkt die des anderen.[4] Auch wenn wir nur selten mit Löwen zu tun haben, sind wir täglich den vielen Stressfaktoren der modernen Welt ausgesetzt. Oftmals hat das heiße System dabei die Oberhand, während das kühle System ausgerechnet dann herunterfährt, wenn wir es am dringendsten brauchen.

Der präfrontale Kortex ist der evolutionär am höchsten entwickelte Bereich des Gehirns.[5] Er ermöglicht und unterstützt die höchsten kognitiven Fähigkeiten, die das spezifisch Menschliche an uns ausmachen. Er steuert unsere Gedanken, Handlungen und Gefühle, ist die Quelle von Kreativität und Fantasie, und er hemmt auch maßgeblich Handlungen, die mit der Verfolgung bestimmter Ziele unvereinbar sind. Der präfrontale Kortex erlaubt uns, unsere Aufmerksamkeit neu auszurichten und Strategien an sich verändernde Situationen flexibel anzupassen. Die Fähigkeit zur Selbstkontrolle ist genau dort verankert.

Das kühle System entwickelt sich langsam und wird in den Vorschul- und den ersten Grundschuljahren allmählich aktiver. Vollständig ausgereift ist es erst mit Anfang zwanzig, sodass das Kind ebenso wie der Jugendliche in hohem Maße den Launen des heißen Systems ausgesetzt bleibt. Anders als das heiße System ist das kühle System an die faktischen Aspekte von Reizen angepasst und ermöglicht rationales, reflektiertes und strategisches Verhalten.

Wie ich weiter vorn beschrieben habe, erfanden erfolgreiche Belohnungsaufschieber beim Marshmallow-Test bestimmte Strategien, um sich selbst von den verlockenden Leckereien und der Glocke abzulenken. Sie konzentrierten sich auch auf die kühlen, abstrakten, faktischen Merkmale der Verlockungen, so wie sie sich diese vorstellten – die Marshmallows glichen etwa aufgeblähten Wolken oder Wattebäuschen. Und sie entzogen sich den heißen Merkmalen – oder veränderten sie –, um sie abzukühlen (sie redeten sich ein, es wäre bloß ein Bild; sie stellten sich vor, die Verlockungen wären eingerahmt, und sie sagten sich, dass man ein Bild nicht essen könne). Die unterschiedlichen kognitiven Fähigkeiten, die sie zum Warten auf die Süßigkeiten einsetzten, sind Prototypen jener kognitiven Kompetenzen, die sie Jahre später benötigten, um sich auf Highschool-Examen vorzubereiten, statt mit Freunden ins Kino zu gehen, oder um anderen Verlockungen nicht nachzugeben.

Das Alter spielt eine Rolle.[6] Die meisten Kinder unter vier Jahren können es beim Marshmallow-Test nicht aushalten, die Belohnung aufzuschieben. Wenn sie den Verlockungen ausgesetzt sind, betätigen sie innerhalb von etwa dreißig Sekunden die Glocke oder beginnen, an den Süßigkeiten zu naschen. Ihr kühles System ist noch nicht hinlänglich entwickelt. Dagegen konnten in einigen Studien fast 60 Prozent der zwölfjährigen Kinder sogar bis zu 25 Minuten warten – eine sehr lange Zeit, um in einem kahlen Zimmer vor ein paar Keksen und einer Glocke still dazusitzen.[7]

Auch das Geschlecht ist von Bedeutung. Jungen und Mädchen zeigen in verschiedenen Phasen ihrer Entwicklung unterschiedliche Vorlieben, und die verfügbaren Belohnungen beeinflussen, ob und wie lange sie warten: Das, was für Jungen begehrenswert ist, mag für Mädchen nicht verlockend sein, und umgekehrt – zum Beispiel Feuerwehrautos, Puppen, Schwerter oder Schminksets. Aber selbst wenn die Belohnungswerte einander angeglichen werden und die Motivation gleich stark ist, warten Mädchen im Allgemeinen länger als Jungen. Auch unterscheiden sich womöglich ihre »Abkühlungsstrategien«. Ich habe es zwar nicht gemessen, aber es scheint so, als würden Jungen im Vorschulalter mehr körperliche Aktivitäten einsetzen, wie etwa mit dem Stuhl nach hinten zu kippen oder mit ihm hin und her zu schaukeln oder auch die Verlockungen wegzuschieben. Mädchen hingegen singen sich eher selbst etwas vor oder versuchen einfach, die Verlockungen zu ignorieren. Aber das ist lediglich mein Eindruck, kein wissenschaftliches Ergebnis.

Dass Mädchen bereitwilliger und fähiger sind, um länger zu warten, stimmt auch mit dem Befund überein, dass, zumindest in den Vereinigten Staaten, Mädchen während der Schuljahre von ihren Lehrern, ihren Eltern und auch in ihren Selbsteinschätzungen eine höhere Selbstdisziplin bescheinigt wird.[8] Bereits in den ersten vier Lebensjahren sind Mädchen im Allgemeinen folgsamer als Jungen.[9] In der späteren Kindheit wird Mädchen durchschnittlich eine höhere Selbstdisziplin bei der Erledigung der Schulaufgaben nachgesagt, und sie erhalten oft bessere Zensuren als Jungen. Allerdings sind diejenigen, die diese Einschätzungen abgeben, darunter die Kinder selbst, von bestimmten kulturellen Stereotypen über Geschlechterunterschiede beeinflusst. »Brave Mädchen« sollen demnach gewissenhaft und umsichtig sein, während sich »echte Jungs« impulsiver, aufsässiger, ja sogar rüpelhafter verhalten sollen – sie beschäftigen sich lieber mit Fußball, nicht mit ihren Stundenplänen. Bei hypothetischen Wahlmöglichkeiten über aufgeschobene Belohnungen wie etwa »Sind dir 55 Dollar heute lieber als 75 Dollar in 61 Tagen?« entscheiden sich Mädchen häufiger für die aufgeschobenen Belohnungen als Jungen.[10] Aber wenn es sich nicht um eine hypothetische, sondern eine reale Wahlmöglichkeit handelt (heute einen Umschlag mit einem Dollar behalten oder diesen genau eine Woche später zurückgeben und zwei Dollar bekommen), verschwinden die Geschlechterunterschiede.

Wenn wir beim Marshmallow-Test und bei anderen Studien der Selbstkontrolle nach Geschlechterunterschieden Ausschau halten, finden wir sie nicht immer. Aber insgesamt scheinen Mädchen bei kognitiven Selbstkontrollfähigkeiten und Motivationen, die Belohnungsaufschub ermöglichen, Jungen überlegen zu sein, zumindest in den bislang untersuchten Bevölkerungs- und Altersgruppen.[11]

Wenn man Verlockungen ausgesetzt ist und vorübergehend dem heißen System entgehen möchte, kann man sich als Strategie vorstellen, wie sich eine andere Person verhalten würde. Das kühle System lässt sich leichter aktivieren, wenn man heiße Entscheidungen für andere statt für sich selbst trifft. Ein Forscher – ich erinnere mich leider nicht mehr an seinen Namen, aber seine Geschichte kann ich nicht vergessen – bat Vorschulkinder, eine Wahl zwischen einem kleinen Stück Schokolade sofort und einem sehr großen Stück in zehn Minuten zu treffen (er zeigte den Kindern beide Stücke Schokolade). Als er einen kleinen Jungen fragte: »Wofür würde sich ein intelligentes Kind entscheiden?«, sagte dieser, dass es warten würde. Als der Forscher fragte: »Und was machst du?«, sagte der Junge: »Ich esse es gleich!« Zum selben Ergebnis kam ein Experiment mit Dreijährigen. Sie sollten zwischen einer sofortigen kleinen Belohnung und einer aufgeschobenen größeren Belohnung wählen. Als sie gefragt wurden, was der Versuchsleiter machen würde, konnten sie ihr kühles System aktivieren und waren eher in der Lage, sich für die aufgeschobene Belohnung zu entscheiden. Aber wenn sie die Wahl für sich selbst trafen, wurde die Entscheidung heiß, und die meisten von ihnen zogen die sofortige Belohnung vor.[12]

Die Auswirkungen von Stress: Das kühle System fällt aus,
wenn man es am dringendsten braucht

KURZFRISTIGER STRESS kann adaptiv sein, also ein
für die Situation passendes Verhalten auslösen. Aber Stress
kann auch schädlich, ja sogar toxisch wirken, wenn er intensiv
wird und längere Zeit andauert – zum Beispiel bei Menschen,
die auf jede Frustration, vom Verkehrsstau bis zur Schlange an
der Kasse, mit Wut reagieren, oder die sich von extremen, lang
anhaltenden Gefahrensituationen oder Verhältnissen, die von
Chaos oder Armut geprägt sind, überfordert fühlen.[13] Andau-
ernder Stress beeinträchtigt die Funktionstüchtigkeit des präfrontalen Kortex, der viele Dinge entscheidend beeinflusst –
nicht nur auf Marshmallows zu warten, sondern auch die
Highschool und das Studium abzuschließen, länger bei einem
Job zu bleiben, Bürointrigen durchzustehen, Depressionen zu
vermeiden, Beziehungen aufrechtzuerhalten und keine Entscheidungen zu treffen, die intuitiv richtig zu sein scheinen,
sich aber bei näherer Betrachtung als unvernünftig erweisen.

Nachdem die Neurowissenschaftlerin Amy Arnsten von
der Yale University die Ergebnisse von Studien über die Folgen
von Stress ausgewertet hatte, gelangte sie zu dem Schluss, dass
»schon ein relativ milder, akuter, aber unkontrollierbarer Stress
einen raschen und dramatischen Verlust der präfrontalen kognitiven Fähigkeiten bewirken kann«.[14] Je länger der Stress
anhält, umso stärker werden diese Fähigkeiten beeinträchtigt
und umso dauerhafter ist die Schädigung; dies führt letztlich
ebenso zu psychischen wie zu körperlichen Erkrankungen.[15]
Folglich steht der Teil des Gehirns, der kreatives Problemlösen
ermöglicht, immer weniger zur Verfügung, je dringender wir
ihn benötigen. Erinnern wir uns an Hamlet: Mit wachsendem

Stress verengte sich sein Horizont immer stärker, er litt an quälenden Selbstzweifeln, war wie gelähmt von seinen Grübeleien und wirren Gefühlen und unfähig zu entschlossenem Handeln, bis er schließlich Chaos und Verwüstung rund um sich herum anrichtete und seinen Niedergang weiter beschleunigte.[16]

Mehr als vierhundert Jahre, nachdem Shakespeare Hamlets Seelenqual so dramatisch in Worte fasste, können wir rekonstruieren, was in seinem Gehirn vor sich gegangen sein muss – nicht mit der Sprache des Dichters, sondern mit einem Modell des Gehirns unter chronischem Stress. Die Architektur des Gehirns bildet sich unter solchen Umständen buchstäblich um. Hamlet hatte keine Chance. Unter dem anhaltenden Stress verkümmerten sein kühles System, speziell der präfrontale Kortex, der von entscheidender Bedeutung für das Lösen von Problemen ist, und sein Hippocampus, der eine zentrale Rolle für das Gedächtnis spielt. Gleichzeitig nahm seine Amygdala, die im Zentrum seines heißen Systems steht, übermäßig an Größe zu. Diese Kombination von hirnanatomischen Veränderungen machte Selbstkontrolle und kühles Denken unmöglich. Als der Stress länger anhielt, verkümmerte die zunächst angeschwollene Amygdala, wodurch letzten Endes normale emotionale Reaktionen nicht mehr möglich waren. Kein Wunder, dass *Hamlet* eine Tragödie war.

4
Wie die Fähigkeit zur Selbstkontrolle entsteht

WIE FRÜH LÄSST SICH im Leben unserer Kinder erkennen, ob sie zum Belohnungsaufschub in der Lage sind oder ob ihnen diese Fähigkeit fehlt? Ich habe oft mit Freunden darüber diskutiert, als sie selbst, wie ich, kleine Kinder hatten. Alle waren davon überzeugt, dass sich die ersten Anzeichen entsprechender Unterschiede schon kurz nach der Geburt bemerkbar machten. Sie waren sich sicher, dass Valerie diese Fähigkeit besaß und Jimmy nicht; Sam, ja unbedingt, Celia, nicht im Geringsten. Es gab jede Menge Anekdoten und heiße Diskussionen, aber vieles blieb in der Schwebe, was erst die Zukunft klären würde.

Im Jahr 1983, etwa fünfzehn Jahre nach dem Beginn der Marshmallow-Studien in Stanford, nahm ich eine Professur an der Columbia University an und zog wieder nach New York City. Eine der vielen Verlockungen war die Tatsache, dass ein junger Kollege, Lawrence Aber, am Barnard College lehrte, das gegenüber dem Columbia-Campus liegt. Larry war Forschungsdirektor des Barnard Toddler Center (das sich dem Verhalten von Kleinkindern widmet), und über die nächsten zwanzig Jahre arbeiteten wir eng zusammen. So konnten wir die ungeklärte Frage, wann und wie sich die Aufschubfähigkeit entwickelt, erforschen.

Die »Fremde Situation«

IM »ÜBERRASCHUNGSZIMMER« der Bing Nursery
School auf Marshmallows zu warten mag für Vier- und Fünfjährige eine Qual gewesen sein, aber für ein achtzehn Monate
altes Kind war es noch schwerer, im Barnard Toddler Center
auf die Rückkehr seiner Mutter zu warten, nachdem diese das
kleine Zimmer verlassen hatte und das Kind mit einer fremden Person (einer Freiwilligen des Barnard College) und ein
paar Spielzeugen auf dem Boden zurückblieb. Kurze Tren-
nungen sind in frühen Lebensjahren Stresssituationen, die
jedes Kind durchstehen muss, wenn die Hauptbezugsperson –
meistens die Mutter – fortgeht, um hoffentlich bald zurückzu-
kommen. Schon in der Mitte des zweiten Lebensjahres unterscheiden sich Kleinkinder deutlich in ihrer Bindung an die
Hauptbezugsperson: Sie sind entweder unsicher, sicher oder
ambivalent gebunden. Wie sie sich in solchen Situationen der
Trennung und des Wiedersehens verhalten, gibt uns einen ersten Einblick in ihre Beziehungen und Bewältigungsstrategien
der frühen Lebensjahre. Mary Ainsworth konzipierte die
»Fremde Situation« als eine Methode zur Beobachtung dieser
Beziehung.[1] Ainsworth war eine Schülerin des einflussreichen
britischen Psychologen John Bowlby, der in den Dreißigerjahren begann, die Folgen früher Bindungserfahrungen von Kindern zu erforschen, insbesondere die Auswirkungen der Trennung von ihrer Hauptbezugsperson (eine besonders häufige
Stresserfahrung in Kriegszeiten). Die »Fremde Situation« si-
muliert ein kurzes Verschwinden der Mutter und eine Wiedervereinigung unter kontrollierten, harmlosen Bedingungen – die
Mutter kann rasch zurückkehren, wenn der emotionale Stress
des Kindes zu groß wird, was sich etwa in herzzerreißendem

Weinen oder verzweifeltem Pochen an die Tür äußert. Das Experiment besteht aus drei sorgfältig strukturierten Phasen.

Während der ersten Phase, dem *Freien Spiel*, werden Mutter und Kind (Benjamin in diesem Beispiel) für fünf Minuten in dem Zimmer allein gelassen; sie sollen dort »spielen, als wären sie zu Hause«.

In der zweiten Phase, der *Trennung*, ruft der Direktor der Schule die Mutter aus dem Zimmer, während Benjamin zwei Minuten lang mit einer studentischen Assistentin allein dort zurückbleibt. Benjamin hat die Assistentin zuvor in Gegenwart seiner Mutter etwa siebzehn Minuten lang gesehen beziehungsweise sich mit ihr beschäftigt. Die Assistentin schweigt während der Trennungsphase; nur wenn Benjamin sich stark emotional gestresst zeigt, beruhigt sie ihn kurz und sagt, dass »Mama zurückkommt«.

In der dritten Phase, der *Wiedervereinigung*, unmittelbar nach der zweiminütigen Trennung, betritt die Mutter wieder den Raum und nimmt Benjamin auf den Arm. Die Assistentin zieht sich unauffällig zurück, und Mutter und Kind spielen für drei Minuten zusammen.

Meine Studentin Anita Sethi fragte sich, ob das Verhalten des achtzehn Monate alten Kindes während der Trennung eine Aussage darüber zuließ, wie es sich drei Jahre später dem Warten auf die beiden Marshmallows stellen würde. Um diese Hypothese zu überprüfen, richteten wir 1998 am Barnard Toddler Center einen Testraum für die »Fremde Situation« ein und filmten alles, was sich während jeder Phase ereignete. Wir protokollierten das Verhalten des Kindes in Intervallen von zehn Sekunden – zum Beispiel, ob es spielte oder in einer gewissen Entfernung von seiner Mutter die Umgebung erkundete, sich während ihrer Abwesenheit selbst ablenkte, indem es ein Spielzeug betrachtete oder damit spielte oder ob es sich mit der fremden Person beschäftigte. Wir zeichneten auch sein emotionales Ausdrucksverhalten und alle negativen Affekte (Weinen, trauriger Gesichtsausdruck) auf. Das spontane Verhalten der Mutter wurde genauso detailliert festgehalten; erfasst wurde dabei auch, wie sie sich um Interaktionen mit dem Kind bemühte, wie sie in sein Spiel eingriff oder versuchte, es zu steuern.

Es wurde auch registriert, wenn sie die kindlichen Hinweisreize nicht beachtete. »Mütterliche Kontrolle« – also de facto *Über*kontrolle und Unempfindlichkeit für die kindlichen Bedürfnisse – wurde anhand solcher Hinweisreize wie Gesichtsmimik der Mutter, Lautäußerungen, Position im Verhältnis zum Kind, Ausmaß des Körperkontakts, Ausdruck der Zuneigung und »Sprecherrollenwechsel« beurteilt.[2]

Wenn es Kleinkindern (zwischen ein und drei Jahren) gelang, sich von der Abwesenheit der Mutter abzulenken – indem sie mit dem Spielzeug spielten, den Raum erkundeten oder sich mit der fremden Person beschäftigten –, ersparten sie sich den Stress, den jene erlebten, die sich nicht von der Tür losreißen konnten und schnell in Tränen ausbrachen. Die emotionale Belastung für das Kleinkind während der zweiminütigen Abwesenheit der Mutter wuchs mit jeder Sekunde. Vor allem die letzten dreißig Sekunden müssen sich endlos angefühlt haben, und das Verhalten der Kleinkinder während dieser am schwersten zu ertragenden Phase war besonders aufschlussreich: Es deutete –weit besser als eine bloße Zufallsvorhersage – an, wie sie sich beim Marshmallow-Test im Kindergartenalter verhalten würden. Speziell die Kleinstkinder, die diese letzten dreißig Trennungssekunden in der »Fremden Situation« damit verbrachten, sich von der Abwesenheit der Mutter abzulenken, warteten im Alter von fünf Jahren länger auf ihre Süßigkeiten und brachten sich während des Marshmallow-Tests effektiver auf andere Gedanken. Dagegen betätigten die Kinder, die sich mit anderthalb Jahren nicht entsprechend ablenken konnten, drei Jahre später beim Warten auf ihre Süßigkeiten die Glocke früher. Diese Ergebnisse zeigen, wie wichtig die Aufmerksamkeitsregulation ist, um Stress zu kontrollieren und abzukühlen – und das bereits in frühen Lebensjahren.[3]

Die empfindlichen Anfänge

NEUGEBORENE WERDEN zunächst fast völlig von ihrem inneren Zustand und den Bezugspersonen bestimmt, von denen sie abhängig sind. In den ersten Monaten nach der Geburt besteht die Hauptbeschäftigung der Bezugsperson darin, das Neugeborene zu beruhigen, zu wiegen, zu füttern und zu hätscheln – und zwar Tag und Nacht.[4] Wie liebevoll und einfühlsam Neugeborene behandelt werden – beziehungsweise wie sehr sie vernachlässigt oder sogar missbraucht werden –, wird in ihr Gehirn eingraviert und bestimmt maßgeblich, wie sie sich künftig entwickeln.[5] Es kommt entscheidend darauf an, dafür zu sorgen, dass ein Kleinkind keinem chronisch hohen Stress ausgesetzt ist. Enge, einfühlsame Bindungen sorgen dafür, dass sich Babys emotional geborgen und sicher fühlen.[6]

Die Plastizität des Gehirns lässt Kleinkinder im ersten Lebensjahr höchst anfällig werden für Schädigungen ihrer wichtigsten neuronalen Systeme, wenn sie extrem negative Erfahrungen machen, etwa grobe Misshandlungen erleben oder mit gefühlskalten, wenig zugewandten Bezugspersonen im Heim aufwachsen.

Erstaunlicherweise können schon weit schwächere Stressfaktoren gravierende Auswirkungen haben, etwa anhaltende Konflikte zwischen Eltern, selbst wenn es dabei nicht zu körperlicher Gewalt kommt. In einer Studie wurde das Gehirn schlafender Kleinstkinder im Alter zwischen sechs und zwölf Monaten mit der funktionellen Magnetresonanztomografie untersucht. Wenn sie während des Schlafs sprachliche Äußerungen wahrnahmen, die sehr wütend klangen, wiesen diese Kinder – verglichen mit jenen aus weniger konfliktreichen Elternhäusern – eine höhere Aktivität in den Hirnarealen auf, die Emotionen und Stress regulieren.[7] Ergebnisse wie diese deuten darauf hin, dass in entscheidenden Entwicklungsphasen schon relativ moderate Stressfaktoren aus dem sozialen Umfeld im heißen System registriert werden.

Die frühen emotionalen Erfahrungen von Babys hinterlassen dauerhafte Spuren in der Architektur ihres Gehirns, und dies kann sich auf ihre weitere Entwicklung stark auswirken.[8] Glücklicherweise gibt es in diesen frühen Lebensjahren, in denen Kinder besonders anfällig für Schädigungen sind, wirksame Interventionen, die darauf abzielen, die emotionale Regulation und die Entwicklung kognitiver, sozialer und emotionaler Fähigkeiten bei Babys zu fördern.

Bereits wenige Monate nach der Geburt können Bezugspersonen ihre Kinder von Stressgefühlen ablenken und ihre Aufmerksamkeit auf für sie interessante Aktivitäten richten. Mit der Zeit lernen die Babys so, sich selbst abzulenken, um sich zu beruhigen. Auf neuraler Ebene beginnt sich bei Babys der mittlere Stirnlappen des Gehirns als Steuerungssystem für die Aufmerksamkeit zu entwickeln; es beruhigt und reguliert ihre negativen Emotionen.[9] Wenn alles gut geht, werden sie weniger reflektorisch (reflexgesteuert) und mehr reflektierend (vernunftgesteuert), weniger heiß, eher kühl sein, und außerdem werden sie es schaffen, ihre Ziele, Gefühle und Absichten entsprechend auszudrücken.

Michael Posner und Mary Rothbart, zwei Pioniere auf dem Gebiet der Entwicklung von Selbstregulation, schrieben über diesen Prozess: »Kinder, die im Alter von vier Monaten auf sämtliche dargebotenen Stimuli ansprechen, kehren anderthalb Jahre später mit ihren eigenen Plänen ins Labor zurück. Wir können sie kaum dazu bringen, sich unseren Schaubildern zuzuwenden, weil ihre eigenen Pläne Vorrang haben. Nachdem wir vergebliche Anstrengungen unternommen haben, können wir nur den Kopf schütteln und feststellen, dass *sie ihren eigenen Kopf haben*.«[10]

Wie Eltern wissen, fällt der zweite Geburtstag oftmals mehr oder minder mit dem Zeitpunkt zusammen, an dem ihr Kind seine ungeschriebene Unabhängigkeitserklärung abgibt. In seinen frühen revolutionären Phasen macht dieses Streben nach Unabhängigkeit das Leben für die Bezugspersonen – gelinde gesagt – zu einer Herausforderung. Mit etwa zwei oder drei Jahren können Kinder allmählich Kontrolle über ihre Gedanken, Gefühle und Handlungen ausüben, und diese Fähigkeiten werden im vierten und fünften Lebensjahr immer deutlicher sichtbar. Dies ist nicht nur entscheidend für das Abschneiden beim Marshmallow-Test, sondern auch dafür, wie sie sich an die Schule und danach an andere Situationen anpassen können.

Mit drei Jahren können Kinder im Allgemeinen erste zielgerichtete Entscheidungen treffen, ihre Aufmerksamkeit flexibler regulieren und Impulse hemmen, die sie davon ablenken würden, ihre Ziele zu verfolgen. So haben Studien von Stephanie Carlson und ihren Mitarbeitern von der University of

Minnesota gezeigt, dass es diesen Kindern gelingt, zwei einfache Regeln – wie etwa »Wenn es blau ist, leg es hierhin, aber wenn es rot ist, leg es dorthin« – so lange zu befolgen, bis sie ihr Ziel erreicht haben; dabei äußern sie oft eigene Anweisungen, mit deren Hilfe sie herausfinden können, was sie tun sollten.[11]

So eindrucksvoll diese Fähigkeiten auch sind, bleiben sie im dritten Lebensjahr noch begrenzt; in den folgenden beiden Jahren aber machen die Kinder große Fortschritte. An ihrem fünften Geburtstag dann sind ihre kognitiven Fähigkeiten erstaunlich weit entwickelt. Natürlich gibt es große individuelle Unterschiede, aber viele Fünfjährige können komplexe Regeln verstehen und befolgen, etwa: »Leg das rote Quadrat beim Farbspiel hierhin, beim Formenspiel aber dorthin.« Während diese Fähigkeiten bei Vorschulkindern noch immer in frühen Entwicklungsstadien sind, zeigen die Aufmerksamkeitssteuerung und die ihr zugrunde liegenden neuronalen Schaltkreise bei Siebenjährigen bereits eine erstaunliche Ähnlichkeit mit den entsprechenden Kompetenzen und Strukturen bei Erwachsenen.[12]

Die Erfahrungen des Kindes in den ersten sechs Lebensjahren bilden die Grundlage dafür, Impulse zu regulieren, Selbstbeherrschung zu üben, den Ausdruck von Emotionen zu kontrollieren und Empathie, Achtsamkeit sowie Gewissen zu entwickeln.[13]

Und wenn die eigene Mutter an die aus *Portnoys Beschwerden erinnert?*

WIE BEEINFLUSST der Erziehungsstil einer Mutter die Strategien zur Selbstkontrolle, die ein Kind entwickelt, und sein Bindungsverhalten? In der bereits erwähnten Kleinkinderstudie von Anita Sethi haben wir das mütterliche Verhalten detailliert untersucht, um Ausmaß und Stil »mütterlicher Kontrolle« sowie das Feingefühl für die Bedürfnisse ihres Kindes einzuschätzen. Nehmen wir zum Beispiel die Mutter, die überkontrollierend und stark verhaltenssteuernd (dirigistisch) ist und die sich vor allem auf ihre eigenen Bedürfnisse statt auf die des Kindes konzentriert. Philip Roth schildert diesen Typus auf beeindruckende Weise in seinem Roman *Portnoys Beschwerden*. Als der Protagonist auf seine frühe Kindheit in New Jersey zurückblickt, erinnert er sich lebhaft an die gut gemeinte, aber erstickende Überbehütung durch seine Mutter: die Zudringlichkeit, mit der sie alles inspizierte, beurteilte und korrigierte, angefangen von seinen arithmetischen Fähigkeiten bis hin zum Zustand seiner Socken, seiner Nägel, seines Halses wie überhaupt jeder Ritze seines Körpers.[14] Und als der junge Portnoy, von seiner Mutter mit liebevoll zubereiteten Speisen gemästet, sich weigert, mehr Schmorbraten zu essen, lässt sie nicht locker. Mit einem langen Brotmesser in der Hand stellt sie ihm die rhetorische Frage: Will er ein magerer Schwächling werden? Will er geachtet oder verspottet werden, »ein Mann oder eine Maus sein«?[15]

Portnoys Mutter ist eine literarische Erfindung, aber einige Freunde versicherten mir, ihre Mütter seien genauso gewesen. Für ein Kleinkind, das eine Mutter wie Mrs. Portnoy hat, ist die Entwicklung seiner Fähigkeit zur Selbstkontrolle wahr-

79

scheinlich viel schwieriger und mühsamer als für ein Kind mit einer weniger kontrollierenden Mutter. Genau das hat Anita herausgefunden, als sie die spontanen Interaktionen zwischen den Kleinkindern und ihren Müttern untersuchte, während diese zusammen im Versuchsraum waren.

Kleinkinder, die im Vorschulalter effektive Fähigkeiten zur Selbstkontrolle entwickelten, reagierten sehr auffällig auf die Versuche ihrer sehr kontrollierenden Mütter, die Aufmerksamkeit auf sich zu ziehen. Die Kinder blieben nicht etwa in ihrer Nähe, sondern lenkten sich ab und entfernten sich von ihr (rund einen Meter), um den Raum zu erkunden und sich mit dem Spielzeug zu beschäftigen. Kleinkinder, die sich von ihren kontrollierenden Müttern entfernten, sich buchstäblich von ihnen distanzierten, wenn sie Annäherungsversuche unternahmen, konnten beim Marshmallow-Test im Alter von fünf Jahren die Belohnung länger aufschieben. Mithilfe von Strategien der Aufmerksamkeitssteuerung gelang es ihnen, ihre Frustration abzukühlen, sich in der gleichen Weise von den Belohnungen und der Glocke abzulenken, in der sie sich als Kleinkinder von ihren kontrollierenden Müttern abgelenkt hatten. Dagegen konzentrierten sich die Kleinkinder, die genauso kontrollierende Mütter hatten und stets in deren Nähe blieben, wenn diese ihre Aufmerksamkeit auf sich zu lenken versuchten, beim Marshmallow-Test auf die Verlockungen und betätigten nach kurzer Zeit die Glocke.

Bei Kleinkindern mit weniger kontrollierenden Müttern verhielt es sich anders. Wenn diese Mütter die Aufmerksamkeit ihrer Kinder auf sich zu lenken versuchten, waren jene Kinder, die nah bei ihren Müttern blieben, diejenigen, die beim Marshmallow-Test mit fünf Jahren effektivere Strategien der Selbstkontrolle und Abkühlung zeigten. Sie lenkten sich mithilfe dieser Strategien ab, ließen sich nicht so leicht verlocken und warteten länger, um die größeren Belohnungen zu erhalten, als Kinder, die sich im Alter zwischen zwölf und achtzehn Monaten von weniger kontrollierenden Müttern entfernt hatten.[16]

Was folgt daraus? Ein bis zu drei Jahre altes Kleinkind mit einer nicht überbehütenden Mutter, die feinfühlig auf seine Bedürfnisse reagiert, hat keinen Grund, sich von ihr zu distanzieren. Es bleibt in der »Fremden Situation« nahe bei ihr, wenn sie sich ihm nähert, um seinen Stress zu reduzieren. Was aber ist, wenn die Mutter des Kindes sehr feinfühlig für ihre eigenen Bedürfnisse ist, aber blind für die ihres Kindes und nicht bemerkt, wenn ihr Nachwuchs sie am dringendsten braucht? Und die jede Bewegung ihres Kindes in einer Weise kontrollieren will, die bei ihm Stress auslöst? Anitas Ergebnisse werfen einige bedenkenswerte Fragen auf. Es ist für das Kleinkind womöglich keine schlechte Idee, sich ein paar Schritte von seiner Mutter zu entfernen, um mit dem Spielzeug zu spielen und den Raum zu erkunden. Es hilft ihm vielleicht sogar, die Fähigkeit zur Selbstkontrolle und kognitiven Abkühlung (»heißer Gedanken«) zu entwickeln, die es benötigt, um mit fünf Jahren die beiden Marshmallows zu bekommen.

Um diesen Möglichkeiten auf den Grund zu gehen, untersuchte eine Forschergruppe der Université de Montréal unter Leitung von Annie Bernier die Interaktionen zwischen Müttern und ihren 12 bis 15 Monate alten Kindern. Sie wollten herausfinden, wie diese Interaktionen die Entwicklung der Selbstkontrolle beeinflussten.[17] Die Forscher analysierten sehr sorgfältig, wie die Mütter in Kontakt zu ihren Kindern traten, wenn sie gemeinsam an Puzzlespielen und anderen kognitiven Aufgaben arbeiteten. Dann testeten sie dieselben Kinder erneut im Alter zwischen 16 und 26 Monaten. Bernier fand heraus, dass genau jene Kinder später die stärksten kognitiven Kompetenzen und die beste Fähigkeit zur Aufmerksamkeitssteuerung besaßen, deren Mütter in der früheren Studie ihre Autonomie gestärkt hatten, indem sie die Entscheidungen und die eigenen Willensäußerungen ihrer Kinder unterstützten. Dies galt auch dann, wenn die Forscher Unterschiede in den kognitiven Fähigkeiten und im Bildungsniveau der Mütter herausrechneten (die Ergebnisse darum »bereinigten«). Die Botschaft lautet: Eltern, die ihre Kinder in den ersten drei Lebensjahren übermäßig kontrollieren, riskieren es, die Entwicklung der Fähigkeit zur Selbstkontrolle bei ihren Kindern zu untergraben. Diejenigen hingegen, die ihre Kinder dabei unterstützen und stärken, selbstständig Probleme zu lösen, erhöhen wahrscheinlich die Chancen dafür, dass ihr Nachwuchs eines Tages aus dem Kindergarten nach Hause kommt und ihnen triumphierend berichtet, beide Marshmallows ergattert zu haben.[18]

5

Die besten Pläne

HOMERS ODYSSEE schildert die Abenteuer von Odysseus, dem König der zerklüfteten Insel Ithaka an der Westküste Griechenlands. Er lässt Penelope, seine frisch angetraute Gemahlin, und den kleinen Sohn zu Hause zurück, um gegen Troja zu kämpfen. Unerwartet zieht sich der Krieg viele Jahre hin – und auch Odysseus' Heimreise, auf der er viele fantastische Abenteuer bestehen muss: zügellose Liebesaffären, grausame Schlachten und Kämpfe mit Ungeheuern. Als er endlich mit seinen überlebenden Gefährten nach Hause zurückkehren will, nähern sie sich dem Land der wundersamen Sirenen. Deren verlockende Stimmen und Gesänge betören Seeleute auf vorbeisegelnden Schiffen so sehr, dass sie an den Klippen zerschellen und im Meer ertrinken.

Odysseus wollte unbedingt den Gesang der Sirenen hören, aber er wusste auch um die Gefahren. In einer der frühesten abendländischen Chroniken einer Vorausplanung – die dem Zweck diente, einer Versuchung zu widerstehen – befahl er seinen Seeleuten, ihn fest an den Hauptmast des Schiffs zu binden und unter keinen Umständen loszumachen: »Fleh' ich aber euch an, und befehle die Seile zu lösen; Eilend fesselt mich dann mit mehreren Banden noch stärker.«[1] Um sich selbst zu schützen und sicherzustellen, dass er festgebunden bliebe, wies er seine Gefährten an, sich Bienenwachs in die Ohren zu stopfen.

Die Clown-Box

ANFANG DER SIEBZIGERJAHRE, als die Marshmallow-Experimente in vollem Gang waren, erinnerte ich mich
dunkel an Homers Epos. Ich fragte mich auch, ob Adam und
Eva länger im Paradies geblieben wären, wenn sie ausgereifte
Pläne gehabt hätten, um Versuchungen in Gestalt von Schlangen und Äpfeln zu widerstehen. Ich dachte an die Vorschulkinder in der Bing Nursery School der Stanford University:
Wie würden sie mit einem mächtigen Verführer umgehen, der
um ihre Aufmerksamkeit buhlt? Würde ihnen Vorausplanung
helfen, der Versuchung zu widerstehen? Damals war Charlotte
Patterson, heute Professorin an der University of Virginia,
meine Doktorandin in Stanford, und wir begannen gemeinsam, uns diese Frage zu stellen. Zunächst einmal benötigten
wir jemanden, der die Vorschulkinder im »Überraschungszimmer« auf die Probe stellen würde. Er oder sie müsste zwei
Kriterien erfüllen: Die Person müsste verführerisch sein, aber
auch akzeptabel für die Eltern, den Leiter der Bing Nursery
School und die Forscher sowie für meine drei kleinen Töchter,
die mir als »Beirat« dienten. Das Ergebnis war die Clown-Box
(unten).[2]

Die Clown-Box war eine große Holzkiste mit einem aufgemalten knallbunten, lächelnden Clownsgesicht. Dieses war von Blinklichtern umgeben und von ausgestreckten Armen flankiert, die jeweils eine mit einer Glasscheibe versehene Kiste zu halten schienen. Wenn die Lichter in den Kisten angingen, drehten sich verlockende kleine Spielzeuge und Süßigkeiten sehr langsam auf einer Trommel hinter jedem Fenster. Die Clown-Box war ein großer Redner und ein mächtiger Verführer. Ein im Kopf des Clowns versteckter Lautsprecher war an ein Tonbandgerät und an ein Mikrofon im Beobachtungsraum angeschlossen.

Wir wollten eine Situation simulieren, der jeder Mensch zeitlebens immer wieder ausgesetzt ist: wenn man starken unmittelbaren Versuchungen und Verlockungen zugunsten wichtigerer, aber erst später eintretender Konsequenzen widerstehen muss. Denken wir an einen Teenager, der, während er an seinen überfälligen Hausaufgaben sitzt, von seinen besten Freunden gefragt wird, ob er mit ins Kino gehen würde. Oder an die glücklich verheiratete ältere Managerin, die von ihrem attraktiven jungen Assistenten nach einem langen Tag auf einer Geschäftsreise zu einem Drink eingeladen wird. Die Clown-Box diente als Verführer und sollte die Kinder in große Versuchung bringen.

Während dieser Studien spielte Charlotte kurz mit dem Kind – in diesem Beispiel mit dem vierjährigen Sol – in einer Ecke des »Überraschungszimmers«; dort lagen sowohl spannende als auch kaputte Spielzeuge herum. Anschließend setzte sie Sol an einen kleinen Tisch gegenüber der Clown-Box. Sie erklärte ihm, dass sie das Zimmer vorübergehend verlassen müsse, und zeigte Sol seine »Aufgabe«. Er sollte die ganze Zeit ununterbrochen an einer besonders langweiligen

Aufgabe arbeiten. So sollte er zum Beispiel die Buchstaben X und O, mit denen die Kästchen auf einem Arbeitsblatt markiert waren, in die angrenzenden leeren Felder auf demselben Arbeitsblatt übertragen. Oder er sollte kleine Stifte aus einem großen Haufen nehmen und in eine Stecktafel schieben. Wenn er dies ohne Unterbrechung tue, dürfe er bei Charlottes Rückkehr mit den Spielzeugen *und* der Clown-Box spielen; andernfalls dürfe er nur mit den kaputten Spielzeugen spielen. Sie betonte, er müsse während ihrer Abwesenheit die ganze Zeit arbeiten, um diese Aufgabe erfolgreich zu bewältigen – und er versprach feierlich, dies zu tun. Sie warnte Sol ausdrücklich davor, dass die Clown-Box sich vielleicht sehr darum bemühen würde, ihn zum Spielen aufzufordern. Aber, so stellte sie unmissverständlich klar, wenn Sol die Clown-Box ansehe, mit ihr spreche oder spiele, habe er seine Aufgabe nicht erfüllt.

Anschließend lud Charlotte Sol ein, die Clown-Box kennenzulernen: Die Kiste leuchtete hell auf, ließ ihre Lämpchen blinken und die mit Spielzeug gefüllten Fächer hinter den Scheiben sehen. Dann stellte sie sich mit lauter, angenehmer Stimme vor: »Hi! Ich bin die Clown-Box. Ich habe große Ohren, und ich mag es sehr gern, wenn Kinder ihnen alles sagen, was sie denken und fühlen, ganz egal was.« (Der Clown hatte zumindest gewisse psychotherapeutische Fähigkeiten.) Auf alles, was Sol sagte, reagierte der Clown mit aufmunternden »Ähms« und »Ahas«, und er verwickelte den Jungen in ein kurzes, freundliches Gespräch, in dem er Sol aufforderte, mit ihm zu spielen. Er führte vor, wie ein unverwechselbares *Bzzt* ankündigte, dass er gleich etwas Lustiges tun würde, was Sol bestimmt gefallen würde. Und er beleuchtete auch kurz seine Schaufenster, sodass Sol die attraktiven Spielzeuge und

Süßigkeiten, die sich langsam hinter ihnen drehten, flüchtig zu sehen bekam.

Eine Minute nachdem Charlotte den Raum verlassen hatte, leuchtete die Clown-Box auf, ließ ihre Lämpchen blinken und lachte: »Hahahaha! Ich hab es sehr gern, wenn Kinder mit mir spielen. Willst du mit mir spielen? Komm einfach her, drück meine Nase und warte ab, was passiert. Ach bitte, drück doch meine Nase!«

Während der nächsten zehn Minuten setzte er seine Tortur fort und führte das Kind erbarmungslos in Versuchung; die Lämpchen rings um sein Gesicht und in seinen Schaufenstern gingen an und aus, und auch an seiner Fliege blinkte ein helles Licht. Alle anderthalb Minuten wiederholte er das Verführungsprogramm:

»Oh, mir geht's so gut. Wenn du den Bleistift hinlegst, mache ich für uns beide noch mehr Spaß. Leg einfach deinen Bleistift hin, und wir werden wirklich viel Spaß haben. Bitte leg deinen Bleistift hin und spiel mit mir … Komm nur her und drück meine Nase, dann zeige ich dir ein paar Streiche. Du möchtest doch bestimmt ein paar von meinen Überraschungen sehen? Komm, schau in meine Fenster.«

Nach elf Minuten schaltete sich die Clown-Box aus, und Charlotte kehrte ins »Überraschungszimmer« zurück.

Mit Wenn-dann-Plänen Verlockungen widerstehen

KINDERN IM VORSCHULALTER fiel es wohl genauso schwer, dem Clown zu widerstehen, wie Odysseus dem Gesang der Sirenen, und anders als der an den Mast gebundene griechische Held waren die Kinder nicht an ihre Stühle gefesselt – sie hatten auch nicht, wie Odysseus' Gefährten, Bienenwachs in ihre Ohren gestopft. Unsere Frage lautete: Was könnte Vorschulkindern wie Sol helfen, den Versuchungen besser zu widerstehen, mit denen die Clown-Box sie ködern wollte? Die Ergebnisse der Marshmallow-Tests ließen uns vermuten, dass, um einer heißen Versuchung erfolgreich zu widerstehen, die hemmende *Nein!*-Reaktion die heiße *Los!*-Reaktion ersetzen musste – und zwar schnell und unwillkürlich, wie ein Reflex. Man brauchte dazu lediglich eine gute Verknüpfung, die eine automatische Verbindung zwischen der erforderlichen *Nein!*-Antwort und dem heißen Reiz (der normalerweise das *Los!*-Verhalten auslöste) herstellte. So könnte man die Verlockungen zum Beispiel dadurch hemmen, dass man dem Vorschulkind folgende Anweisung gibt: »Versuchen wir, an einige Dinge zu denken, die du tun könntest, um an deiner Aufgabe weiterzuarbeiten und dich nicht von der Clown-Box ablenken zu lassen. Mal sehen … Du könntest Folgendes tun: Wenn die Clown-Box das *Bzzt* von sich gibt und der Clown dich auffordert, ihn anzusehen und mit ihm zu spielen, kannst du einfach deine Arbeit anschauen, nicht ihn, und sagen: ›Nein, ich kann nicht, ich arbeite.‹ Und wenn du es sagst, dann tu es auch. Er sagt: ›Schau her‹, und du sagst: ›Nein, ich kann nicht, ich arbeite.‹«

Diese Art *Wenn-dann*-Plan benennt genau den verlockenden, heißen Stimulus: »*Wenn* die Clown-Box sagt, du sollst den Clown ansehen und mit ihm spielen …« – und verknüpft ihn mit der gewünschten Reaktion, die der Versuchung widersteht: »… *dann* sieh einfach *nicht* hin und sag: ›Ich schaue die Clown-Box nicht an.‹« Die so gewappneten Vorschulkinder ließen sich weniger lang ablenken und arbeiteten weiter; sie erzielten auch die besten Ergebnisse. Selbst wenn es dem

Clown gelang, sie von ihrer Arbeit abzulenken, dauerte die Unterbrechung im Schnitt weniger als fünf Sekunden, und jedes Kind schob durchschnittlich 138 der kleinen Stifte in das Steckbrett. Die Kinder ohne einen solchen Plan unterbrachen dagegen ihre Arbeit für durchschnittlich 24 Sekunden pro Ablenkung, und sie schafften nur 97 Stifte.[3] Das sind für Kinder im Vorschulalter große Unterschiede. Wir sahen auch, dass viele Kinder, die diese Anweisung erhielten, eigene Variationen erfanden (»Hör auf!«, »Lass das!«, »Dummkopf!«), sodass sie die Stifte schneller in die Löcher steckten. Dies erlaubte ihnen letztlich, fröhlich mit der Clown-Box und den nicht kaputten Spielzeugen zu spielen.

Unsere Studien mit der Clown-Box waren der erste Schritt zu einem bedeutsamen eigenständigen Forschungsprojekt, das Peter Gollwitzer und Gabriele Oettingen mit ihren Kollegen viele Jahre später an der New York University entwickelten. Sie begannen damit in den Neunzigerjahren und identifizierten erstaunlich effektive *Wenn-dann*-Pläne, die Menschen halfen, eine breite Palette ansonsten kaum bezwingbarer Selbstkontrollprobleme erfolgreicher zu bewältigen – selbst unter sehr schwierigen und emotional heißen Bedingungen, etwa wenn sie wichtige, aber schwer erreichbare Ziele verfolgten.[4] Diese *Wenn-dann*-Umsetzungspläne, wie sie heute genannt werden, haben Schüler und Studenten dabei unterstützt, Verlockungen zu trotzen und sich aufs Lernen zu konzentrieren, sie haben es Menschen bei einer Diät leichter gemacht, auf ihre Lieblingssnacks zu verzichten, und sie haben Kinder mit Aufmerksamkeitsdefizitstörungen dazu gebracht, extreme impulsive Reaktionen in Schach zu halten.

DER UMSETZUNGSPLAN wird mit zunehmender Übung automatisch ausgelöst, sobald die entsprechenden Hinweisreize auftreten: Genau um fünf Uhr heute Nachmittag werde ich mein Lehrbuch lesen; ich werde am Tag nach Weihnachten mit dem Aufsatz beginnen; wenn die Dessertkarte gereicht wird, werde ich den Schokoladenkuchen nicht bestellen; sobald die Ablenkung auftritt, werde ich sie ignorieren.[5] Und Umsetzungspläne funktionieren nicht nur, wenn das *Wenn* aus der äußeren Umgebung stammt (wenn der Wecker läutet, wenn ich die Bar betrete), sondern auch, wenn der Auslösereiz ein innerer Zustand ist (wenn ich Lust auf etwas habe, wenn ich mich langweile, wenn ich besorgt bin, wenn ich wütend bin). Es hört sich einfach an – und es ist einfach. Dadurch, dass Sie Umsetzungspläne aufstellen und immer wieder üben, können Sie Ihr heißes System dazu bringen, reflexartig wie gewünscht zu reagieren, sobald der Auslösereiz erscheint. Mit der Zeit entsteht eine neue Assoziation oder Gewohnheit, wie das Zähneputzen vor dem Zubettgehen.

Sobald solche *Wenn-dann*-Pläne automatisiert werden, fällt es viel leichter, das Verhalten zu kontrollieren: Wir können das heiße System durch diesen Trick dazu bringen, die Arbeit reflexartig und ohne bewusstes Nachdenken für uns zu erledigen. Das heiße System lässt uns dann automatisch im passenden Moment die entsprechende Rolle spielen, während unser kühles System ruht.[6] Aber wenn wir den Widerstandsplan nicht in das heiße System einbauen, wird er wahrscheinlich nicht aktiviert, wenn wir ihn am dringendsten benötigen. Der Grund dafür ist, dass emotionale Erregung und Stress ansteigen, wenn man heißen Verlockungen ausgesetzt ist; das heiße System wird dadurch beschleunigt und löst die schnellen, automatischen *Los!*-Reaktionen neu aus, während das kühle System gedämpft wird. Wenn die heiße Versuchung auftaucht – ob in Form der Clown-Box, deren Lämpchen im »Überraschungszimmer« aufblinken, oder als Schokoladendessert auf der Speisekarte –, wird sich die automatische *Los!*-Antwort wahrscheinlich durchsetzen, wenn es keinen gut eingeübten *Wenn-dann*-Plan gibt. Aber sobald *Wenn-dann*-Pläne fest verankert sind, funktionieren sie unter erstaunlich breit gefächerten äußeren Rahmenbedingungen und bei verschiedenen Bevölkerungs- und Altersgruppen, und sie können Menschen helfen, schwierige Herausforderungen zu meistern, was sie bisher für undenkbar hielten.

Ein eindrucksvolles Beispiel sind Kinder mit einer Aufmerksamkeitsdefizit-Hyperaktivitätsstörung (ADHS). ADHS ist eine Verhaltensstörung, die immer häufiger auftritt; die betroffenen Kinder haben oftmals mit gravierenden schulischen und zwischenmenschlichen Schwierigkeiten zu kämpfen. Sie sind äußerst leicht ablenkbar, und es fällt ihnen oft schwer, ihre Aufmerksamkeit zu steuern und konzentriert an einer Aufgabe zu arbeiten. Diese kognitiven Beeinträchtigungen können Kindern mit ADHS in vielen schulischen und sozialen Situationen erhebliche Schwierigkeiten bereiten; sie können zu Stigmatisierung führen und sind mit dem Risiko einer Übermedikation verbunden. *Wenn-dann*-Umsetzungspläne haben diesen Kindern geholfen, mathematische Fragestellungen schneller zu lösen, bei Aufgaben, die die Leistungsfähigkeit des Arbeitsgedächtnisses prüfen, erheblich besser abzuschneiden, und sich unter sehr schwierigen Laborbedingungen beharrlich ablenkenden Reizen zu widersetzen.[7] Dies zeigt, dass Umsetzungspläne wirksam und nützlich sind, und das zeichnet ein optimistisches Bild der menschlichen Fähigkeit, sich aus eigener Kraft zu verändern. Die Herausforderung besteht vor allem darin, diese Maßnahmen aus kurzfristigen Experimenten in langfristige Interventionsprogramme zu überführen, damit sie uns im Alltag helfen können.

6

Träge Heuschrecken und fleißige Ameisen

DIE MARSHMALLOW-EXPERIMENTE haben uns ge-
zeigt, wie Kinder erfolgreich Belohnungen aufschieben und
Verlockungen widerstehen können, und wie sich Unterschiede
bei dieser Fähigkeit im weiteren Leben auswirken. Aber wie
steht es um die Wahlentscheidung selbst?

Ich stellte mir diese Frage erstmals als Doktorand an der
Ohio State University, lange bevor ich als Hochschullehrer an
die Stanford University kam. Einen Sommer lang lebte ich in
der Nähe eines kleinen Dorfs an der südlichen Spitze der Insel
Trinidad. Die dortigen Bewohner waren entweder afrikanischer oder indischer Abstammung, ihre Vorfahren waren entweder als Sklaven oder als sogenannte Indentured Servants
(Knechte auf Zeit) auf die Insel verschleppt worden. Jede
Gruppe lebte friedlich in ihrer Enklave, auf beiden Seiten des-
selben langen Feldwegs, der ihre Siedlungsgebiete voneinander
trennte.

Als ich meine Nachbarn kennenlernte, war ich fasziniert
von dem, was sie mir über ihr Leben erzählten. In der Art und
Weise, wie sie sich gegenseitig charakterisierten, entdeckte ich
ein wiederkehrendes Thema. Die indischstämmigen Trinidader betrachteten die Afrikaner als vergnügungssüchtig, sie
würden sich amüsieren und in den Tag hineinleben, würden
niemals vorausplanen oder sich Gedanken über die Zukunft
machen. Nach Ansicht der Afrikaner wiederum waren ihre indischstämmigen Nachbarn pausenlos am Arbeiten, würden

sich für die Zukunft versklaven, ihr Geld unter die Matratzen stopfen, ohne jemals das Leben zu genießen. Ihre Beschreibungen erinnerten in verblüffender Weise an Äsops klassische Fabel von der Heuschrecke und der Ameise. Die faule, hedonistische Heuschrecke hüpft umher, zirpt vergnügt in der Sommersonne und genießt das Hier und Jetzt, während sich die besorgte, geschäftige Ameise abrackert, um Nahrung für den Winter zu horten. Die Heuschrecke genießt die Freuden, die ihr heißes System begehrt, während die Ameise die sofortige Befriedigung aufschiebt, um das künftige Überleben zu sichern.

Hat die Straße, die dieses Dorf durchschnitt, nicht bloß zwei Bevölkerungsgruppen unterschiedlicher Abstammung, sondern auch ausschweifende Heuschrecken von vorsorgenden, fleißigen Ameisen getrennt? Um zu überprüfen, ob diese subjektiven Einschätzungen der Unterschiede zwischen den ethnischen Gruppen tatsächlich zutreffend waren, spazierte ich über den langen Feldweg zur örtlichen Schule, die von Kindern beider Gruppen besucht wurde. Die Schule wurde noch immer nach dem britischen kolonialen Bildungssystem geführt, und die Kinder trugen frisch gewaschene weiße Hemden oder Blusen. Alles wirkte sauber, gepflegt und ordentlich, und die Schüler warteten mit gefalteten Händen auf den Lehrer, ehe der Unterricht begann.

Die Lehrer begrüßten mich in ihren Klassenzimmern, in denen ich Jungen und Mädchen im Alter zwischen elf und vierzehn Jahren testete. Ich fragte die Schüler, mit wem sie zu Hause zusammenlebten, beurteilte ihr Vertrauen darin, dass gegebene Versprechen auch gehalten werden, und machte mir ein Bild von ihrer Leistungsmotivation, ihrem sozialen Verantwortungsbewusstsein und ihrer Intelligenz. Am Ende jeder dieser Sitzungen ließ ich sie zwischen kleinen Leckereien wählen: entweder ein kleines Stück Schokolade sofort oder ein viel größeres Stück in der folgenden Woche. Während der Sitzung wählten sie auch zwischen 10 Dollar sofort oder 30 Dollar in einem Monat und zwischen einem »sehr großen Geschenk viel später« oder »einem kleineren jetzt«.

Die Heranwachsenden in Trinidad, die sich am häufigsten für die sofortigen kleineren Belohnungen entschieden – im Gegensatz zu denen, die die aufgeschobenen größeren Belohnungen wählten –, steckten häufiger in Schwierigkeiten und wurden öfter als »jugendliche Delinquenten« eingestuft, wie man damals zu sagen pflegte. Ihnen wurde durchweg ein geringeres soziales Verantwortungsbewusstsein zugeschrieben, und viele von ihnen hatten schon ernste Konflikte mit den Behörden und der Polizei gehabt. Bei einem Standardtest der Leistungsmotivation schnitten sie ebenfalls deutlich schlechter ab, und sie hatten weniger ehrgeizige Ziele für ihre eigene Zukunft.

PASSEND ZU DEN STEREOTYPEN, die ich über ihre Eltern gehört hatte, bevorzugten die jungen Trinidader afrikanischer Abstammung im Allgemeinen die sofortigen Belohnungen, während sich die Kinder aus indischen Familien viel öfter für die aufgeschobenen Belohnungen entschieden.[1] Aber zweifellos steckte noch mehr dahinter. Vielleicht hatten die Heranwachsenden aus Elternhäusern mit abwesenden Vätern – etwas, was damals bei den afrikanischen Familien auf Trinidad häufig vorkam, während es bei den indischstämmigen sehr selten war – weniger Erfahrungen mit Männern, die ihr Wort hielten. Wenn dem so wäre, hätten sie weniger Vertrauen darin, dass sich der Fremde – ich – tatsächlich später mit der versprochenen aufgeschobenen Belohnung blicken lassen würde. Es gibt keinen guten Grund dafür, auf das Jetzt zu verzichten, es sei denn, er oder sie vertraut darauf, dass es ein Später gibt. Und tatsächlich: Als ich die beiden ethnischen Gruppen verglich und dabei nur jene Kinder berücksichtigte, bei denen ein Mann im Haushalt lebte, verschwanden die Unterschiede zwischen den Gruppen.

Viel zu viele Kinder leben in einem Umfeld, das durch fehlendes Vertrauen und Unzuverlässigkeit geprägt ist und in dem aufgeschobene größere Belohnungen zwar versprochen, aber die Versprechen nicht eingehalten werden. Vor dem Hintergrund solcher Erfahrungen wäre es unvernünftig, abzuwarten, statt sich das zu nehmen, was greifbar ist. Wenn Vorschulkindern etwas von einer Person versprochen wurde, die sich dann aber nicht daran gehalten hat, nehmen die Kinder lieber sofort einen Marshmallow, statt auf zwei zu warten.[2] Diese dem Alltagsverstand entsprechenden Vermutungen wurden in Experimenten bestätigt. Menschen, die nicht damit rechneten, aufgeschobene Belohnungen tatsächlich zu erhalten, verhielten sich rational, und das heißt: Sie warteten nicht lange.

Ein paar Jahre nach meinem Aufenthalt auf Trinidad, aber noch vor den Marshmallow-Experimenten, lehrte ich an der Harvard University und erforschte weiterhin das Entscheidungsverhalten bei solchen Wahlalternativen, zu jener Zeit an Kindern und Jugendlichen aus Cambridge und Boston. Im Jahr 1960 wirkte es irgendwie unzeitgemäß, ausgerechnet am Social Relations Department der Harvard University Belohnungsaufschub und Selbstkontrolle zu erforschen. Vieles war im Umbruch. Timothy Leary wurde Mitglied der Fakultät und experimentierte mit den »magischen Pilzen«, die er auf einer Reise nach Mexiko gefunden hatte; er versuchte, neue psychedelische, bewusstseinsverändernde Erfahrungen nicht nur bei sich, sondern auch bei unseren Studenten auszulösen. Eines Morgens hatten Studenten einige Schreibtische durch Matratzen ersetzt, und große Pakete eines schweizerischen Chemiekonzerns trafen in der Poststelle des Fachbereichs ein. Mithilfe der Droge LSD hatte das Zeitalter des »Turn on, tune in, drop out« – zu Deutsch etwa »Törn dich an, stimm dich ein, steig aus« – begonnen. Timothy Leary war ein Vorreiter der Gegenkultur, und viele unserer Studenten folgten ihm.[3]

Da anscheinend ein Großteil der Welt die Selbstkontrolle verlor, war es für mich genau der richtige Zeitpunkt, um meine dazu passenden Forschungen fortzusetzen. Die Doktorandin Carol Gilligan und ich arbeiteten bei einem neuen Projekt zusammen, in dessen Rahmen wir Jungen der sechsten Klasse zweier öffentlicher Schulen im Raum Boston testeten.[4] Wir wollten herausfinden, ob Kinder, die konsequent auf größere, aber aufgeschobene Belohnungen warteten, statt sich sofort verfügbare, aber kleinere Belohnungen zu sichern, besser als Adam und Eva einer starken Versuchung widerstehen könnten. Aber zwölfjährige Schuljungen in Boston brauchten etwas Verlockenderes als einen Apfel.

Bei einer ersten Sitzung in ihren Klassenzimmern beschäftigten sich die Jungen mit einer Reihe von Aufgaben. Als Dank ließen wir sie zwischen kleineren Belohnungen sofort und größeren später wählen, ganz ähnlich wie ich es auf Trinidad getan hatte. Wir wollten herausfinden, ob die Bevorzugung aufgeschobener größerer gegenüber sofortigen kleineren Belohnungen mit der Fähigkeit der Jungen zusammenhing, starken Verlockungen in einer neuen Situation zu widerstehen. Würden diejenigen, die in der ersten Sitzung länger warteten, in einer anderen Situation – in der man nur erfolgreich sein konnte, wenn man mogelte – einer starken Versuchung weniger schnell nachgeben?

Um diese Frage zu beantworten, organisierten wir später im Schulhalbjahr scheinbar unverbundene Einzelsitzungen, in denen wir die Kinder, jeweils einzeln nacheinander, mit einem Geschicklichkeitsspiel vertraut machten. Vordergründig sollte bei dem Spiel herausgefunden werden, wie erfolgreich und schnell jeder Junge mit einer »Strahlenkanone« eine Rakete zerstören konnte, die während des Wettlaufs ins All gegen die Sowjetunion manövrierunfähig geworden war (damals ein großes Thema). Die Spielzeug-Strahlenkanone war silbern angestrichen, auf einem Brett montiert und auf ein »Raketen«-Ziel ausgerichtet, das sich mit hoher Geschwindigkeit bewegte. Über dem Ziel beleuchtete eine Reihe von fünf Lampen die Anzahl der nach jedem Schuss errungenen Punkte. Drei knallbunte Sportlerabzeichen (»Meisterschütze«, »Scharfschütze« und »Schützenkönig«) wurden kurz als Preise vorgeführt, die entsprechend der Gesamtpunktezahl vergeben werden sollten. Auch wenn jeder Heranwachsende heutzutage diese Strahlenkanone aus den Sechzigerjahren als ein Museumsstück abtun würde, fanden die zwölfjährigen Jungen sie damals unwiderstehlich.

»Wir wollen annehmen, die Rakete wäre manövrierunfähig und muss zerstört werden«, sagte Carol. »Den guten Schützen unter euch gebe ich dieses Meisterschützen-Abzeichen; diejenigen, die besser als die Meisterschützen sind, bekommen dieses Scharfschützen-Abzeichen, und für alle, die wirklich gut sind – besser als die Meisterschützen und die Scharfschützen –, ist dieses Schützenkönig-Abzeichen.«

Die Jungen wussten nicht, dass sie für jeden Schuss eine zufällige Zahl von Punkten erhielten, die nichts mit ihrem

Können zu tun hatte. Mit diesen Punkten konnten sie unmöglich ein Abzeichen gewinnen: Um das zu bekommen, mussten sie schummeln, indem sie ihre Punktzahl fälschten, und für ein besseres Abzeichen mussten sie ihre Punktzahl sogar noch mehr fälschen. Während die Jungen allein in dem Raum spielten, schrieben sie ihre Punkte selbst auf, und sowohl der Zeitpunkt als auch das Ausmaß ihrer Schummelei wurden berechnet. Die Ergebnisse waren klar: Die gleichen Muster, die wir bereits in Trinidad bei den »jugendlichen Delinquenten« beobachteten – sie hatten sich für kleinere sofortige Belohnungen entschieden –, waren auch in Boston zu erkennen. Wer sich durchweg entschieden hatte, auf die größeren Belohnungen zu warten, mogelte viel weniger als derjenige, der die kleineren gewählt hatte.[5] Wenn die Jungen mogelten, die die aufgeschobenen Belohnungen bevorzugten, warteten sie viel länger, bevor sie der Versuchung erlagen, die von ihnen angegebene Punktzahl nach oben zu korrigieren.

Heiß jetzt und kühl später:
Die Sicht des Gehirns

IM JAHR 2004, fünfzig Jahre nachdem sich meine Nachbarn in Trinidad gegenseitig so beschrieben hatten, als wären sie sorglose Heuschrecken oder emsige Ameisen wie in Äsops Fabel, las ich mit großem Interesse eine Studie von Samuel McClure und seinen Mitarbeitern im Wissenschaftsmagazin *Science*.[6] Diese Forscher hatten die Analyse menschlicher Entscheidungsprozesse einen wichtigen Schritt vorangebracht: Mithilfe funktioneller Magnetresonanztomografen hatten sie untersucht, was im Gehirn geschieht, wenn Menschen zwischen Belohnungen sofort und Belohnungen in der Zukunft wählen.

Psychologen und Ökonomen weisen immer wieder darauf hin, dass Menschen oftmals höchst impulsiv handeln und sich überwiegend vom heißen System antreiben lassen, wenn sie sofortigen Belohnungen ausgesetzt sind – müssen sie dagegen zwischen Belohnungen wählen, die alle aufgeschoben sind, können sie geduldig und rational handeln und ihre Präferenzen kühl festlegen. Dieser Gegensatz war zwar seit Langem bekannt, die zugrunde liegenden Mechanismen blieben jedoch rätselhaft. Um diese Frage zu klären, gingen McClure und seine Gruppe von einer Hypothese über die Aufgabenverteilung zwischen dem heißen und dem kühlen System im Gehirn aus. Sie vermuteten, dass das emotionale, heiße (limbische) System kurzfristiger Impulsivität unterliegt: Es wird durch sofortige Belohnungen automatisch aktiviert und setzt die *Los!*-Reaktion in Gang: »Ich will es jetzt!« Es ist relativ unempfänglich für den Wert aufgeschobener Belohnungen und überhaupt zukünftiger Ereignisse. Dagegen ist die lang anhaltende Geduld, wie man sie benötigt, um eine rationale Wahl zwischen verschiedenen aufgeschobenen Belohnungen zu treffen – zum Beispiel bei der Planung der Altersvorsorge –, auf das kühle, kognitive System angewiesen, insbesondere auf bestimmte Areale im präfrontalen Kortex und andere eng damit verbundene Strukturen, die sich viel später im Lauf der menschlichen Evolution herausbildeten.

McClures Team ließ Erwachsene zwischen verschiedenen Geldbeträgen wählen, deren Auszahlung zwischen »jetzt« und einem späteren Zeitpunkt variierte (zum Beispiel 10 Dollar jetzt oder 11 Dollar morgen), sowie zwischen Belohnungen, die alle in der Zukunft lagen (etwa 10 Dollar in einem Jahr oder

11 Dollar in einem Jahr und einem Tag). Mithilfe der fMRT beobachteten die Forscher bei jedem Versuchsteilnehmer die Hirnareale des heißen und des kühlen Systems. Während die Probanden ihre Entscheidungen trafen, bemerkten die Wissenschaftler, dass das Ausmaß, in dem jede Hirnregion beansprucht wurde, vorhersagte, ob die Person eine sofortige Belohnung oder eine größere aufgeschobene bevorzugte: Neuronale Aktivität zeigte sich in der heißen Region, wenn die Probanden zwischen zwei zeitnahen Belohnungen wählten (ein bestimmter Betrag heute gegenüber einem geringfügig größeren morgen), und in der kühlen Region, wenn sie zwischen zukünftigen Belohnungen wählten (ein Betrag in einem Jahr und ein geringfügig höherer Betrag in einem Jahr und einem Tag). McClure und seine Kollegen bestätigten damit, dass es im menschlichen Gehirn tatsächlich zwei neurale Systeme gibt ein heißes und ein kühles –, die zwischen sofortigen und aufgeschobenen Belohnungen unterscheiden. Ich war beruhigt, als ich erfuhr, dass die Muster der Hirnaktivität mit dem in Einklang standen, was wir aus dem Verhalten von Vorschulkindern im »Überraschungszimmer« gefolgert hatten. 2010 führte eine andere Forschergruppe unter Leitung von Elke Weber und Bernd Figner an der Columbia University ein Experiment durch, das die spezifische Hirnregion genauer lokalisierte, die dafür verantwortlich ist, dass wir auf aufgeschobene Belohnungen warten: Es ist nicht der rechte, sondern der linke laterale präfrontale Kortex.[7]

Sofortige Belohnungen aktivieren das heiße, automatische, reflexive, unbewusste limbische System, das aufgeschobenen Konsequenzen wenig Beachtung schenkt. Das, was es will, will es sofort. Und es setzt den Nutzwert aufgeschobener Belohnungen stark herab.[8] Es wird durch den Anblick, den Klang, den Geruch, den Geschmack und die Berührung des Wunschobjekts aktiviert – ganz gleich ob es Marshmallows sind, die Vorschulkinder die Glocke läuten lassen, eine unwiderstehliche Buttercremetorte auf dem Dessertteller oder die Sirenengesänge, die die Seeleute im antiken Mythos ins Verderben locken. Aus diesem Grund treffen Personen, die in der öffentlichen Wahrnehmung als intelligent gelten – etwa Präsidenten, Senatoren, Gouverneure und Finanzmagnaten –, manchmal unvernünftige Entscheidungen, wenn sie sich von sofortigen Verlockungen dazu verleiten lassen, die aufgeschobenen Konsequenzen zu ignorieren.

Aufgeschobene Belohnungen dagegen aktivieren das kühle System: die langsamer ansprechenden, aber nachdenklichen, rationalen, problemlösenden Areale im präfrontalen Kortex, die das spezifisch Menschliche an uns ausmachen und in der Lage sind, langfristige Konsequenzen zu erwägen. Wie wir in den vorigen Kapiteln gesehen haben, kann uns die Aufschubfähigkeit helfen, einen Gang zurückzuschalten und Impulse so lange »abzukühlen«, bis das kühle System überwacht und reguliert, was das heiße System tut. Um es noch einmal zu sagen: Die beiden Systeme – ein heißes, das sofortige Belohnungen und Bedrohungen verarbeitet und bewertet, und ein kühles, das aufgeschobene Konsequenzen berücksichtigt – arbeiten zusammen: Je aktiver das eine wird, desto weniger aktiv wird das andere. Die Herausforderung besteht darin, zu wissen, wann man sein Verhalten am besten vom heißen System leiten lassen und wann (und wie) man das kühle System aktivieren sollte.

Als McClure und seine Kollegen ihr Ergebnis zusammenfassten, bezogen sie sich ebenfalls auf Äsops klassische Fabel: »Das menschliche Verhalten unterliegt oftmals einer Konkurrenz zwischen automatischen Prozessen auf niedriger Ebene, in denen sich möglicherweise evolutionäre Anpassungen an bestimmte Lebensräume widerspiegeln, und der erst in jüngerer Zeit entstandenen, spezifisch menschlichen Fähigkeit zu abstraktem, domänenübergreifendem logischem Denken und Planen der Zukunft ... In den Eigentümlichkeiten menschlicher Präferenzen scheint sich in jedem von uns ein Wettstreit widerzuspiegeln zwischen der impulsiven limbischen Heuschrecke und der vorausschauenden Ameise.«[9]

Wir alle sind sowohl Heuschrecke als auch Ameise, aber ob zu jedem beliebigen Zeitpunkt die präfrontale Ameise oder die limbische Heuschrecke zum Vorschein kommt, hängt von der Verlockung in der konkreten Situation ab, und davon, wie wir sie bewerten und mental einordnen.[10] Wie Oscar Wilde einst treffend bemerkte: »Allem kann ich widerstehen, nur der Versuchung nicht.«[11]

Ist es »vorprogrammiert«? Die neue Genetik

ALS JAMES, der 1928 in Chicago geboren wurde, heranwuchs, lastete auf ihm sein irisches Erbe mütterlicherseits. Er wollte unbedingt der schlaueste Schüler in seiner Klasse sein – und das zu einer Zeit, als man in Chicago oftmals Witze über die ach so dummen Iren machte. Er erinnert sich, dass er als Kind Geschichten über Stellenanzeigen hörte, die mit »Bitte keine irischen Bewerber« endeten. James spürte ohne Zweifel starke irische Gene in sich, aber für geistige Trägheit gab es keinerlei Anhaltspunkte. Glücklicherweise gelangte er zu dem Schluss, dass »der irische Intellekt, und die Unzulänglichkeiten, die ihm zugeschrieben wurden, von der Umwelt in Irland geprägt waren, nicht von den Genen: die Erziehung, nicht die Natur war verantwortlich dafür«.[1] James, dessen Familienname Watson lautet, und Francis Crick wurden im Jahr 1962 mit dem Nobelpreis ausgezeichnet, weil sie die Struktur der DNA aufgeklärt hatten. Diese Entdeckung ebnete den Weg zu einem neuen Verständnis der menschlichen Natur. In dem halben Jahrhundert, das vergangen ist, seitdem James D. Watson dem König von Schweden die Hand reichte, folgte eine überraschende Erkenntnis auf die andere.

Im Jahr 1955, etwa zur gleichen Zeit, als Watson und Crick den Aufbau der DNA erforschten, brachte Mr. Abe Brown seinen zehnjährigen Sohn Joe in die Klinik des Fachbereichs Psychologie der Ohio State University, wo ich damals promovierte. Mr. Brown schien es sehr eilig zu haben und vergeudete keine Zeit mit Höflichkeitsfloskeln. Vielmehr platzte er, während Joe neben ihm saß, sogleich mit seiner Frage heraus: »Ich will nur eines wissen: Ist er dumm oder bloß faul?«

In Mr. Browns unverblümter Frage spiegelt sich die gleiche Sorge wider (auch wenn sie sonst etwas diplomatischer verpackt wird), die beunruhigte Eltern nach jedem meiner Vorträge über den Marshmallow-Test thematisieren. Mit der gleichen Frage quälte sich der junge James Watson herum, und er war intelligent genug, sie für sich selbst zu beantworten. Es ist oftmals *die* Frage, wenn sich meine Vorträge den Ursachen menschlichen Verhaltens zuwenden: *Ist es Anlage, oder ist es Umwelt?* In den allerersten Minuten, die ich mit Mr. Brown verbrachte, wurde seine implizite Theorie über Anlage und Umwelt deutlich. Wenn Joe dumm war, konnte Mr. Brown nach eigener Meinung nichts dagegen tun und würde versuchen, sich damit abzufinden und weniger streng zu seinem Sohn zu sein. Wenn Joe andererseits »bloß faul« war, hatte Mr. Brown sehr klare Vorstellungen über die Art von Disziplinierung, die nötig war, um seinen Sohn »auf Zack zu bringen«.

Seit Jahrhunderten tobt ein Streit: Was wirkt sich stärker aus, genetische oder Umwelteinflüsse? Und was sind die Folgen für das Gehirn und unser Verhalten, für praktisch jede menschliche Eigenschaft, für die Entstehung von Intelligenz, für Begabungen oder aggressives Verhalten, für Altruismus, Gewissenhaftigkeit, Kriminalität und Willenskraft, für politische Überzeugungen oder Phänomene wie Schizophrenie und Depression? Diese Kontroverse blieb nicht auf das akademische Schlachtfeld begrenzt, sie beeinflusst auch das Denken in der Sozialpolitik, der Politikwissenschaft, der Ökonomie, der Pädagogik und der Kindererziehung. So werden unsere politischen Überzeugungen zum Beispiel davon beeinflusst, ob wir

ökonomische Ungleichheiten oder unterschiedliche Lebensverläufe genetischen oder Umweltfaktoren zuschreiben. Wenn
die Unterschiede anlagebedingt sind, kann die Gesellschaft
entscheiden, Mitleid mit all jenen zu haben, die beim genetischen Roulette den Kürzeren zogen. Sie kann aber auch zu der
Überzeugung gelangen, dass die anderen keine Schuld an ihrem Unglück tragen. Ist dagegen vor allem die Umwelt dafür
verantwortlich, wer wir sind und was wir werden, ist es dann
nicht an uns, sie so zu verändern, dass die Ungerechtigkeiten
verschwinden, die sie hervorbringt? Wie wir den Einfluss der
Erbanlagen auf Willenskraft, Charakter und Persönlichkeit
gewichten, hat Folgen nicht nur für unsere abstrakte Sicht der
menschlichen Natur und unsere Verantwortung, sondern auch
dafür, wie wir unser eigenes Entwicklungspotenzial und das
unserer Kinder einschätzen.

Die wissenschaftliche Diskussion über die Anlage-Um-
welt-Problematik gelangte im Lauf meines Lebens zu völlig
gegensätzlichen Schlussfolgerungen. Wissenschaftler wie etwa
B. F. Skinner, die den Behaviorismus vertraten – in den Fünf-
zigerjahren beherrschte diese Richtung die amerikanische Psychologie –, waren der Auffassung, Neugeborene kämen gleichsam als unbeschriebenes Blatt auf die Welt, dem die Umwelt
ihren Stempel aufdrückte – und zwar überwiegend durch die
Belohnungen beziehungsweise Verstärkungen, die sie verab-
reichte.[2] Auf diese Weise präge sie unsere Persönlichkeit. Ab
den Sechzigerjahren rückte man immer mehr ab vom Primat
der Umwelteinflüsse. In den Siebzigerjahren kam es zu einem
Paradigmenwechsel, als Noam Chomsky und viele andere
Sprach- und Kognitionswissenschaftler nachwiesen, dass ein
Großteil dessen, was das spezifisch Menschliche von uns ausmacht, genetisch »vorprogrammiert« ist. Zunächst wurde

über die Sprachentwicklung bei Kleinkindern diskutiert. Man konnte nachweisen, dass die elementaren grammatischen Strukturen, die der Sprachfähigkeit zugrunde liegen, angeboren sind, obgleich selbstverständlich Lernprozesse und das soziale Umfeld darüber entscheiden, ob ein Säugling später Hochdeutsch oder Mandarin spricht. Das Neugeborene kommt also keineswegs als unbeschriebenes Blatt zur Welt, sondern mit einem tief verankerten grammatischen Code.[3] Die Liste dessen, was Babys von Geburt an mitbringen, wird mit jedem Jahr länger und erstaunlicher. Elizabeth Spelke von der Harvard University gehört zu den führenden Experten, die das Gehirn und das Bewusstsein von Babys erforschen; dabei untersucht sie das Blickverhalten des Kindes, um herauszufinden, was es versteht und was nicht. Sie sagt uns zum Beispiel, dass Säuglinge geborene Buchhalter sind, die bereits ein erstaunlich gutes Zahlen- und auch geometrisches Verständnis haben – zumindest, wenn sie sich in dreidimensionalen Räumen zurechtfinden wollen, um darin versteckte Verlockungen zu entdecken.[4] Neugeborene scheinen bereits über eine breite Palette kognitiver Fähigkeiten zu verfügen – dass sie uns Erwachsenen beschränkt erscheinen, dürfte vor allem mit der Begrenztheit unserer Forschungsmethoden zusammenhängen.

Temperamente

SCHON IMMER haben Eltern gewusst, dass ihre Kinder sehr unterschiedliche Temperamente besitzen, die sich bald nach der Geburt manifestieren. Diese Unterschiede wurden schon von der antiken griechisch-römischen Persönlichkeitstypologie (Temperamentenlehre) abgebildet, die einen Zusammenhang zwischen angeborenen emotionalen Dispositionen und vier Körpersäften herstellte, die eine Art frühe Version der DNA waren. Nach dieser Theorie war ein Mensch, bei dem ein Übergewicht des Blutes über die anderen Säfte herrschte, *sanguinisch* – er wurde als gutmütig und fröhlich charakterisiert. Die schwarze Galle dominierte *Melancholiker*, der als bekümmert und missmutig beschrieben wurde. Eine Neigung zu Wut und leichter Reizbarkeit, die auf ein Zuviel an gelber Galle zurückgeführt wurde, kennzeichnete den *Choleriker*. Überwog der Schleim, war der Betroffene *Phlegmatiker*, also gleichmütig und schwer aus der Ruhe zu bringen.

Kinder kommen mit physiologischen Unterschieden in ihrer emotionalen Reaktionsfähigkeit, ihrem Aktivitätsniveau und der Fähigkeit, ihre Aufmerksamkeit zu steuern und zu regulieren, auf die Welt.[5] Auch wenn diese Unterschiede genetisch »vorprogrammiert« sind, wurden sie bis zur Geburt schon viele Monate durch die uterine Umgebung weiter ausgeformt. Diese Unterschiede beeinflussen erheblich ihr Fühlen, Denken und Handeln und prägen ihre Persönlichkeit – auch ihre Fähigkeit zur Selbstkontrolle und zum Belohnungsaufschub. Frischgebackene Eltern stellen – oft mit einer gewissen Erschöpfung – fest, wie sehr das Temperament ihres Kindes ihr Leben auf den Kopf gestellt habe.[6] Es ist kaum eine Neuigkeit, dass die meisten Säuglinge geradezu ein Bündel von Emotionen sind. Da gibt es sehr aktive, die viel lächeln und lachen und schon früh im Leben intensive Freude zeigen. Andere sind hochemotional, leicht erregt und neigen zu negativen Affekten; sie sind angespannt, reizbar und wütend, besonders wenn sie frustriert sind (was meist der Fall zu sein scheint). Babys sind auch unterschiedlich kontaktfreudig. Einige reagieren auf Fremde oder auch auf neues Spielzeug ängstlich, während andere ganz versessen darauf zu sein scheinen, sich allem und jedem zu nähern. Einige fürchten sich nur selten, sind aber kaum zu trösten, wenn sie sich wirklich einmal ängstigen; andere befällt häufig eine leichte Furchtsamkeit, aber nur selten große Angst.

Säuglinge unterscheiden sich auch in der Ausdrucksstärke beziehungsweise Intensität ihrer Reaktionen und in ihrer Schnelligkeit – manche schlafen viel (und lassen andere das Gleiche tun), andere sind zu jeder Tages- und Nachtzeit umtriebig und suchen Anschluss. Diese Temperamentsunterschiede zeigen sich nicht nur darin, wie aktiv, unbeschwert, glücklich, angespannt oder lebensfroh das Baby zu sein scheint. Sondern auch darin, wie häufig und wie lange *die Eltern* lachen, lächeln, mit ihrem Kind spielen und schlafen und wie viel Freude oder Erschöpfung und Verzweiflung sie empfinden. Das emotionale Verhalten von Kindern wirkt sich stets auf das ihrer Bezugspersonen aus – und umgekehrt. Während dies an einem Ende zu einer Art Aufwärtsspirale positiver Emotionen führt, erzeugt es am anderen Ende eine Abwärtsspirale von negativem Stress.

Emotionale Dispositionen beeinflussen auch, wie gut, wie schnell und unter welchen Bedingungen es Kindern im Lauf ihrer Entwicklung gelingt (oder nicht gelingt), ihre Aufmerksamkeit zu regulieren, Belohnung aufzuschieben und Selbstkontrolle auszuüben. Bis zu welchem Grade sind diese emotionalen Persönlichkeitsmerkmale vererbbar? Wenn sie sich diese Frage stellen, erkennen die meisten Menschen rasch, dass es nur eine Antwort geben kann: Erb- und Umweltfaktoren wirken zusammen. Viele Jahre lang haben Zwillingsstudien – besonders mit eineiigen Zwillingen – diejenigen, die zusammen in derselben Familie aufwuchsen, mit jenen verglichen, die getrennt in verschiedenen Familien groß wurden. So versuchte man, die verschiedenen Effekte von Anlage und Erziehung auf Verhaltensdispositionen und psychische Merkmale zu bestimmen. Die Details sind nach wie vor strittig, aber nach einer recht verlässlichen Schätzung aus der Zwillingsforschung lässt sich etwa ein Drittel bis die Hälfte sämtlicher Merkmale, die sich entwickeln, auf genetische Variationen zurückführen.[7] Im Fall der Intelligenz wird die Übereinstimmung bei eineiigen Zwillingen mitunter sogar höher geschätzt. Allerdings fällt auf, dass es selbst bei gemeinsam aufgewachsenen eineiigen Zwillingen durchaus möglich ist, dass einer der beiden eine Schizophrenie, eine schwere Depression oder eine andere psychische oder körperliche Erkrankung entwickelt, während der andere lebenslang völlig gesund bleibt. Es ist auch möglich, dass sich der eine mustergültig selbst beherrschen kann, während der andere ein Ausbund an Impulsivität ist.

Forscher haben anhand von Zwillingsstudien die jeweiligen Beiträge von Anlage und Umwelt prozentgenau abgegrenzt, als ließen sich die Einflüsse so eindeutig voneinander trennen.[8] Wir sollten dankbar sein für ihre bahnbrechenden Erkenntnisse, dass wir nämlich biologische Wesen mit ausgeprägten genetischen »Vorverdrahtungen« sind, und dass die Erbanlagen eine genauso große Rolle spielen wie die Erziehung. Aber je gründlicher wir die Vererbbarkeit von Merkmalen erforschen, umso deutlicher zeichnet sich ab, dass sich Anlage und Umwelt nicht so leicht voneinander trennen lassen.[9] In den menschlichen Anlagen und Verhaltensmustern, einschließlich Charakter und Persönlichkeit, Einstellungen und politische Überzeugungen, spiegeln sich die komplexen Effekte von Genen (üblicherweise von mehreren Genen) wider, die das gesamte Leben hindurch maßgeblich von Umweltfaktoren beeinflusst werden. In dem, wer wir sind und was wir werden, zeigt sich die komplexe Wechselwirkung zwischen genetischen und Umwelteinflüssen. Es ist an der Zeit, sich von der Wie-viel-Frage zu verabschieden, weil es keine einfache Antwort darauf gibt. Vor vielen Jahren erklärte der kanadische Psychologe Donald Hebb, die Frage nach dem Wieviel sei so sinnvoll wie die Frage: Was bestimmt die Größe eines Rechtecks mehr – seine Länge oder seine Breite?

Die DNA-Bibliothek auspacken

DIE SCHLUSSFOLGERUNG ist unvermeidlich: Wer wir sind, ist das Resultat eines engen Wechselspiels zwischen unserer Umwelt und unseren Genen, das nicht auf einen Teil allein reduziert werden kann. Aber wenn wir die Geheimnisse der DNA enträtseln – von der Entschlüsselung des Codes über die Sequenzierung des gesamten menschlichen Genoms und die Kartierung seiner regulatorischen Elemente –, verrät uns dies immer mehr über die molekularen Grundlagen der komplexen Wechselwirkungen zwischen unserer »Umwelt« und unserer »Natur«, die uns zu dem machen, was wir sind.

Die DNA ist ein biologischer Code mit Anweisungen, die unsere Zellen befähigen, alles Lebensnotwendige herzustellen und zu tun. Im menschlichen Körper enthält jede der rund eine Billion Zellen in ihrem Kern eine vollständige, identische DNA-Sequenz. Dies entspricht etwa 1,5 Gigabyte genetischer Informationen, und sie würde zwei CD-ROMs füllen, während die DNA-Sequenz selbst auf einen gut gespitzten Bleistift passen würde.[10]

Auch wenn sich das nach viel anhört, ist es doch nur die Spitze des Eisbergs, weil die wirkliche Flexibilität und die Komplexität in der Organisation und Funktionsweise der DNA liegen. Die »Buchstaben« des DNA-Codes – A, C, G und T – können in einzigartiger, vielfältiger Weise zu verschiedenen »Wörtern« kombiniert werden. Noch wichtiger ist, dass Organisationsebenen zunehmender Komplexität – einschließlich des Wie, Wo und Wann der Zusammensetzung der »Wörter« – das immense Repertoire individueller Unterschiede ermöglichen, die jeden Menschen einzigartig machen. Wie funktioniert das?

Betrachten wir sämtliche Informationen, die in einer Bibliothek mit Tausenden von Büchern enthalten sind – eine Metapher für den menschlichen Körper, der etwa zwanzigtausend Gene »beherbergt«. Jedes Buch in dieser DNA-Bibliothek enthält Wörter, die in Sätzen angeordnet sind. Diese DNA-Sätze sind die Gene. Die Sätze wiederum sind ihrerseits zu Paragrafen und Kapiteln geordnet. Dies sind die Module hoch koordinierter Gene, die gemeinsam funktionieren und die ihrerseits zu Büchern geordnet sind, welche wiederum in Abteilungen der Bibliothek (Gewebe, Organe usw.) untergliedert sind. Entscheidend ist aber, dass die »Erfahrung« des Buchlesers, der die Bibliothek besucht, nicht einfach der Summe aller dort vorhandenen Bücher entspricht. Die Erfahrung des Lesers hängt davon ab, wann er die Bibliothek aufsucht, wer ihn dabei begleitet, welche Abteilungen er besucht, welche Bereiche der Bibliothek zu dem Zeitpunkt offen oder geschlossen sind und welche Bücher er aus den Regalen nimmt. Das, was er liest – die Gene, die zum Ausdruck oder eben nicht zum Ausdruck gebracht werden –, hängt also von den äußerst komplexen Wechselwirkungen zwischen biologischen und Umwelteinflüssen ab. Es gibt unendlich viele Möglichkeiten, und die Rolle der Umwelt ist von größter Bedeutung. Unsere genetische Ausstattung (das heißt unsere Bibliothek) stellt ein fantastisch flexibles und flinkes System zur Reaktion auf die Umwelt bereit.

Die Herausforderung besteht nun darin, die physischen Eigenschaften der DNA zu identifizieren, die diese schnelle Anpassungsfähigkeit an die Umwelt ermöglichen. Es zeigt sich, dass ein relativ kleiner Teil der DNA Wörter codiert, die zu Sätzen (den Genen) angeordnet sind. Der Großteil der DNA, der sich zwischen diesen Sätzen befindet, galt lange Zeit als »Müll«, dessen Funktion ein Rätsel war. Neuere Arbeiten zeigen, dass diese langen Abschnitte »nichtcodierender« DNA keineswegs Müll sind. Vielmehr sind sie von zentraler Bedeutung für die »Expression« unserer DNA. Der Müll ist durchsetzt von höchst wichtigen regulatorischen Schaltern, die entscheiden, welche Sätze als Reaktion auf Auslösereize aus der Umwelt gebildet werden – und wann, wo und wie das geschieht. Angesichts dieser Entdeckungen ist Frances Champagne, eine führende Expertin auf dem Gebiet der Wechselwirkungen zwischen Umwelteinflüssen und Genexpression, davon überzeugt, dass es an der Zeit ist, die Anlage-Umwelt-Kontroverse fallen zu lassen und stattdessen zu fragen: Was tun Gene eigentlich? Und wie verändert die Umwelt das, was die Gene tun?[11]

Letztlich werden alle biologischen Prozesse vom Kontext beeinflusst, zu dem auch das sozialpsychologische Umfeld gehört. Die Umwelt beinhaltet alles – von der Muttermilch, dem verzehrten Brokkoli oder Schinkenspeck über die konsumierten Drogen und aufgenommenen Gifte bis zu den sozialen Interaktionen, den Stressbelastungen, Niederlagen, Triumphen, Hochstimmungen und Depressionen, die wir im Lauf eines Lebens durchgemacht haben. Und der Einfluss der Umwelt ist in den frühen Jahren am stärksten. Wenn Müttern von ihren Intimpartnern Gewalt angetan wird, kann der erlebte Stress auf ihre Nachkommen übertragen werden, was die Babys anfälliger für gravierende Verhaltensprobleme auch in ihrem späteren Leben macht.[12] Stress in der Kindheit beeinflusst die Genexpression bei vielen, aber keineswegs bei allen Kindern und kann zu einer Abwehrreaktion führen, die sich in einer erhöhten Immun- und Stressempfindlichkeit ausdrückt.[13] Diese Ergebnisse deuten darauf hin, dass das zelluläre Milieu des Babygehirns stark von der mütterlichen Umwelt beeinflusst wird.

Und erstaunlicherweise sind die Umwelteinflüsse womöglich schon vor der Empfängnis wirksam. Im Gegensatz zu dem, wovon man früher hinsichtlich der Erblichkeit von Merkmalen überzeugt war, deuten neuere Erkenntnisse darauf hin, dass auch einige nichtgenetische Merkmale unserer Zellen vererbt werden.[14] Auf molekularer Ebene bedeutet dies laut Champagne, dass diese Merkmale, die von sozialen und physischen Umwelteinflüssen geprägt werden, die Beschaffenheit jener Zellen verändern können, aus denen letztlich die Nachkommen eines Individuums hervorgehen. Wir beginnen gerade erst, die Details dieses Prozesses zu verstehen. Aber das ernüchternde Ergebnis lautet, dass Risikoneigung und Resilienz – psychische Widerstandsfähigkeit – im Bereich des Sozialverhaltens womöglich über Generationen hinweg vererbt werden. Dies bedeutet, dass die Lebensweise von Heranwachsenden und Erwachsenen, ihr Konsumverhalten – also das, was sie essen, trinken und rauchen – und die Freuden und Belastungen ihrer sozialen Interaktionen und Erfahrungen wohl mit beeinflussen, welche Gene im Erbgut ihrer Nachkommen zum Ausdruck gebracht werden und welche ungelesen bleiben.

Im ersten Lebensjahr beginnt sich der präfrontale Kortex in einer Weise zu entwickeln, die entscheidend die Selbstkontrolle und die Fähigkeit, sich aus eigener Kraft zu verändern, beeinflusst. In der Metapher vom heißen und kühlen System markiert dies den Beginn des Letzteren, das mit der Zeit Selbstkontrolle überhaupt erst ermöglicht. Im Alter zwischen drei und sieben Jahren können Kinder durch diese Entwicklung zunehmend ihre Aufmerksamkeit gezielt verschieben und fokussieren, ihre Emotionen an die Situation anpassen und unerwünschte Reaktionen hemmen, um ihre Ziele effektiver zu verfolgen. Dank dieser Veränderungen kann ein Kind seine Gefühle und Reaktionen mit zunehmendem Alter selbst steuern und die Auswirkungen der genetischen Voreinstellungen verändern, anstatt nur ihr passives Opfer zu sein.

Diese Fähigkeit, sich selbst so zu regulieren, dass bestimmte Eigenschaften weniger ausgeprägt hervortreten, veranschaulicht Jerome Kagan von der Harvard University, der weltweit führend das Thema Schüchternheit erforscht, in einer Anekdote. Als seine Enkeltochter im Kindergarten war und sich bemühte, ihre Schüchternheit abzulegen, hatte sie eine Bitte: Er solle so tun, als würde er sie nicht kennen, damit sie üben könne, nicht scheu zu sein – und mit der Zeit funktionierte das tatsächlich. Kagans frühere Forschungen hatten gezeigt, dass eine Eigenschaft wie Schüchternheit zwar genetisch verankert ist, aber auch verändert werden kann. Positive Erfahrungen im Kindergarten und Bezugspersonen, denen es gelingt, ihr eigenes überbehütendes Verhalten zu überwinden, können dem schüchternen Kind helfen, seine Scheu teilweise abzulegen. Kagans Enkeltochter zeigte dem berühmten Schüchternheitsforscher, dass das Kind seine Entwicklung selbst aktiv gestalten kann und Strategien entwickelt, um die Effekte seiner genetischen Anlagen im Lauf des Lebens zu verändern.[15]

Was Nagetiere tun

DAS GENOM DER MAUS ist dem unseren verblüffend ähnlich, und deshalb sind Nagetiere, die wir lange Zeit gemieden und in unseren Häusern sogar ausgemerzt haben, beliebte Versuchstiere für Experimente über den Einfluss von Anlage und Umwelt. Das Verhalten von Mäusen und anderen Nagetieren zu beobachten heißt, jene Fragen zum menschlichen Verhalten zu beantworten, die nicht an Menschen getestet werden können. Eine Forschergruppe der Emory University unter Leitung von Thomas Insel und Darlene Francis führte 2003 ein Experiment mit Exemplaren von zwei verschiedenen Mausstämmen (BALB und B6) durch, die sich in ihrem Neugierverhalten und ihrer Ängstlichkeit stark unterscheiden. BALB-Mäuse sind aufgrund gezielter Züchtung von Natur aus scheu; sie zeigen ein schreckhaftes Verhalten und neigen deshalb dazu, sich in einer Ecke ihres Käfigs zu verstecken. B6-Mäusen wiederum wurden eine ausgeprägte Neugier und eine gewisse Furchtlosigkeit angezüchtet. Die Forscher testeten, wie sich die Mäuse, denen Mut und Erkundungsverhalten angezüchtet wurden, in einem Umfeld mit einer scheuen, ängstlichen Mutter verhielten.[16] Die »genetisch mutigen« Mäuse, die mit scheuen Müttern zusammengebracht wurden, glichen sich den »genetisch scheuen« Mäusen an, die mit ihren eigenen scheuen Müttern aufgewachsen waren. Daraus ergeben sich zwei Schlussfolgerungen. Erstens sagt die genetische Ausstattung viel über das Verhalten aus. Genauso wichtig ist jedoch das mütterliche Umfeld in früher Kindheit, denn es hat einen starken Einfluss darauf, wie die entsprechenden Gene funktionieren. Im Jahr 1958 wurden im *Canadian Journal of Psychology* die Ergebnisse einer Studie an Ratten veröffentlicht, die aufgrund von Auslesezüchtung entweder »labyrinthdumm« oder »labyrinthschlau« waren.[17] Im Verlauf mehrerer Generationen brachte diese Züchtung Ratten hervor, die sich beim Durchwandern eines Labyrinths entweder »begriffsstutzig« oder »schlau« anstellten. Die Wissenschaftler haben diese Jungtiere entweder in eine sehr anregende Rattenwelt mit vielfältigen Sinnesreizen oder in eine reizarme, karge Rattenwelt gesetzt. Die »dummen« Ratten, die sich in der reizvollen Umgebung wiederfanden, wurden deutlich »schlauer«, während die Schlauen, die man in dem sensorisch verarmten Lebensraum hielt, »dümmer« wurden. Letztere schnitten beim Durchwandern des Labyrinths deutlich schlechter ab. Die Umgebung veränderte also nachhaltig die Ausprägung einer durch die spezielle Züchtung hervorgebrachten kognitiven Fähigkeit, die Ratten genetisch so »schlau« oder »dumm« programmierte, wie es mit ihren Erbanlagen nur irgend möglich war. Diese Studie wies als eine der ersten nach, dass Umgebungseinflüsse die Effekte von Genen maßgeblich bestimmen.

Mütter und andere Bezugspersonen wenden sich ihren Kindern mit einem sehr unterschiedlichen Maß an Fürsorge zu, aber es ist nicht möglich, diese Effekte zu beeinflussen oder zu kontrollieren, weil man dafür an Menschen experimentieren müsste. Also griffen die Forscher auch bei einer anderen Studie wieder auf Ratten zurück; sie wollten herausfinden, ob das Ausmaß, in dem Rattenmütter ihre Jungen in einem frühen Lebensabschnitt stimulierten, deren Gedeihen beeinflusste. Alle Rattenmütter lecken und putzen ihre Jungen, aber es gibt deutliche, stabile Unterschiede in der Intensität, mit der sie dies tun. Einige lecken und putzen ihre Jungen viel mehr als andere – so wie einige Menschenmütter ihren Babys viel mehr Stimulation und Zuwendung schenken als andere. Die Studie zeigte, dass Rattenjungen enorm davon profitierten, wenn ihre Mütter sich viel um sie kümmerten.[18] Sie zeigten bei kognitiven Aufgaben bessere Leistungen und reagierten auf akuten Stress mit einer schwächeren neurophysiologischen Aktivierung (arousal) als diejenigen, deren Mütter weniger fürsorglich waren.

Der neuseeländische Psychologe James R. Flynn entdeckte einen generellen Aufwärtstrend bei den IQ-Werten – nicht bei Nagetieren, sondern bei uns selbst, und zwar in Industrieländern wie den Vereinigten Staaten und Großbritannien.[19] Es gab einen deutlichen Anstieg der IQ-Werte von einer Generation zur nächsten. Bei Intelligenzfaktoren, die Problemlösungsfähigkeiten erfassen und sich nicht auf sprachliches Wissen und Symbole stützen, wurde eine durchschnittliche Zunahme von etwa fünfzehn Punkten pro Generation gefunden. Eines ist gewiss: In dem Zeitraum von sechzig Jahren, den diese Studien abdecken, beruhen die Veränderungen gewiss nicht auf evolutionären Prozessen und können ebenso wenig auf genetische Veränderungen in der Bevölkerung zurückgeführt werden. Dies sind ermutigende Belege für die Macht der Umwelt, Merkmale wie Intelligenz zu beeinflussen: Auch wenn solche Merkmale in hohem Maße genetisch vorprogrammiert sind, lassen sie sich in einem erheblichen Umfang verändern. James Watson fasst dieses Ergebnis so zusammen: »Eine Prädisposition bedeutet noch lange keine Prädetermination.«[20] Überzeugende Beispiele für die Wechselwirkung von Anlage und

Umwelt stammen aus einer neuseeländischen Studie an mehr als tausend Kindern, die ab ihrer Geburt im Jahr 1972 über dreißig Jahre lang beobachtet wurden.[21] Forscher führten Tests durch, um herauszufinden, ob die Häufigkeit belastender Lebensereignisse über einen Zeitraum von zwanzig Jahren das langfristige Risiko für Depressionen beeinflusste. Gleichzeitig untersuchten sie die Teilnehmer auf Varianten eines bestimmten Gens, das die Serotoninkonzentration im Gehirn beeinflusst und damit indirekt das Depressionsrisiko. Wieder zeigte sich, dass die Wechselwirkung zwischen Genetik und Umwelt entscheidend war; sie bestimmte, ob die genetische Anlage für eine erhöhte Depressionsanfälligkeit aktiviert wurde. Depressionen traten häufiger bei Menschen auf, die ein erhöhtes genetisches Risiko hatten, *wenn* sie zugleich mehr belastenden Lebenserfahrungen ausgesetzt waren.

Die Anlage-Umwelt-Kontroverse hinter sich lassen

UNSERE GENE BEEINFLUSSEN, wie wir mit der Umwelt interagieren. Die Umwelt wiederum beeinflusst, welche Abschnitte unserer DNA zum Ausdruck gebracht und welche ignoriert werden. Was wir tun und wie gut wir unsere Aufmerksamkeit im Dienst unserer Ziele kontrollieren, wird Teil der Umwelt, die wir mit erschaffen und die ihrerseits uns beeinflusst. Diese wechselseitige Beeinflussung ist ausschlaggebend dafür, wer und was wir werden, angefangen von unserer körperlichen und psychischen Gesundheit bis hin zur Qualität und Dauer unseres Lebens.

Um es noch einmal zu sagen: In menschlichen Anlagen und Verhaltensmustern einschließlich Charakter und Persönlichkeit, Einstellungen und sogar politischen Überzeugungen[22] spiegeln sich die komplexen Effekte unserer Gene wider, deren Ausprägungen über unsere gesamte Lebensspanne hinweg von den unterschiedlichsten Umweltfaktoren beeinflusst werden. Dispositionen entstehen durch das äußerst komplexe Wechselspiel zwischen genetischen und Umwelteinflüssen – wir sollten also endlich die Frage »Umwelt *oder* Anlage?« hinter uns lassen. Daniela Kaufer und Darlene Francis von der University of California in Berkeley kamen 2011 zu dem Schluss, die Ergebnisse der besten Studien über die Wechselwirkung zwischen Anlage und Umwelt »stellen implizite Annahmen über Beziehungen zwischen Genen und Umwelt auf den Kopf. [...] Umgebungen können genauso deterministisch sein, wie wir es früher nur bei Genen vermuteten [...] das Genom kann so formbar sein, wie wir es früher nur von Umgebungen glaubten.«[23]

Um die Frage zu beantworten, die Mr. Brown vor fünfzig Jahren in Bezug auf seinen Sohn Joe stellte: Die meisten Prädispositionen sind bis zu einem gewissen Grad »vorprogrammiert«, aber sie sind auch flexibel, form- und veränderbar. Die Herausforderung besteht darin, die Bedingungen und Mechanismen zu identifizieren, die Veränderung ermöglichen. Mr. Brown würde diese Antwort nicht gefallen. Sein heißes System wollte ein schnelles und kurzes Urteil: dumm oder faul. Aber je mehr wir über Anlage und Umwelt erfahren, desto deutlicher zeigt sich, dass sie sich gegenseitig prägen.

TEIL II

Von Marshmallows im Kindergarten zur Altersvorsorge

IM ERSTEN TEIL haben wir gesehen, wie es Vorschulkindern gelingt, Belohnungen aufzuschieben und wie die Fähigkeiten zur Selbstkontrolle gestärkt und gefördert werden können. Auch wenn ein Großteil dessen, was Selbstkontrolle weniger anstrengend macht, genetisch vorprogrammiert ist, bleibt vieles offen für Lernprozesse. Die kognitiven und emotionalen Kompetenzen, dank deren Vorschulkinder auf größere Belohnungen warten können, ebnen ihnen den Weg zur Entwicklung psychischer Ressourcen, Einstellungen und sozialer Beziehungen, die ihre Chancen verbessern können, ein erfülltes und erfolgreiches Leben zu führen. Im zweiten Teil gehe ich der Frage nach, wie dies funktioniert und wie die Fähigkeit, Belohnungen aufzuschieben, unser Selbst schützt. Denn sie hilft uns dabei, unsere persönlichen Verletzlichkeiten – Vulnerabilitäten – effektiver abzuschirmen und zu regulieren, unsere heißen, impulsiven Reaktionen abkühlen zu lassen und auch die Konsequenzen unseres Handelns zu bedenken. Ich untersuche den weiteren Lebensweg nach dem Vorschulalter und analysiere, warum es einen Zusammenhang gibt zwischen der Anzahl der Sekunden, die Kinder im Kindergartenalter auf mehr Marshmallows warten, und ihrem Wohlbefinden in der Lebensmitte. Wenn wir diese Zusammenhänge verstehen, können wir sie gezielt beeinflussen und so lernen, wie wir unseren Kindern und uns selbst besser helfen.

Zunächst müssen wir das heiße System würdigen: Wir sollten auf das hören, was es uns sagt, und von ihm lernen. Es schenkt uns die Emotionen und die Freude, ohne die das Leben nicht lebenswert ist, und es erlaubt uns reflexartige Urteile zu fällen, die sich manchmal bewähren. Aber das heiße System hat auch seine Nachteile: Es trifft mühelos schnelle Entscheidungen, die sich intuitiv richtig anfühlen, aber oftmals völlig falsch sind. Es kann Ihnen das Leben retten, indem es Sie dazu bringt, rechtzeitig auf die Bremse zu treten, um einen Zusammenstoß zu vermeiden, oder in Deckung zu gehen, sobald Sie in der Nähe einen Schuss hören. Aber es kann Ihnen auch Ärger einbringen. Es kann wohlmeinende Polizisten dazu verleiten, in finsteren Gassen auf verdächtig aussehende, aber unschuldige Fremde zu schießen, es kann Liebespaare durch Eifersucht und Misstrauen auseinandertreiben oder allzu selbstsichere Überflieger dazu bringen, ihr Leben durch Gier oder Entscheidungen zu ruinieren, die von Angst getrieben sind.[1] Und die Exzesse des heißen Systems – die Versuchungen, mit denen es uns ködert und denen wir nicht widerstehen können, die Befürchtungen, die es allzu plastisch heraufbeschwört, die Vorurteile, die es auf der Basis minimaler Informationen wachruft, die überstürzten Schlussfolgerungen und Entscheidungen, zu denen es uns drängt – können unsere Gesundheit, unser Wohlbefinden und unser Vermögen gefährden. Der zweite Teil erkundet einige der Risiken und mögliche Strategien, um diese Risiken zu kontrollieren und vielleicht sogar aus ihnen zu lernen.

Die natürliche Selektion hat das heiße System geformt, damit wir in einer vom »Kampf ums Dasein« geprägten Welt überleben und unsere DNA verbreiten – aber im Lauf der Evolution hat sie, wenngleich viel später, auch das kühle System hervorgebracht. Dem kühlen System verdanken wir Menschen die Fähigkeit, intelligent, fantasievoll, einfühlsam, weitsichtig und manchmal sogar weise zu handeln. Es erlaubt uns, die Bedeutung von Ereignissen, Situationen, Menschen und überhaupt unser Leben neu zu bewerten und neu zu deuten. Wie das Beispiel der Vorschulkinder im ersten Teil zeigt, kann die Fähigkeit, auf konstruktive Weise anders zu denken, die Auswirkungen von Reizen und Lebensereignissen auf unser Fühlen, Denken und Handeln verändern. Wir können so zu selbstbestimmt und zielgerichtet handelnden Personen werden, die in der Lage sind, Verantwortung zu übernehmen, Selbstkontrolle auszuüben und ihr Leben aktiv zu gestalten. Die mentalen Mechanismen, die Selbstkontrolle angesichts von Verlockungen ermöglichen, spielen auch eine entscheidende Rolle bei den Bemühungen, unangenehme Gefühle wie Trennungsschmerz und Zurückweisung durch andere zu regulieren und abzukühlen. Diese Mechanismen werden durch das psychische Immunsystem unterstützt, das überaus geschickt darauf hinarbeitet, unsere Selbstachtung aufrechtzuerhalten und Stress abzubauen. Außerdem sorgt es dafür, dass wir uns die meiste Zeit wohlfühlen oder es uns zumindest nicht schlecht geht. Es bewirkt, dass wir uns durch die rosarote Brille sehen – und es hält uns Depressionen vom Leib. Wenn wir diese Brille absetzen, erhöht sich das Depressionsrisiko. Und sie die ganze Zeit zu tragen, führt zu blindem Optimismus und überzogener Risikobereitschaft. Wenn wir mithilfe des kühlen Systems die Verzerrungen der rosafarbenen Brille überwachen und korrigieren, können wir vielleicht Selbstüberschätzung und einige der damit verbundenen Gefahren vermeiden. Wir können von den seelischen Abwehrkräften profitieren, die uns vor lähmender Niedergeschlagenheit schützen, uns ein Gefühl von Handlungsautonomie und Gestaltungsmacht vermitteln und uns zu optimistischen Erwartungen verhelfen, die ihrerseits Stress abbauen und die psychische wie körperliche Gesundheit aufrechterhalten. Ich gehe der Frage nach, wie diese Prozesse ablaufen und wie das kühle System sie sich zunutze machen kann, sodass wir unser Wohlbefinden und unsere Lebenszufriedenheit verbessern können.

Westliche Vorstellungen von den Eigenschaften der Persönlichkeit und der menschlichen Natur sind lange Zeit davon ausgegangen, dass Selbstkontrolle und die Fähigkeit zum Belohnungsaufschub feste Merkmale sind und das Verhalten von Individuen durchgehend – also in vielen verschiedenen Situationen und Kontexten – kennzeichnen. Deshalb geben sich die Medien jedes Mal erstaunt und erschüttert, wenn die Öffentlichkeit erfährt, dass wieder eine prominente Persönlichkeit ein geheimes Doppelleben führte, das auf einen völligen Mangel an Urteilskraft und Selbstkontrolle hindeutet. Diese Menschen müssten doch in der Lage sein, geduldig auf ihre Marshmallows zu warten und in vielen Situationen die Belohnung aufzuschieben – andernfalls wären sie doch nie so erfolgreich gewesen. Warum verhalten sich intelligente Menschen dann so oft töricht und bringen es fertig, ihr sorgsam geplantes Leben zu ruinieren? Was lässt sie stolpern? Um dies zu verstehen, betrachte ich genauer, wie sich Menschen in verschiedenen Situationen und im Lauf der Zeit tatsächlich verhalten – und nicht nur das, was sie sagen. Merkmale wie Gewissenhaftigkeit, Aufrichtigkeit, Aggressionsbereitschaft und Geselligkeitsbedürfnis zeigen ein hohes Maß an Beständigkeit. Allerdings ist diese Beständigkeit an spezifische Situationstypen gebunden: Henry ist immer gewissenhaft, *wenn* er bei der Arbeit ist, nicht aber, *wenn* er zu Hause ist; Liz ist warmherzig und freundlich, *wenn* sie mit engen Freunden zusammen ist, nicht aber, *wenn* sie auf einer großen Party ist; der

Gouverneur ist vertrauenswürdig, *wenn* es um das Budget seines Bundesstaates geht, nicht aber, *wenn* er von attraktiven Assistentinnen umgeben ist. Folglich müssen wir uns die konkreten Situationen ansehen, in denen sich Menschen gewissenhaft, kontaktfreudig und so weiter verhalten, wenn wir verstehen und vorhersagen wollen, wie sie sich wahrscheinlich in der Zukunft verhalten werden.

In den letzten Jahrzehnten haben uns neue Erkenntnisse, insbesondere im Bereich der sozialen Kognitionsforschung, der Genetik und der Entwicklungspsychologie, ganz anders auf die Funktionsweise von Gehirn und Psyche blicken lassen – und sie haben dafür gesorgt, dass Selbstkontrolle, kognitive Neubewertung und emotionale Regulation eine zentrale Rolle bei der Gestaltung unseres Lebens einnehmen. Sie haben sogar junge Philosophen zu experimentierfreudigen Forschern gemacht, die neue Hypothesen über die menschliche Natur in der realen Welt testen – Hypothesen, die sich nicht nur auf das beziehen, was wir sind, sondern auch auf das, was wir werden können. Die Situationen und Fähigkeiten, die uns erlauben, selbstbestimmt und selbstkontrolliert zu handeln und sachlich fundierte Entscheidungen zu treffen, sind keineswegs grenzenlos. Vielmehr unterliegen sie den enormen Zwängen, die das Leben in einer weitgehend unvorhersehbaren Welt kennzeichnen, in der Glück und Pech, unsere sozialen und biologischen Vorgeschichten und unsere derzeitigen Lebensumfelder und Beziehungen unsere Optionen einschränken. Trotzdem kann uns die Fähigkeit zur Selbstkontrolle, die wir entwickeln, viel nützen, wenn wir das kühle System flexibel und mit Fingerspitzengefühl einsetzen, nicht zulassen, dass es erstarrt, und ihm auch nicht erlauben, Lebensfreude aus dem heißen System zu vertreiben.

Das kühle System wird, wie ich im ersten Teil zeigte, vom präfrontalen Kortex gesteuert. Es ermöglicht Aufmerksamkeitsregulation, Fantasie und Planungs- und Denkprozesse, die zur Lösung von Problemen notwendig sind und jene Bereitschaft zur geistigen Anstrengung und Selbstkontrolle bei langfristigen Zielen ermöglichen, dank deren die Vorschulkinder erfolgreich auf Süßigkeiten warten können. Die gleichen Strategien sind auch im späteren Leben nützlich – nur die Verlockungen ändern sich. Wie und warum diese Strategien funktionieren und wie Sie ganz persönlich davon profitieren können, ist das Thema des zweiten Teils.

Der Erfolgsmotor: »Ich denk', ich kann's!«

DER ERSTE TEIL ließ eine wichtige Frage unbeantwortet:
Wie sollen wir den Zusammenhang deuten, der zwischen der
Anzahl der Sekunden, die Vorschulkinder auf größere Belohnungen warten, und ihrem späteren Lebenserfolg besteht?
Dieses Kapitel zeigt, wie die Fähigkeit, sich bei der Verfolgung
eines heißen Ziels in frühen Lebensjahren selbst zu beherrschen, die Chancen von Kindern deutlich erhöht, ihr späteres
Leben erfolgreich zu meistern und ihr Leistungspotenzial aus-
zuschöpfen. Doch auch wenn die Fähigkeit zur Selbstkontrolle
eine Voraussetzung für ein gutes Leben ist, funktioniert sie
nicht isoliert: Der Erfolgsmotor wird von weiteren Ressourcen
angetrieben, die vor den negativen Auswirkungen von Stress
schützen und ein Fundament bilden, das man festigen und
weiterentwickeln kann. In diesem Kapitel schaue ich mir die
Ressourcen genauer an und gehe der Frage nach, wie sie sich
auswirken.

Ein gerettetes Leben: George

WEIT ENTFERNT von der privilegierten Welt des »Überraschungszimmers« in der Bing Nursery School der Stanford
University wuchs George Ramirez (das ist sein wirklicher
Name, den ich hier mit seiner Erlaubnis verwende) in einer der
ärmsten Gegenden der New Yorker South Bronx auf.[1] George

wurde 1993 in Ecuador geboren, sein Vater arbeitete bei einer Bank, und seine Mutter war Bibliothekarin. Als er fünf Jahre alt war, »stürzte die Wirtschaft ab«, und er, seine ältere Schwester und seine Eltern kamen mit wenig Geld in die USA und ließen sich in der South Bronx nieder. Die Familie lebte dicht zusammengedrängt in einem Zimmer, und George wurde vier Straßenzüge entfernt in der Public School 156 angemeldet. Ich lernte ihn kennen, als er neunzehn war, und wir sprachen über seine ersten Erfahrungen dort:

> Ich sprach kein Englisch. Sie steckten mich in eine zweisprachige Klasse. Mein Lehrer war wirklich nett. Aber es ging drunter und drüber. Überall liefen Schüler und Erwachsene herum und schrien, das totale Chaos. Du wurdest herumgeschubst und bedroht. Unterricht fand keiner statt … Ich wurde in einige Raufereien verwickelt und war ständig von Erwachsenen umgeben, die mir und meinen Klassenkameraden direkt oder indirekt sagten, dass wir es sowieso zu nichts bringen würden. Ich erinnere mich, wie mein Lehrer in der zweiten Klasse uns Radaumacher anbrüllte: »Wozu soll ich mir überhaupt die Mühe machen? Ihr macht ja nichts aus euch.« … Und so blieb es vier Jahre lang.

ALS GEORGE NEUN JAHRE ALT WAR, konnte ihn seine Familie durch Losentscheid im KIP-Programm (»KIPP« steht für »Knowledge Is Power Program«, »Wissen-ist-Macht-Programm«) einer Charter School* anmelden. Dieses Pro-

---

* »Vertragsschule«, mit öffentlichen Geldern finanzierte Schulen in privater Trägerschaft, die auf einem Vertrag zwischen Schulbehörde und Schulbetreiber basieren. A. d. Ü.

gramm, das, wie er sagt, »mein Leben rettete«, beschreibe ich im dritten Teil noch genauer.

Ich lernte George 2013 kennen, als er als Ehemaliger an seine alte Schule zurückkehrte und jungen Schülern im Rahmen des KIP-Programms als Freiwilliger half, aus ihren Erfahrungen das Beste zu machen. Als ich mit ihm über die öffentliche Schule sprach, die er besucht hatte und die nur drei Etagen tiefer im selben Gebäude untergebracht war, sagte er: »Sie geben sich bestimmt Mühe, aber es fühlt sich noch genauso an wie früher.« Gelegentlich hörte man auf den KIPP-Fluren Lärm aus den Klassenzimmern der öffentlichen Schule. Ich bin nicht in diesen Stockwerken gewesen, aber Georges Beschreibungen decken sich mit meinen eigenen Eindrücken aus der nahen staatlichen Mittelschule in der South Bronx, wo meine Studenten und ich ein paar Jahre zuvor ein Forschungsprojekt durchgeführt hatten.

Ich fragte George, wie ihn das KIP-Programm »gerettet« hatte:

Als ich in das KIP-Programm aufgenommen wurde, machte ich zum ersten Mal die Erfahrung, dass jemand an mich glaubte. Meine Eltern ermunterten mich zwar, aber als Eltern, die in dieser Beziehung eher unwissend waren. Das KIPP dagegen förderte mich in fachkundiger Weise. Man sagte mir: »Wir glauben an dich, also lass es uns anpacken! Hier sind die Ressourcen.« Die langen Unterrichtsstunden, das Orchester, die Konzentration auf Charakterbildung und die Vorbereitung aufs College, die »strenge Liebe« und die positiven Erwartungen. »Ihr *alle* werdet aufs College gehen!« Du zeigst, dass dir etwas daran liegt, indem du sehr, sehr ehrlich bist. Wenn du einen Fehler machst und etwas tust, das dich nicht schlauer macht, zeigen sie dir, was du tun musst, und du weißt, dass sie es machen, weil ihnen etwas daran liegt.

George glaubt, dass das KIP-Programm ihn vor allem dadurch veränderte, dass es ihm klarmachte, dass sein Verhalten Konsequenzen hatte:

> Zum ersten Mal in meinem Leben wusste ich ganz genau, dass ich mit Konsequenzen rechnen musste. Nirgendwo hatte es Menschen gegeben, die mir sagten, was sie von mir wollten – ohne zu brüllen. Und was sie wollten, war zu meinem eigenen Besten und dem aller anderen. Hinzu kommt jede Menge an positiven Verstärkungen für gute Leistungen und für alles Gute, was ich getan habe. Wenn du das Richtige tust, passieren die richtigen Dinge. Wenn du das Falsche, das Schlechte tust, passieren die schlechten Dinge.

George lernte schnell, welche Konsequenzen sein Verhalten hatte: »Innerhalb eines Jahres übertrug ich dies auf mein Leben außerhalb der Schule. Wenn ich höflich zu anderen bin, sind sie höflich zu mir. In der realen Welt funktioniert das für gewöhnlich, wenn auch nicht immer. Du verallgemeinerst schon bald die Regel ›Meine Handlungen haben Konsequenzen‹ für dein ganzes Leben.«

Als George 2003 in das KIP-Programm aufgenommen wurde, war er kein schlechter Schüler, aber er war unbeherrscht, unhöflich und sehr verschlossen. »Wenn ich nicht kriegte, was ich wollte, war ich stinksauer, schlecht gelaunt und reizbar. Ich fand alles im unpassenden Moment amüsant – lachte, wenn sich Leute danebenbenahmen.« Schon am ersten KIPP-Tag bekam er Ärger und wurde aufgefordert, sich an die Rückwand des Klassenzimmers zu stellen, weil er dem Mathematiklehrer sein Desinteresse am Unterricht gezeigt hatte. Es überraschte ihn noch mehr, als er Hausaufgaben aufbekam, die am nächsten Tag sorgfältig korrigiert wurden. An seiner öffentlichen Schule hatte er das nie erlebt.

Seinen schulischen Erfolg führte George vor allem auf große Anstrengungen zurück. Seine Tage auf der KIPP-Schule waren lang: Er kam um 7:45 Uhr in die Schule und blieb bis 17 Uhr und manchmal sogar bis 22 Uhr. Zu Hause musste er dann noch stundenlang Hausaufgaben machen; auch samstags ging er zur Schule und ein paar Wochen in den Sommerferien. Meine Großmutter hätte ihn gemocht. Sie pflegte uns zu sagen, das Zaubermittel für ein besonders erfolgreiches Leben sei – wie sie es nannte – Sitzfleisch. Sie wollte damit sagen, dass man sich auf seinen Hintern setzen und die enorme Willensanstrengung aufbringen sollte, die erforderlich ist, um eine Aufgabe zu erledigen. Ein Menschenalter später hat ausgerechnet ein Rockmusiker, Songwriter und Performer, der die Eigenschaften zu verkörpern scheint, die einem selbstbestimmten Leben zugrunde liegen, die große Bedeutung unterstrichen, die meine Großmutter dem Sitzfleisch zuschrieb. Der 1949 geborene Bruce Springsteen versetzt bis heute, weit in seine Sechziger hinein, die Fans in Begeisterungstaumel. Man widmete ihm sogar Ausstellungen im National Constitution Center und in der Rock and Roll Hall of Fame. Als er einmal vor einem Konzert gefragt wurde, was die inneren Qualitäten seien, die ihn zu einem erfolgreichen Künstler und Performer machten, sagte er: »Ich habe mich vermutlich mehr angestrengt als irgendjemand sonst, den ich kenne.«[2]

Momentan ist George auf der Erfolgsspur: Mit einem Vollstipendium der Yale University versehen, arbeitet er auf seinen Bachelorabschluss hin. Ich fragte ihn, wo er wohl wäre, wenn das Los nicht gezogen worden wäre, das ihm den Einstieg in das KIP-Programm erlaubte. »Ohne KIPP würde ich ganz bestimmt auf der Straße herumhängen und nach einem Job suchen«, antwortete er. Wie war es möglich, dass jemand, der im Alter von neun Jahren das Gefühl hatte, ziel- und richtungslos vor sich hin zu leben, ein erfolgreicher Yale-Student wurde? Was waren die entscheidenden Faktoren? Er sagte: »Lernen, mich selbst zu beherrschen, ehrlich, nett zu meinen Teamkameraden zu sein, höflich zu sein, sich nie mit dem zufriedenzugeben, was man hat, und die großen Fragen zu stellen – das waren alles Dinge, die zu meinem Erfolg im KIP-Programm und im Leben beitrugen.«

Wenn ich gefragt werde: »Ist die Zukunft nicht bereits genetisch vorgezeichnet und in einem Kind von Anfang an sichtbar? Sagen uns die Marshmallow-Studien nicht genau das?«, dann verweise ich auf Georges Lebensweg. Er hatte zweifellos gute genetische Anlagen und großes Potenzial, aber er selbst beteuert, sein Leben hätte niemals diesen Verlauf genommen, wenn er nicht durch das KIP-Programm gerettet worden wäre. Wie gut seine Erbanlagen auch gewesen sein mögen – er befände sich jedenfalls nicht auf dem Weg nach Yale.

Die Erfahrung des KIP-Programms und die Unterstützung, das Wissen, die Ressourcen und Chancen, die die Mitarbeiter des Programms ihm mit auf den Weg gaben, machten es George möglich, nicht länger ein Spielball des Lebens zu sein, sondern sich zum Herrn seines Schicksals aufzuschwingen und aktiv sein Dasein zu gestalten.

George hätte von einem solchen Programm nicht derart profitiert, wenn er sich von seinem neunten Lebensjahr an nicht so angestrengt hätte. Es ist nicht nur George, und es ist auch nicht nur die Welt der Mentoren, Vorbilder, Ressourcen und Chancen, die ihm das KIP-Programm gab. Es ist beides – Anlage und Umwelt –, nicht im Widerstreit, sondern in wechselseitiger Beeinflussung, wobei die Grenzen zunehmend verwischen. Wie ein Mensch mit dieser Welt von Chancen und Zwängen umgeht, entscheidet über seinen weiteren Lebenserfolg. Ernüchternd ist freilich die Tatsache, dass George erst durch ein Losverfahren diese Chance erhielt.

Als er im Alter von fünf Jahren in der South Bronx eintraf, in einem neuen Land mit einer neuen Sprache, war er vielleicht sogar bereit, eine »Ich denk', ich kann's!«-Einstellung gegenüber seinem Leben zu entwickeln. Die erste öffentliche Schule hätte seine Begabungen erkennen und fördern und ihn bestmöglich auf seinen weiteren Bildungsweg vorbereiten sollen. Stattdessen stürzte sie ihn in einen verwirrenden »Dschungel«, wie George es nannte. Zum Glück führte er seine Verwirrung und Orientierungslosigkeit auf die Schule und die Umstände zurück, nicht auf sich selbst. Auch nach vierjährigem Chaos war er noch immer überzeugt: »Ich war kein schlechter Schüler.« Er erkannte, dass er unbeherrscht und frech war, aber seine Lernfähigkeit schien er nicht infrage zu stellen.

Exekutive Funktionen: Kognitive Steuerung und zielgerichtetes Handeln

GEORGE RAMIREZ hat als Vierjähriger den Marshmallow-Test nicht gemacht, aber sein Weg von der South Bronx zur Yale University zeigt, dass er die kognitiven Fähigkeiten besaß, die der Test misst: Sein kühles System funktionierte gut; es half ihm, die impulsiven Tendenzen und heißen Reaktionen zu kontrollieren, wenn er dies wollte. Es gelang ihm dadurch, dass er einen Teil des kühlen Systems benutzte, der für die Selbstkontrolle von zentraler Bedeutung ist: die sogenannten Exekutiven Funktionen (EF).[3] Damit ist das Bündel jener kognitiven Fähigkeiten gemeint, die es uns ermöglichen, Gedanken, Impulse, Handlungen und Emotionen zielgerichtet und absichtsvoll zu steuern. Mithilfe der EF können wir impulsive Regungen hemmen und abkühlen und die Aufmerksamkeit flexibel so einsetzen, dass wir die Ziele, die wir uns gesetzt haben, konsequent verfolgen und erreichen können. Dieses Repertoire an kognitiven Fähigkeiten und neuronalen Mechanismen ist entscheidend wichtig für ein erfolgreiches und erfülltes Leben.

Die Vorschul- und Kindergartenkinder, die auf Marshmallows oder Kekse warteten, zeigten uns, was die EF sind und wie sie funktionieren. Wir konnten beobachten, was sie tun mussten, um sich selbst davon abzuhalten, die Glocke zu läuten oder ihre Süßigkeiten zu naschen. Erinnern wir uns zum Beispiel an Inez, die nach ihren Keksen lugte, sich an ihr Ziel erinnerte und sich dann schnell selbst ablenkte, um der Verlockung zu widerstehen. Sie begann, kleine Spiele zu erfinden, um sich selbst zu unterhalten. Sie spielte mit der Glocke, achtete dabei aber sorgfältig darauf, sie nicht zu läuten.

Sie ermahnte sich selbst, still zu sein, indem sie die Finger an die Lippen presste, als wollte sie zu sich selbst »Nein, nein« sagen. Sie strahlte vor Wonne und selbstgefälligem Stolz auf ihre Leistung, und sie hielt durch, bis sie ihr Ziel erreicht hatte.

Jedes Kind, das erfolgreich wartete, hatte eine ganz eigene Methode der Selbstkontrolle, aber alle zeichneten sich durch drei Merkmale der Exekutiven Funktionen aus:[4] Erstens, sie mussten sich an ihr gewähltes Ziel erinnern und sich die Alternative mental vergegenwärtigen (»Wenn ich den einen jetzt esse, krieg ich später nicht die beiden«). Zweitens, sie mussten im Blick behalten, wie nah sie dem Ziel schon gekommen waren, und die notwendigen Korrekturen vornehmen, indem sie ihre Aufmerksamkeit und ihre Wahrnehmung flexibel zwischen Gedanken, die sich auf das Ziel richteten, und Strategien zur Verringerung des Lockreizes verteilten. Und drittens mussten sie impulsive Reaktionen hemmen – etwa Gedanken daran, wie verlockend die Versuchungen sind, oder das Ausstrecken der Hand, um sie zu berühren –, also jene Reaktionen, die verhindern würden, dass sie ihr Ziel erreichen. Kognitionswissenschaftler können heute beobachten, wie sich diese drei Prozesse in der Hirnaktivität zeigen, wenn Probanden, die sich bemühen, Verlockungen zu widerstehen, per fMRT-Verfahren untersucht werden.[5] Die Aufnahmen enthüllen das Netzwerk der Aufmerksamkeitskontrolle im präfrontalen Kortex, das diese Meisterleistungen ermöglicht. Die EF befähigen uns zu Planung, Problemlösung und mentaler Flexibilität, und sie sind von entscheidender Bedeutung für sprachlogisches Denken und schulischen Erfolg. Kinder mit gut entwickelten EF können impulsive Reaktionen hemmen, Anweisungen im Gedächtnis behalten und ihre Aufmerksamkeit zielorientiert steuern.[6] Es ist nicht weiter verwunderlich, dass diese Kinder in den Vorschuljahren bei Mathematik-, Sprach- und Lese- sowie Schreibfähigkeitstests besser abschneiden als Gleichaltrige mit schwächeren EF.[7]

Zusammen mit den Exekutiven Funktionen entwickeln sich auch jene Hirnregionen überwiegend im präfrontalen Kortex, denen die exekutiven Kompetenzen zugeordnet sind. Wie Michael Posner und Mary Rothbart 2006 zeigten, sind die an den EF beteiligten neuronalen Schaltkreise eng mit primitiveren Hirnstrukturen verknüpft, die Reaktionen des sich entwickelnden Kindes auf Stress und Bedrohung im heißen System regulieren.[8] Diese engen neuronalen Querverbindungen sind der Grund dafür, dass es die Entwicklung von starken EF untergräbt, wenn ein Kind über längere Zeit Bedrohungen und Gefahren ausgesetzt ist. Wenn das heiße System das Kommando übernimmt, leidet das kühle System und ebenso das Kind. Umgekehrt helfen gut entwickelte EF, negative Gefühle zu regulieren und Stress abzubauen.

Wenn die Exekutiven Funktionen stark beeinträchtigt sind, sind auch unsere Entwicklungsmöglichkeiten begrenzt. Ohne leistungsfähige EF sind wir nicht in der Lage, Gefühle angemessen zu kontrollieren und störende impulsive Reaktionen zu hemmen. Kinder benötigen die Exekutiven Funktionen, um auch anderen Versuchungen als Marshmallows zu widerstehen – zum Beispiel, wenn sie sich selbst davon abhalten müssen, ein anderes Kind zu schlagen, das versehentlich Saft auf die neuen Schuhe geschüttet hat. Kindern mit schwachen EF fällt es schwer, Anweisungen zu befolgen, und sie neigen zu Aggression sowohl gegenüber Erwachsenen als auch Gleichaltrigen, womit Probleme in der Schule so gut wie vorprogrammiert sind.[9] Allerdings sind selbst diejenigen, die zu aggressiven Handlungen neigen, nicht so ungehemmt aggressiv, wenn sie sich ablenken können, um sich zu beruhigen (vgl. Kapitel 15). Diese Fähigkeiten helfen Kindern nicht nur, Belohnungen aufzuschieben, sondern auch, ihre Wut und heiße negative Impulse zu kontrollieren.[10]

Vorschulkinder benötigen starke EF, wenn sie mit heißen Aufgaben wie dem Marshmallow-Test konfrontiert sind oder wenn ihre Mama den Raum verlässt. Aber auch äußerlich kühle Aufgaben erfordern intakte Exekutive Funktionen. So kann etwa eine scheinbar kühle Aufgabe im Mathematikunterricht in der Schule leicht »heiß« werden, wenn Versagens- oder Prüfungsangst das heiße System aktiviert und das kühle System schwächt. Die Folgen sind eine stark zunehmende Stressbelastung und eine verminderte Lernbereitschaft. Und was für einen Menschen heiß ist, mag für einen anderen kühl sein. Leute mit guten Exekutiven Funktionen für eine bestimmte Art von Problemen haben mit anderen Problemen vielleicht größere Schwierigkeiten. Manche Kinder zum Beispiel kommen mit dem Schulunterricht hervorragend zurecht, haben aber unkontrollierte Wutausbrüche, wenn im menschlichen Miteinander ihre empfindlichen Punkte getroffen werden. Bei anderen verhält es sich umgekehrt: Sie bleiben bei sozialen Kontakten entspannt, während sie in schulischen Situationen, die Konzentration und zielgerichtete Anstrengung erfordern, gestresst sind und keine kognitive Kontrolle besitzen.[11]

Kinder, die im Vorschulalter effiziente EF entwickeln, sind besser gewappnet, um Stress und Konflikte zu bewältigen, die durch heiße Verlockungsreize ausgelöst werden. Die gleichen Fähigkeiten helfen ihnen routinemäßig dabei, lesen, schreiben und rechnen zu lernen. Wenn sich die Exekutiven Funktionen bei Vorschulkindern dagegen nicht gut entwickeln, was durchaus häufig geschieht, haben diese Kinder während ihrer Schuljahre ein erhöhtes Risiko für ADHS, viele Lern- und andere Probleme.

Exekutive Funktionen, Fantasie, Empathie –
Fenster in die Innenwelt anderer Menschen

WEIL DIE EXEKUTIVEN FUNKTIONEN von uns verlangen, kognitive Kontrolle über unsere Gedanken und Gefühle auszuüben, könnte man meinen, sie stünden im Gegensatz zu kreativen Prozessen. Tatsächlich aber scheinen sie eine wichtige Voraussetzung für die Entwicklung von Imagination (bildlicher Vorstellungskraft) und Kreativität einschließlich der Fähigkeit zu Als-ob-Spielen in der frühen Kindheit zu sein. Die Exekutiven Funktionen helfen uns, über die unmittelbare Situation und das Hier und Jetzt hinauszugehen, quer zu denken und uns das Unmögliche vorzustellen. Dadurch, dass die EF die bildliche Vorstellungskraft begünstigen, fördern sie zugleich die Entwicklung einer flexiblen und anpassungsfähigen Selbstkontrolle.[12] Zugleich sind die Exekutiven Funktionen eng mit der Fähigkeit verknüpft, mentale Zustände und Gefühle von anderen zu verstehen, und sie helfen Kindern, eine sogenannte Theory of Mind zu entwickeln, dank deren sie die Absichten von Menschen, mit denen sie interagieren, erschließen und deren Reaktionen antizipieren.[13] Die Exekutiven Funktionen erlauben uns, die Gefühle, Motivationen und Handlungen anderer zu verstehen und zu berücksichtigen, und zu erkennen, dass sich ihre Wahrnehmungen und Reaktionen deutlich von unseren eigenen unterscheiden können. Sie helfen uns, zu erfassen, was andere denken oder vorhaben, und das nachzuempfinden, was andere erleben.

Unsere Theory of Mind hängt möglicherweise mit sogenannten Spiegelneuronen zusammen, die Giacomo Rizzolatti erstmals im Gehirn von Affen entdeckte. Auch wir Menschen besitzen diese Neuronen, können uns allerdings viel besser in unsere Artgenossen hineinversetzen als Affen – dieser Unterschied ist ein wichtiger Aspekt dessen, was das spezifisch Menschliche an uns ausmacht. Über die genaue Funktion menschlicher Spiegelneuronen wird in der Wissenschaft noch immer diskutiert, aber sie scheinen Teil der neuralen Strukturen zu sein, die es uns erlauben, das, was andere denken und fühlen, in abgeschwächter Form nachzuvollziehen. Diese Spiegel in unserem Gehirn lassen uns lächeln, wenn uns jemand freundlich anlächelt. Sie erfüllen uns mit Angst, wenn wir sehen, dass andere verängstigt sind. Und sie lassen uns Schmerz oder Freude empfinden, wenn dies andere tun. Diese Spiegel lassen uns »die psychischen Zustände anderer nicht durch begriffliches Denken, sondern durch direkte Simulation erfassen. Durch Fühlen, nicht durch Denken.«[14] Ohne sie könnten wir als voneinander abhängige soziale Wesen nicht funktionieren und nicht überleben.

Die beneidenswerten Überzeugungen

WENN SICH DIE EXEKUTIVEN FUNKTIONEN in frühen Jahren gut entwickeln, haben Kinder bessere Chancen, ihr Leben so zu gestalten, wie sie es wollen. Sie besitzen die Voraussetzung dafür, zusammenhängende Vorstellungen über sich selbst zu entwickeln – Überzeugungen, die wir auch unseren Liebsten wünschen würden: ein Gefühl persönlicher Kontrolle oder Beherrschung, das sich in der Einstellung »Ich denk', ich kann's!« widerspiegelt, und optimistische Erwartungen an die Zukunft. Es ist wichtig zu verstehen, dass es sich bei diesen beneidenswerten »Ressourcen« um die *Überzeugungen* des Einzelnen in Bezug auf sein eigenes Selbst handelt, nicht um äußere Beurteilungen oder objektive Ergebnisse von Leistungs- oder Befähigungstests. So wie die negativen Stresseffekte von der individuellen *Stresswahrnehmung* abhängen und der Lockreiz von Versuchungen davon, wie diese bewertet und mental repräsentiert werden, hängt die potenziell gesundheitsfördernde Wirkung unserer Fähigkeiten, Leistungen und Erwartungen davon ab, wie wir sie interpretieren und bewerten.[15] Denken Sie an Ihnen bekannte Menschen, die äußerst kompetent sind, sich aber durch ihre negativen Selbsteinschätzungen und lähmenden Selbstzweifel selbst im Wege stehen. Vorstellungen über die eigene Person korrelieren zwar mit objektiven Einschätzungen von Kompetenz und von Können, aber nur bis zu einem geringen Grad.

Die eindrucksvolle Zahl empirischer Befunde, die belegen, wie wichtig diese Überzeugungen für erfolgreiche Bewältigungsstrategien im seelischen wie auch im biologischen Bereich sind, wächst ständig. Shelley Taylor, Professorin an der University of California in Los Angeles und Begründerin des Fachgebiets der Gesundheitspsychologie, hat mit ihrem Team gezeigt, dass sowohl das Gefühl, Herausforderungen erfolgreich meistern zu können, als auch optimistische Erwartungen die schädlichen Auswirkungen von Stress abfedern und viele wünschenswerte neurophysiologische und psychische Folgen haben, die unsere Gesundheit fördern. Wie Taylor und ihre Kollegen im Jahr 2011 in der Fachzeitschrift *Proceedings of the*

National Academy of Sciences berichteten, hat jede Überzeugung zwar eine starke genetische Komponente, sie ist aber auch offen für Veränderung und Beeinflussung durch Umweltfaktoren.[16] Angesichts der Bedeutung dieser Überzeugungen für die Lebensqualität und -dauer möchte ich nun jede einzelne davon genauer betrachten.

Kontrollüberzeugung: Vertrauen in das eigene Können

»KONTROLL- ODER ERFOLGSÜBERZEUGUNG« (Mastery) ist die Gewissheit, gewünschte Handlungen selbstständig ausführen zu können und die Fähigkeit zu besitzen, sich zu verändern, zu wachsen, zu lernen und neue Herausforderungen zu meistern.[17] Es ist die »Ich denk', ich kann's!«-Einstellung, über die George Ramirez sagte, das KIP-Programm habe sie ihm beigebracht und dadurch seinem Leben eine neue Richtung gegeben. Ich erkannte ihre Bedeutung erstmals, als ich das Doktorandenprogramm in klinischer Psychologie an der Ohio State University besuchte und meinem Mentor, George A. Kelly, dabei zusah, wie er mit einer jungen Frau namens Theresa arbeitete. Sie war psychisch stark angespannt. Und sie wurde immer unruhiger und ängstlicher und hatte das Gefühl, ihr Leben nicht mehr im Griff zu haben. In der dritten Therapiesitzung schien ihre Erregung ihren Höhepunkt zu erreichen, als sie schluchzend stammelte, sie fürchte durchzudrehen. Sie bat Dr. Kelly eindringlich darum, ihr die Frage zu beantworten, ob sie den Verstand verliere. Kelly setzte langsam seine Brille ab, näherte sich mit seinem Gesicht dem ihren, starrte ihr direkt in die Augen und fragte: »Wollen Sie das?«

Theresa war perplex. Sie wirkte erleichtert, als wäre eine gewaltige Last von ihren Schultern genommen worden. Es war ihr nicht in den Sinn gekommen, dass es möglicherweise in ihrer Macht stehen könnte, ihren emotionalen Zustand zu verändern. »Den Verstand zu verlieren« – das war plötzlich eine Entscheidung, nicht ihr unvermeidliches Schicksal. Sie musste nicht ein passives Opfer ihrer Biografie sein und tatenlos dabei zusehen, wie ihr Leben aus den Fugen geriet. Dies war ihr »Heureka!«-Moment. Fortan erkundete sie andere und konstruktivere Sichtweisen auf ihre eigene Person. Es eröffnete ihr Handlungsmöglichkeiten, die sie nicht erwogen hatte, weil sie ihr unerreichbar erschienen.

Carol Dweck, die viele Jahre an der Columbia University meine Kollegin war (sie ist jetzt an der Stanford University), wurde zu einer der energischsten und einflussreichsten modernen Stimmen in jenem Teilgebiet der Psychologie, das sich mit der sogenannten Kontroll- und Selbstwirksamkeitsüberzeugung befasst. Ihre Forschungsarbeiten, die sie in ihrem Buch *Selbstbild* zusammengefasst hat, zeigen, wie die persönlichen Theorien von Menschen darüber, wie viel sie selbst bewirken, verändern und lernen können – und in welchem Umfang sie ihr Verhalten, ihre Erfahrungen und das, was sie aus sich machen, verbessern können –, beeinflussen, was sie tatsächlich vollbringen.[18] Dweck und ihre Kollegen weisen nach, dass diese persönlichen Theorien über die Formbarkeit beziehungsweise Unveränderlichkeit der eigenen Charaktermerkmale einen erheblichen Einfluss auf Selbstkontrolle und Willenskraft, Intelligenz, Befindlichkeit oder Persönlichkeit ausüben. Diese Theorien bestimmen, wie wir unsere Leistung bewerten, uns selbst und andere Menschen beurteilen und wie die anderen ihrerseits auf uns reagieren.

Schon im frühen Lebensalter beginnen einige Kinder, ihre
Intelligenz, ihre Fähigkeit, die Welt um sie herum zu kontrollieren, ihre Soziabilität (soziale Kontaktfähigkeit) und andere
Merkmale nicht als etwas Unveränderliches anzusehen, mit
dem sie von Geburt an entweder belastet oder gesegnet sind,
sondern als etwas Formbares, ähnlich wie Muskeln oder
kognitive Fähigkeiten, die aufgebaut und entwickelt werden
können. Dweck nennt diese Kinder »wachstumsorientierte
Theoretiker«. Andere, die »Deterministen«, glauben, ihre Fähigkeiten seien von Geburt an auf einem bestimmten, unver-
änderlichen Niveau eingefroren: schlau oder dumm, gut oder
schlecht, mächtig oder hilflos. Erfreulicherweise begnügt sich
Dweck in ihren Forschungen nicht damit, die Tragweite dieser
Selbstkonzepte aufzuzeigen. Vielmehr weist sie auch nach,
dass Selbstbilder veränderbar sind und dass es viele Möglichkeiten gibt, sie zu hinterfragen und umzuformen.

Dweck zeigt, dass Kinder, die ihre Fähigkeiten für unveränderlich halten, oftmals besonders große Schwierigkeiten haben, wenn die Schulaufgaben immer anspruchsvoller werden.
Dies wird besonders deutlich beim Übergang von der Grundschule in die Junior High School (Mittelschule) in den Vereinigten Staaten, wenn viele Schulen plötzlich kompetitiv-
selektiv und nicht mehr ermunternd-fördernd benoten. Die
Schulerfahrung, die bis dahin vergnüglich und unbeschwert
war, wird unangenehm und anspruchsvoll; die Hausaufgaben
sind jetzt umfangreich, zeitaufwendig und schwierig, und die
Schulkameraden konkurrenzorientiert. Dweck hat herausgefunden, dass unter dem großen Leistungsdruck und angesichts
des hohen Risikos des Scheiterns in dem neuen schulischen
Umfeld jene Schüler, die ihre Fähigkeiten als unveränderlich ansahen – die »Deterministen« –, schon bald schlechtere

Zensuren bekamen und im Verlauf der zwei Jahre auf der Junior High School einen stetigen Leistungsrückgang verzeichneten. Die an Wachstum orientierten Schüler dagegen erhielten im Lauf dieser beiden Jahre immer bessere Zensuren. Zu Beginn der Junior High School waren die vergangenen schulischen Leistungen der beiden Gruppen mehr oder weniger gleich. Am Ende klaffte zwischen ihnen eine unverkennbare Lücke.

Schüler mit statischem Selbstkonzept erklärten ihre Schwierigkeiten mit den neuen hohen schulischen Anforderungen, indem sie ihre eigenen Fähigkeiten schlechtmachten – »Ich bin in Mathematik ein Versager«[19] oder »Ich bin einfach dumm« – oder ihren Lehrern die Schuld gaben: »Mein Lehrer ist auf Crack.« Schüler mit dynamischem Selbstbild fühlten sich ebenfalls manchmal von den neuen Forderungen stark unter Druck gesetzt, doch sie klemmten sich intensiv dahinter, grübelten über die neue Situation und setzten ihre Lösung dann um.

Für Kinder im Vorschulalter ist die »Ich denk', ich kann's!«-Überzeugung in der klassischen Kindergeschichte *Die kleine blaue Lokomotive* eingefangen.[20] Ein mit Spielzeug und Leckereien für kleine Mädchen und Jungen voll beladener Zug bleibt stecken, als er versucht, den letzten steilen Berg zu erklimmen. Ein strahlend glänzender neuer Personenzug und ein starker Güterzug sowie ein alter, erschöpfter Zug fahren vorbei und weigern sich zu helfen. Schließlich trifft die nette *kleine blaue Lokomotive* ein. Sie rackert und rackert, während sie sich selbst zum Gelingen antreibt, indem sie die Beschwörungsformel »Ich schaff's – ich schaff's – ich schaff's« singt. Schließlich schafft sie es tatsächlich und überbringt den Kindern, die auf der anderen Seite des Bergs warten, die Geschenke.

Meine Studenten und ich entwickelten 1974 in Stanford eine Skala, mit der wir erfassen wollten, wie Vorschulkinder die Ursachen ihres eigenen Verhaltens einschätzten: Sahen sie sich selbst als die aktiven Urheber der positiven Erfahrungen, die sie machten, oder führten sie diese auf äußere Faktoren zurück? Und hingen diese Unterschiede in der Kausalzuschreibung mit ihrer Selbstkontrolle und ihrer persönlichen Entwicklung zusammen? Um zu messen, wo sie auf dieser Skala der wahrgenommenen »inneren oder äußeren Verhaltenssteuerung« standen, stellten wir ihnen Fragen wie diese:[21]

Wenn du ein ganzes Bild zeichnest, ohne dass dein Buntstift kaputtgeht, hängt das damit zusammen, dass du sehr vorsichtig warst? Oder damit, dass es ein guter Stift war?

Wenn dir jemand ein Geschenk macht, dann deshalb, weil du ein braves Mädchen (braver Junge) bist? Oder deshalb, weil diese Person gern Geschenke macht?

Anschließend analysierten wir, wie die Antworten der Kinder auf diese Fragen mit ihrem Verhalten zusammenhingen, das auch in anderen Situationen beurteilt wurde, die Selbstkontrolle erforderten. Die Quintessenz dieser Studien war, dass schon bei Vorschulkindern ein deutlicher Zusammenhang zwischen der Überzeugung, Ergebnisse durch eigenes Verhalten kontrollieren zu können, und der Intensität und Dauer ihrer Anstrengungen sowie ihrer Selbstkontrolle bestand. Je stärker sie sich selbst als die Auslöser positiver Ergebnisse ansahen, umso eher konnten sie beim Marshmallow-Test die Belohnung aufschieben, ihre impulsiven Tendenzen bändigen und in diversen Situationen, in denen ihr eigenes Verhalten das Erreichen gewünschter Ziele maßgeblich beeinflusste, beharrlich darauf hinarbeiten. Sie glaubten, sie könnten es schaffen – und sie schafften es.

Die Selbstwahrnehmung eines Kindes als eine Person, die (es) *kann* – die sich anstrengen, beharrlich bleiben und positive Ergebnisse erzielen kann –, wird durch die Fähigkeit zur Selbstkontrolle gefördert, die ihm hilft, selbst erklärte Ziele zu erreichen.[22] Man konnte dies an dem Stolz ablesen, den einige Vorschulkinder im »Überraschungszimmer« in Stanford zum Ausdruck brachten: Sie verzehrten ihre Süßigkeiten, auf die sie erfolgreich gewartet hatten, nicht sofort, sondern packten sie ein und nahmen sie mit nach Hause, erpicht darauf, ihren Eltern zu zeigen, was sie sich verdient hatten. Je effektiver Kinder schon in frühen Jahren auf größere Leckereien warten und diese sich erarbeiten können und je besser entwickelt die kognitiven und emotionalen Fähigkeiten sind, die diese Triumphe ermöglichen, umso stärker bildet sich ihre Erfolgsüberzeugung (»Ich schaff das«) aus und umso offener stellen sie sich neuen, größeren Herausforderungen. Mit der Zeit werden nachhaltige Erfolgserfahrungen und erworbene neue Fähigkeiten – wie etwa Geige spielen lernen, ganze Reiche aus Lego bauen oder neue Computer-Apps erfinden – zu intrinsischen Belohnungen, bei denen die Aktivität selbst als befriedigend erlebt wird. Der Glaube daran, selbst etwas bewirken und Handlungen selbstständig erfolgreich ausführen zu können, wächst bei Kindern mit ihren Erfolgserfahrungen und führt zu ebenso realistischen wie optimistischen Erwartungen und Ambitionen, wobei jeder Erfolg die Wahrscheinlichkeit für den nächsten erhöht.[23]

Optimismus: Erfolgserwartungen

OPTIMISMUS IST DIE NEIGUNG, mit dem bestmöglichen Ergebnis zu rechnen. Psychologen definieren ihn als das Ausmaß, in dem Menschen positive Erwartungen bezüglich ihrer persönlichen Zukunft hegen. Diese Erwartungen beziehen sich auf das, was ihrer Auffassung nach tatsächlich geschehen wird – sie gehen über bloße Hoffnungen hinaus und gleichen eher festen Glaubensgewissheiten –, und sie sind eng mit der Überzeugung verknüpft, es schaffen und Herausforderungen meistern zu können. Die positiven Folgen einer optimistischen Grundeinstellung sind überwältigend, und man würde sie kaum für möglich halten, wenn sie nicht durch die Forschung so gut belegt wären. So haben zum Beispiel Shelley Taylor und ihre Kollegen gezeigt, dass Optimisten erfolgreicher Stress bewältigen können und besser vor dessen negativen Folgen geschützt sind.[24] Sie unternehmen mehr, um ihre Gesundheit und ihr zukünftiges Wohlergehen zu schützen, sie bleiben meistens gesünder, und verglichen mit denen, die wenig optimistisch in die Zukunft blicken, ist ihr Risiko für Depressionen geringer. Der Psychologe Charles Carver und seine Mitarbeiter haben gezeigt, dass sich Optimisten schneller von einer Bypassoperation erholen als Pessimisten.[25] Die Liste der positiven Effekte ist schier endlos. Kurz gesagt, Optimismus ist ein Segen, solange er einigermaßen realistisch bleibt.

Um die Bedeutung einer optimistischen Einstellung zu ermessen und zu verstehen, welche Vorteile sie bringt und warum, wollen wir ihr Gegenteil betrachten: Pessimismus. Pessimismus ist die Neigung, sich auf das Negative zu konzentrieren, das Schlimmste zu erwarten oder Tatsachen besonders schwarzseherisch zu betrachten. Zeigen Sie einem Pessimisten einen unvollständigen Satz wie »Ich hasse«, gefolgt von einem Leerraum, in den er die ersten Gedanken eintragen soll, die ihm einfallen, und er oder sie wird wahrscheinlich »mich« oder »mein Aussehen« oder »die Art, wie ich spreche« ergänzen.[26] Extreme Pessimisten fühlen sich hilflos, niedergeschlagen, deprimiert und unfähig, ihr Leben in den Griff zu bekommen. Sie führen die Missgeschicke, die ihnen widerfahren, auf ihre stabilen negativen Persönlichkeitsmerkmale zurück, anstatt offen zu sein für stärker situationsbezogene und weniger selbstverurteilende Erklärungen.[27] »Ich bin unfähig«, denken sie, wenn sie bei einem Test durchfallen, selbst wenn der nichts zuverlässig misst, was von Bedeutung ist. Freundlichere Erklärungen – ob bezüglich des Tests selbst (verwirrende Anweisungen, missverständliche Multiple-Choice-Optionen und übermäßiger Zeitdruck) oder persönliche Probleme (Magenverstimmung) – kommen Pessimisten nicht in den Sinn, selbst wenn sie zutreffen sollten. Wenn dieser pessimistische Erklärungsstil schon in frühen Jahren sehr stark ausgeprägt ist, verheißt er womöglich nichts Gutes für die Zukunft und kann sogar einer schweren Depression den Weg ebnen.[28] An der University of Pennsylvania baten Christopher Peterson und Martin Seligman gesunde 25-jährige Collegeabsolventen, einige ihrer schwierigen persönlichen Erfahrungen zu beschreiben. Anschließend analysierten sie die Erklärungen. Die Pessimisten glaubten, dass sich ihre Situation nie verbessern werde (»Es wird für mich nie vorüber sein«), und sie verallgemeinerten sehr weitgehend über jedes einzelne Ereignis hinaus, um zu düsteren Schlussfolgerungen über unterschiedliche Aspekte ihres Lebens zu gelangen – und für alles gaben sie sich die Schuld. Anschließend wurden die Gesundheit aller Teilnehmer und deren Erkrankungshäufigkeiten während der ersten zwanzig Jahre nach dem College untersucht, wobei keine signifikanten Unterschiede in ihrem Gesundheitszustand nachgewiesen wurden. Doch zwischen dem 45. und dem 60. Lebensjahr litten diejenigen, die im Alter von 25 Jahren pessimistischer gewesen waren, häufiger an Krankheiten. Forscher analysierten auch Zeitungsinterviews mit Baseballspielern aus der Baseball Hall of Fame, die aus der ersten Hälfte des 20. Jahrhunderts stammten. In diesen Interviews äußerten die Spieler auch ihre eigenen Erklärungen dafür, wie und warum sie Spiele gewonnen oder verloren hatten. Da sie alle in der Hall of Fame waren, handelte es sich ausnahmslos um Spitzenspieler, aber diejenigen, die verlorene Spiele auf persönliche Unzulänglichkeiten zurückführten, und gewonnene Spiele auf vorübergehende äußere Ursachen (zum Beispiel auf den Wind, der »an jenem Nachmittag genau richtig« war), lebten tendenziell nicht so lange wie diejenigen, die sich ihre Erfolge an die Fahne hefteten.[29]

Seligman, ein führender Forscher auf diesem Gebiet, hat optimistische und pessimistische Erklärungsstile in zahlreichen Studien untersucht. Er stellte die Hypothese auf, Optimisten und Pessimisten würden ihre Erfolge und Misserfolge unterschiedlich wahrnehmen und erklären. Wenn Optimisten scheitern, glauben sie, sie könnten das nächste Mal erfolgreich sein – wenn sie ihr Verhalten oder die Situation entsprechend verändern. Eine Ablehnung zu erfahren, eine erfolglose Stellenbewerbung, eine Fehlinvestition oder ein schlechtes Prüfungsergebnis, spornt sie dazu an, herauszufinden, wie sie ihre Erfolgschancen beim nächsten Anlauf verbessern können. Sie entwickeln dann alternative Pläne und finden andere Wege, um ihre wichtigen Ziele zu erreichen, oder sie suchen Rat, bis sie es schaffen, eine bessere Strategie auszuarbeiten. Während Optimisten konstruktiv mit Niederlagen umgehen, sehen Pessimisten in den gleichen Erfahrungen eine Bestätigung ihrer düsteren Erwartungen; für sie ist es ihre eigene Schuld, und sie bemühen sich, nicht daran zu denken, weil sie davon ausgehen, nichts dagegen machen zu können.[30] Seligman sagt: »Die Aufnahmeprüfungen der Universität messen die Begabung, aber die Art der Erklärung verrät uns, wer aufgeben wird. Was zum Erfolg führt, ist die Kombination aus leidlicher Begabung und der Fähigkeit, angesichts der Niederlage weiterzumachen. [...] Was man wissen muss, ist, ob einer weitermacht, wenn es frustrierend wird.«[31]

Diese Beschreibung passt genauso gut zu Vorschulkindern, die während des Marshmallow-Tests warten. Die Sekunden der Wartezeit messen nicht nur ihre Aufschubfähigkeit; wie lange sie warteten, zeigt uns auch die Charakterfestigkeit der Kinder beziehungsweise ihren Durchhaltewillen trotz wachsender Frustration und zunehmender Anstrengung. Weil Optimisten insgesamt höhere Erfolgserwartungen haben, sind sie eher bereit, ihre Belohnung aufzuschieben, auch wenn es ihnen schwerfällt. Wenn Kinder nicht erwarten, erfolgreich durchzuhalten und die Marshmallows später zu bekommen, wenn der Versuchsleiter zurückkehrt, gibt es keinen Grund für sie, auszuharren und sich dafür anzustrengen. Diejenigen, die davon ausgehen, alles Notwendige schaffen zu können, um ihre Lieblingsbelohnungen zu erhalten, beschließen zu warten und sich dafür anzustrengen. Die anderen (oder diejenigen, die dem Versuchsleiter nicht vertrauen) nehmen die unmittelbar verfügbaren kleineren Belohnungen und betätigen die Glocke.

Ervin Staub flüchtete als junger Mann aus dem kommunistischen Ungarn, und Anfang der Sechzigerjahre wurde er einer meiner ersten Studenten in Stanford sowie ein lebenslanger Freund. Wir führten dort gemeinsam Experimente durch, um herauszufinden, wie Erfolgserwartungen die Selbstkontrolle und die Bereitschaft beeinflussen, sich anzustrengen und auf aufgeschobene Belohnungen zu warten. Wir stellten fest, dass vierzehnjährige Jungen in der achten Klasse, die meistens davon ausgingen, Herausforderungen erfolgreich zu meistern – und zwar noch ehe sie die konkret auszuführende Aufgabe sahen –, sich entschieden, kognitive Aufgaben zu erledigen, bei denen sie die größere, aber aufgeschobene Belohnung nur dann bekamen, wenn sie nicht bloß warteten, sondern diese richtig lösten. Sie zogen dies im Allgemeinen der kleineren, aber sofortigen Belohnung vor, und sie entschieden sich doppelt so oft wie diejenigen mit niedrigen Erfolgserwartungen für diese Option. Die Jungen mit hohen Erfolgserwartungen gingen zuversichtlicher an die Aufgaben heran, so als hätten sie diese bereits erfolgreich bewältigt. Sie hatten richtig Lust darauf und waren bereit, ein Scheitern zu riskieren – weil sie nicht glaubten, tatsächlich zu scheitern. Ihre Erwartungen waren mehr als bloße Fantasien: Sie basierten auf ihren früheren Erfolgen. Diese nährten die positiven Erwartungen, die ihrerseits Verhaltensweisen und Einstellungen förderten, welche die Chancen für weitere Erfolge erhöhten. All dies lässt Optimisten noch mehr lächeln.

Diese Ergebnisse zeigten auch, dass diejenigen, die von Anfang an niedrige Erfolgserwartungen hatten, sich so verhielten, als wären sie bereits an der Aufgabe gescheitert. Aber diese Jungen reagierten positiv, wenn sie die Aufgabe erfolgreich meisterten, und die neuen Erfolgserlebnisse verstärkten ihre zukünftigen Erfolgserwartungen ganz erheblich. Unsere allgemeinen Erfolgs- oder Misserfolgserwartungen beeinflussen entscheidend, wie wir an neue Aufgaben herangehen. Aber unsere konkreten Erwartungen können durch Erfolgserlebnisse verändert werden – und selbst Pessimisten können sich dann die Zukunft positiver ausmalen.

Aufwärts- oder Abwärtsdynamiken

KURZUM, WENN KINDER früh im Leben positive Erfahrungen machen, steigert sich dadurch ihre Bereitschaft und ihre Fähigkeit, Ziele beharrlich zu verfolgen, optimistische Zukunftserwartungen zu entwickeln und mit Frustrationen, Misserfolgen und Verlockungen fertigzuwerden, die unvermeidlich sind, wenn sie heranwachsen. Ihr sich allmählich herausbildendes Bewusstsein eigener Kontrolle und Handlungsmacht sowie optimistische Erwartungen werden zu zentralen Verbindungselementen – zu aktiven Gestaltungsfaktoren – in der Geschichte, welche die Sekunden, die sie im Vorschulalter auf zwei Marshmallows warten, mit den vielfältigen positiven Ergebnissen verknüpft, die wir im weiteren Verlauf ihres Lebens sehen. Und ihre Fähigkeit, impulsive Reaktionen zu hemmen, die den Aufbau von Beziehungen gefährden könnten, erlaubt ihnen, wechselseitig stützende, fürsorgliche Freundschaften zu Menschen zu entwickeln, die sie respektieren und wertschätzen.

In diesem Kapitel ging es um eine positive Wachstumsdynamik, auf die wir bei unseren Kindern hoffen und die wir fördern sollten. Sie steht im Gegensatz zu dem Teufelskreis, in den Kinder geraten, wenn es ihnen dauerhaft an elementaren Kompetenzen der Selbstkontrolle mangelt, wenn sie das Gefühl haben, sich selbst und Situationen nicht im Griff zu haben, an ihren Fähigkeiten zweifeln und sich abmühen, ihr

Selbstwertgefühl aufrechtzuerhalten. Ohne eine solide Fähigkeit zur Selbstkontrolle, ohne optimistische Erwartungen und ohne die Hilfe und Unterstützung anderer werden Kinder sehr wahrscheinlich weitgehend ihrem heißen System ausgeliefert bleiben. Sie werden eher in ihren frühesten Bemühungen scheitern, Herausforderungen erfolgreich zu meistern, und sie neigen dazu, Gefühle und Einstellungen der Hilflosigkeit statt hoffnungsvoller Zuversicht zu entwickeln, während ihre Chancen und Optionen dahinschwinden.

9
Ihr zukünftiges Selbst

DIE AMEISE IN ÄSOPS FABEL weiß instinktiv, was sie tun muss, um sich für die Zukunft zu rüsten, und wenn der Sommer kommt, legt sie Nahrungsvorräte für den Winter an. Aber wir haben nicht die Instinkte von Ameisen, und die Evolution hat unser Gehirn noch nicht darauf eingestellt, sich konkret mit der fernen Zukunft zu befassen. Wir machen uns schnell Sorgen über Ereignisse, die unmittelbar bevorstehen und uns ängstigen, aber wir stellen uns die Zukunft nur selten in anschaulicher, emotionaler Weise vor. Die rosarote Brille und das psychische Immunsystem, die unser Wohlgefühl aufrechterhalten, schützen die meisten davor, länger bei solchen Ängsten zu verweilen. Sie erlauben uns, bedrohliche Zukunftsrisiken wie Krankheiten, Verarmung und Einsamkeit im Alter weitgehend auszublenden, und wenn diese Ängste übermächtig werden, lenken sich die meisten von uns schnell ab.

So vermeiden wir die Angst, der Freud bei seinen Patienten begegnete und die etwa der Maler Edvard Munch in seinem Bild *Der Schrei* darstellte. Das Gemälde, eine Ikone der Angst in der modernen Welt, zeigt eine furchterfüllte Person, die auf einer Brücke in einer unheimlichen Umgebung zu zittern scheint. Sie hat die Hände an die Ohren gelegt, die starrenden Augen weit aufgerissen, das Gesicht eine schreckliche Grimasse. Unsere Abwehrmechanismen sorgen dafür, dass wir nicht allzu lange bei einem solchen Bild verweilen, aber sie machen es auch unwahrscheinlich, dass wir uns wie vorausschauende Ameisen statt wie ausschweifende Heuschrecken verhalten. Folglich gehen Menschen weiterhin alle möglichen Risiken ein – etwa allzu viel zu essen oder exzessiv zu rauchen und zu trinken –, wobei sie die langfristigen Folgen ignorieren, die weit in der Zukunft liegen, die obendrein ungewiss sind und leicht abgetan werden können. Die große Mehrheit der US-Amerikaner hat beim Eintritt ins Rentenalter völlig unzureichende finanzielle Rücklagen gebildet, um auch nur annähernd ihren bisherigen Lebensstandard zu halten. Das Problem beginnt damit, wie wir üblicherweise über unser zukünftiges Selbst denken und wie dieses zukünftige Selbst im Gehirn repräsentiert ist.

Mehrere Personen in einer

SHAKESPEARE SPRICHT bekanntlich in *Wie es euch gefällt* von den »sieben Lebensaltern des Menschen«, womit er die verschiedenen Formen des Selbst meinte, die wir im Lauf des Lebens annehmen:

> *Die ganze Welt ist Bühne*
> *Und alle Fraun und Männer bloße Spieler.*
> *Sie treten auf und gehen wieder ab,*
> *Sein Leben lang spielt einer manche Rollen*
> *Durch sieben Akte hin.*

Shakespeare beginnt mit dem Kleinkind, das »in der Wärtrin Armen greint und sprudelt«. Nachdem er unsere Jugend und unsere mittleren Lebensjahre beschrieben hat, wendet er sich dem Alter zu:

Das sechste Alter
Macht den besockten, hagern Pantalon,
Brill auf der Nase, Beutel an der Seite;
Die jugendliche Hose, wohl geschont,
'ne Welt zu weit für die verschrumpften Lenden;
Die tiefe Männerstimme, umgewandelt
Zum kindischen Diskante, pfeift und quäkt
In feinem Ton. Der letzte Akt, mit dem
Die seltsam wechselnde Geschichte schließt,
Ist zweite Kindheit, gänzliches Vergessen,
Ohn' Augen, ohne Zahn, Geschmack und alles.[1]

Unser Körper macht tief greifende Veränderungen durch, wenn wir altern, aber wandelt sich auch das subjektive Erleben unseres Selbst? Was geschieht, wenn Sie in Ihrer Fantasie eine Zeitreise unternehmen und versuchen, sich vorzustellen, wie Sie in der Zukunft sein werden?[2] Sehen Sie sich die Kreispaare unten ganz genau an, sie bewegen sich von keiner Überlappung zwischen Ihrem gegenwärtigen und Ihrem zukünftigen Selbst bis hin zu einer fast vollständigen Überlappung. Wählen Sie das Paar aus, welches das Ausmaß der Überschneidung zwischen Ihrem heutigen Selbst und Ihrem zukünftigen Selbst – in zehn Jahren – Ihres Erachtens am besten abbildet, und markieren Sie es.

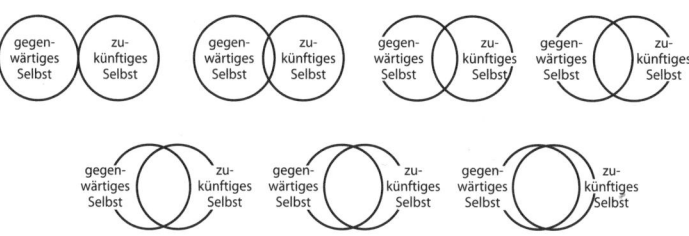

Stellen Sie sich jetzt vor, Sie hätten sich bereit erklärt, mithilfe eines funktionellen Magnetresonanztomografen Ihre Hirnaktivität untersuchen zu lassen. Ihr Kopf steckt tief in der Röhre, und Sie gewöhnen sich an den beengten Raum, während durch den Lautsprecher die Anweisungen kommen: »Bitte denken Sie an sich selbst.« Wenn Sie dies tun, wird im frontomedialen Areal Ihrer Großhirnrinde ein charakteristisches Muster der Hirnaktivität sichtbar, das wir »Selbst-Muster« nennen. Als Nächstes fordern die Anweisungen Sie auf, an eine unbekannte Person zu denken, und im selben Areal Ihrer Großhirnrinde wird ein unverkennbar anderes Muster aktiviert, das »Fremde-Person-Muster«.[3] Schließlich werden Sie aufgefordert: »Bitte denken Sie an sich, wie Sie in zehn Jahren sein werden.«

Hal Hershfield, der heute an der New York University lehrt, und seine Kollegen führten diesen Versuch im Jahr 2009 mit Studenten der Stanford University durch.[4] Sie fanden heraus, dass wir uns nicht nur darin unterscheiden, was wir *fühlen*, wenn wir uns unser zukünftiges Selbst vorstellen. Wir unterscheiden uns auch in unserer Hirnaktivität, und zwar abhängig davon, wie eng wir unsere Selbstwahrnehmungen und unsere Identität in der Gegenwart mit unserem zukünftigen Selbst verknüpfen. Bei vielen Menschen weist das Muster, das im Gehirn für das zukünftige Selbst aktiviert wird, eine größere Übereinstimmung mit dem Fremde-Person-Muster auf als mit dem gegenwärtigen Selbst-Muster. Aber es gibt individuelle Unterschiede, die zeigen, dass manche Personen emotional stärker mit ihrem zukünftigen Selbst in Kontakt stehen und sich mit ihm identifizieren, während für andere das älter gewordene eigene Selbst wie ein Fremder ist.

Wie stark überschneiden sich die beiden Kreise, die Sie ausgewählt haben? Wenn Sie eine größere Kontinuität zwischen Ihrem Selbst heute und Ihrem Selbst in der Zukunft sehen, bedeuten Ihnen aufgeschobene Belohnungen wahrscheinlich mehr als sofortige Belohnungen, und Sie sind weniger ungeduldig als Menschen, für die ihr zukünftiges Selbst wie ein Fremder ist. Die Forscher weisen auch darauf hin, dass wir, wenn wir von einer größeren Kontinuität mit unserem zukünftigen Selbst ausgehen, vermutlich auch dazu bereit sind, auf mehr von unseren gegenwärtigen Genüssen zugunsten dieses zukünftigen Selbst zu verzichten.

Dieselbe Forschergruppe untersuchte auch finanzielle Entscheidungen von Erwachsenen (Durchschnittsalter: 54 Jahre) aus dem Großraum San Francisco.[5] Die Probanden, die eine größere Überlappung zwischen ihrem gegenwärtigen und ihrem zukünftigen Selbst sahen, bevorzugten nicht nur aufgeschobene größere Belohnungen gegenüber sofortigen, kleineren Belohnungen, sie bauten langfristig auch ein größeres, aus mehreren Quellen stammendes Vermögen auf. Als ich Hershfields Arbeit las, nahm ich mir vor, meine eigene Altersvorsorge zu überprüfen.

Geld heute ausgeben oder fürs Alter vorsorgen?

WENN ADAM UND EVA die heißen Verlockungen, denen sie ausgesetzt waren, erfolgreich abgekühlt hätten, hätten sie länger im Garten Eden bleiben können. Wenn sie sich für zukünftige Risiken hätten wappnen wollen, dann hätten sie sich selbst lebhaft in diese Zukunft hineinversetzen müssen, was sie nicht konnten. Die Kinder im »Überraschungszimmer«

mussten ihre Impulsivität abkühlen, um nicht nach dem einen Marshmallow zu greifen. Wenn sie Jahrzehnte später ihre Altersvorsorge planen, müssen sie sich gedanklich in ihr Rentenalter hineinversetzen, nicht abstrakt, sondern ganz konkret, um das Vorstellungsbild emotional so aufzuheizen, als wären sie bereits im Rentenalter. Während sie noch jung sind, müssen sie sich dieses zukünftige Selbst gedanklich vergegenwärtigen – jedenfalls so lange, bis sie das Kästchen angekreuzt haben, mit dem der Vorsorgeplan auf den Weg gebracht wird. Die Bereitschaft und Fähigkeit von Vorschulkindern, auf zwei Marshmallows zu warten, hängt davon ab, wie sie die Leckereien mental repräsentieren. Ebenso hängt die Fähigkeit junger Erwachsener, mit ihrem Selbst, wie sie es sich für viele Jahre später ausmalen, in Verbindung zu treten, davon ab, wie sie dieses ferne Selbst mental repräsentieren. Um dies zu erforschen, zeigten Hershfield und seine Kollegen in einer Studie einer Gruppe von Collegestudenten, die finanzielle Entscheidungen treffen sollten, Abbildungen ihres Selbst im Rentenalter.[6] Zunächst baten die Forscher jeden Versuchsteilnehmer um ein Foto von sich und gestalteten anschließend damit einen sogenannten Avatar, die grafische Abbildung einer Person. Der Avatar einiger der Probanden zeigte sie in ihrem gegenwärtigen Alter; andere zeigte er im Alter von etwa 68 Jahren. Mithilfe einer Schiebeskala, die mit einem Pfeil versehen war, gaben die Versuchsteilnehmer an, welchen Prozentsatz ihres hypothetischen Gehalts sie für die Altersvorsorge reservieren würden. Je weiter sie den Pfeil nach links schoben, desto höher war der Prozentsatz ihres Nettogehalts, das ihnen heute ausgezahlt wurde. Und je weiter sie den Pfeil nach rechts schoben, desto höher war der Prozentsatz, der ihrem Rentenkonto gutgeschrieben wurde.

Die Probanden sahen entweder den Avatar ihres gegenwärtigen Selbst (abgebildet auf der linken Seite des Schiebers) *oder* den Avatar ihres zukünftigen Selbst (abgebildet auf der rechten Seite des Schiebers). Wenn man die Aufmerksamkeit auf das zukünftige Selbst lenkt, würde es dann den Prozentsatz des laufenden Einkommens beeinflussen, den das gegenwärtige Selbst für die Altersvorsorge zurücklegen würde? Tatsächlich wollten diejenigen, die ihr zukünftiges Selbst sahen, 30 Prozent mehr sparen als diejenigen, die ihr gegenwärtiges Selbst sahen.

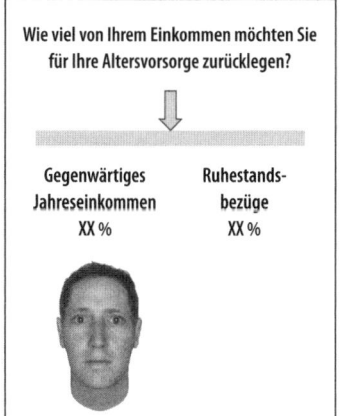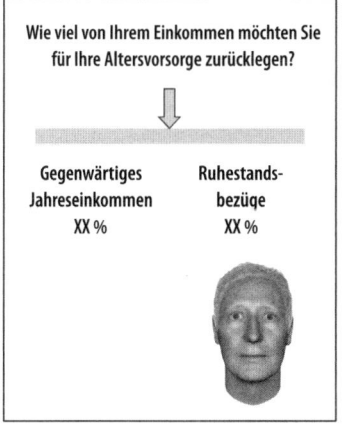

Diesen Studien liegt die Annahme zugrunde, dass wir mit zunehmender emotionaler Verbundenheit mit unserem zukünftigen Selbst dieses umso stärker in unser gegenwärtiges Selbstkonzept einbinden und etwa bei unserer Finanzplanung berücksichtigen. Wir sind dann bereit, zugunsten unserer Altersabsicherung auf einen größeren Teil unseres laufenden Einkommens zu verzichten. Hershfield und andere Forscher gehen weiterhin der Frage nach, ob sich die Sparbereitschaft für den Ruhestand nicht nur in hypothetischen Laborsituationen, sondern im realen Leben – insbesondere in Bezug auf Sparpläne zur Altersvorsorge – dadurch deutlich steigern lässt, dass sich der Sparer stärker mit seinem zukünftigen Selbst identifiziert.[7]

Ethik und das zukünftige Selbst

WENN SIE SICH Ihrem zukünftigen Selbst eng verbunden fühlen, werden Sie dann die Auswirkungen Ihrer gegenwärtigen Handlungen auf Ihr späteres Wohlbefinden stärker berücksichtigen – und zwar nicht nur, was laufende Haushaltsausgaben und Rentenvorsorge betrifft? Konkret ausgedrückt: Treffen Personen, die eine starke Verbundenheit zu ihrem zukünftigen Selbst empfinden, tendenziell weniger ethisch bedenkliche Entscheidungen, wie sie im Alltagsleben recht weit verbreitet zu sein scheinen? Es ist eine aktuelle Frage, wenn man bedenkt, dass FBI-Statistiken über Wirtschaftskriminalität, die erstmals im Jahr 1940 zusammengestellt wurden, darauf hindeuten, dass sich die Häufigkeit dieser Verbrechen bis 2009 verdreifacht hat – ein Problem, dessen Bedeutung durch die Finanzkrise von 2008 und ihre zahllosen Skandale – unter anderem das gigantische Schneeballsystem von Bernard Madoff – ins öffentliche Bewusstsein gerückt wurde. Im Jahr 2012 stellten Hershfield und seine Kollegen diese Fragen in fünf Onlinestudien, an denen Frauen und Männer im Alter zwischen 18 und 72 Jahren teilnahmen. Die Forscher wollten wissen, ob sie bereit waren, unethische, aber gewinnträchtige unternehmerische Entscheidungen zu billigen, und ob sie Lügen und Schmiergelder in geschäftlichen Situationen als moralisch vertretbar erachteten.[8] Wäre die Person (immer unter Wahrung ihrer Anonymität) zum Beispiel bereit, ein gewinnbringendes Nahrungsmittel mit bekannten gesundheitlichen Risiken auf den Markt zu bringen, oder würde sie die Ansiedlung eines profitablen, aber ökologisch fragwürdigen Bergbaubetriebs befürworten, wenn sie dafür womöglich eine Prämie kassieren würde? In allen fünf Studien waren die Personen, die sich ihrem zukünftigen Selbst kaum oder gar nicht verbunden fühlten – gemessen an der geringen Überlappung der Kreise für das gegenwärtige und das zukünftige Selbst –, eher bereit, ethisch bedenkliche unternehmerische Entscheidungen zu tolerieren.

Die Forscher brachten einige Teilnehmer auch dazu, an ihr zukünftiges Selbst zu denken, während sie andere dazu veranlassten, an die zukünftige Welt zu denken. Probanden, die ihr Selbst in die Zukunft projizierten, hatten gegenüber denen, die ganz allgemein an die Zukunft dachten, eine geringere Toleranz für nichtethisches Verhalten. Wer sich eng mit seinem zukünftigen Selbst verbunden fühlte, dachte mehr über die aufgeschobenen, langfristigen Konsequenzen seiner Handlungen nach. Die Beachtung zukünftiger Konsequenzen erklärte, warum sie keine egoistischen Entscheidungen trafen. Dieses Ergebnis sollte man sich vor Augen führen, bevor das heiße System, das zeitferne Konsequenzen ignoriert und blind ist für ethische Fragestellungen, seiner nächsten unwiderstehlichen, unmoralischen Versuchung begegnet.

Jenseits des Hier und Jetzt

EINIGE DER BESTEN GESPRÄCHE mit Kollegen über
die Frage, wie wir uns die Zukunft vorstellen, hatte ich auf
wissenschaftlichen Jahrestagungen – nicht bei Besprechun-
gen oder Vorträgen, sondern spätabends, wenn man sich Geschichten erzählt. Jeder von uns hatte Einladungen zu Vorträgen angenommen, die zwei, drei Jahre in der Zukunft lagen, an
unbekannten, interessant klingenden Orten. Eine meiner Kol-
leginnen erzählte, dass sie 2008 zu einem Vortrag eingeladen
worden sei, der 2011 in einem exotischen kleinen Land stattfinden sollte, Tausende von Kilometern entfernt. Als sie die Einladung erhielt, fragte sie sich: »Warum sollte ich dorthin fliegen?« Sie fand viele gute Gründe: Das Institut hat eine Reihe
anerkannter Forscher, die auf ihrem Gebiet arbeiten; es wäre
eine neue Erfahrung in einer entlegenen Region (in der Reise-
beilage einer Zeitung wurde sie als »abgeschieden und pitto-
resk« beschrieben); sie reiste gern an ungewöhnliche Orte; ihr
Terminkalender für das Jahr war noch ziemlich leer; die Orga-
nisatoren schienen sehr an ihr interessiert zu sein.

Als zwei Jahre später der Zeitpunkt der Reise näher
rückte, fragte sie sich nicht mehr, *warum* sie gehen sollte, sondern, *wie* sie dorthin reisen sollte – und was genau sie tun
müsste, um dorthin zu gelangen. Sie müsste mehrmals umstei-
gen, mit obskuren Fluggesellschaften fliegen, die, bei näherer
Betrachtung, eine zweifelhafte Sicherheitsbilanz hatten, und in
der Vergangenheit war es immer wieder zu Verspätungen und

Flugannulierungen gekommen. Sie würde ihren Reisepass erneuern und mehrere Impfungen machen müssen, während gleichzeitig eine schier endlose Reihe unerwarteter Ereignisse ihre dringende Aufmerksamkeit erforderte. Die Art, wie meine Kollegin diese Reise betrachtete, hatte sich zwischen dem Zeitpunkt, an dem sie die Einladung gern angenommen hatte, und dem Zeitpunkt fast drei Jahre später, an dem sich ihr Abreisedatum näherte, grundlegend verändert. Dies überraschte sie, denn am Ende, als die Zukunft zur Gegenwart wurde, wünschte sie sich, sie könnte ihre Zusage rückgängig machen.

Psychologische Distanz

DIE PSYCHOLOGEN Yaacov Trope und Nira Liberman haben die Hypothese aufgestellt, dass wir eine einzige Dimension durchqueren, wenn wir uns die Zukunft vorstellen oder über die Vergangenheit nachdenken: psychologische Distanz.[1] Diese Distanz kann sich auf die Zeit (jetzt, in der Zukunft oder in der Vergangenheit), den Raum (nah oder weit weg), die Bekanntheit (Selbst oder Fremde) und die Gewissheit (sicher oder hypothetisch) beziehen. Je größer die psychologische Distanz ist, umso komplexer und abstrakter wird die Informationsverarbeitung, die dann in zunehmendem Maße vom kühlen kognitiven System gesteuert wird. Meine Kollegin hatte in obigem Beispiel in abstrakter Weise über die weit in der Zukunft liegende Reise nachgedacht, ohne sich Details und Umstände näher auszumalen. Und weil es ihrem kühlen System vernünftig und sinnvoll erschienen war, hatte sie sich entschlossen, die Einladung anzunehmen. Mit abnehmender psychologischer Entfernung wurde ihre Informationsverarbei-

tung immer konkreter, anschaulicher, detaillierter, kontextua-
lisierter und emotional heißer – und umso stärker bereute sie
ihre Entscheidung.

Wenn sich die Ebene der Informationsverarbeitung vom
abstrakten Denken über die Zukunft zum konkreten und an-
schaulichen Denken in der Gegenwart verschiebt, verändert
dies zugleich, was wir fühlen, wie wir planen und wie wir Entscheidungen treffen. Dies hilft uns zu verstehen, weshalb Menschen ihre Entscheidungen über zukünftige Ereignisse und
Engagements oftmals bereuen: Denn wenn die Zukunft zur
Gegenwart wird, stehen sie plötzlich vor einer Reise, die sie
nicht unternehmen, einer Veranstaltung, zu der sie nicht gehen,
einem Aufsatz, den sie nicht schreiben, oder einem Familienbe-
such, den sie nicht machen wollen.[2] Die erfreuliche Nachricht
lautet, dass alles gut sein wird, wenn wir einfach warten und ein
bisschen nachdenken, nachdem ein Ereignis vorüber ist. Das
psychische Immunsystem strengt sich enorm an, sodass wir
rückblickend das Gefühl haben, dass es sich lohnte, die Reise zu
unternehmen, in die Veranstaltung zu gehen, den Aufsatz zu
schreiben oder die Familie zu besuchen, weil dies, unter dem
Strich, eine positive Bindungserfahrung war.[3]

Um das unangenehme Gefühl zu vermeiden, das meine
Kollegin empfand, als ihre Reise von einem hypothetischen zu
einem realen Ereignis wurde und sie packen und zum Flugha-
fen fahren musste, wäre es vielleicht hilfreich gewesen, wenn
sie sich, ehe sie die Einladung annahm, vorgestellt hätte, wie sie
sich entscheiden würde, wenn sie sofort reisen müsste. Wenn
Sie wissen wollen, wie sich etwas (eine neue Stelle, eine exoti-
sche Reise) in der Zukunft für Sie anfühlen wird, sollten Sie
versuchen, sich vorzustellen, Sie würden es in der Gegenwart
tun.[4] Simulieren Sie die Ereignisse so anschaulich und detail-

liert wie möglich, indem Sie sie vorwegnehmend durchleben. Wenn meine Diplomanden das Glück haben, mehrere Stellenangebote zu erhalten, und sich mit der Entscheidung schwertun, rate ich ihnen, sich so genau wie möglich auszumalen, wie es wohl wäre, jeweils einen ganzen Tag lang auf jeder Stelle zu verbringen, so als würden sie schon jetzt dort arbeiten.

Die Forschungen von Trope und seinen Kollegen über den Einfluss der psychologischen Distanz auf Entscheidungsprozesse zeigen uns auch, weshalb es so viel leichter ist, sofortigen Versuchungen zu widerstehen, wenn wir sie uns in einer abstrakten, »kühlen« Weise und als räumlich und zeitlich entfernt vorstellen. Dieses höherstufige, abstrakte Denken aktiviert das kühle System und schwächt das heiße System.[5] Es verringert die automatische Präferenz für sofortige Belohnungen, steigert die Aufmerksamkeit für zukünftige Konsequenzen, stärkt die Absicht, Selbstkontrolle auszuüben, und hilft, heiße Verlockungen abzukühlen.[6] Erinnern wir uns daran, dass Vorschulkinder sich selbst beherrschen und viel länger warten können, wenn sie die Leckerbissen weit wegschieben, sich umdrehen, um sie nicht zu sehen, oder die verlockenden Süßigkeiten in einer abstrakten, kühlen Weise umdeuten (sie stellen sich vor, die Marshmallows wären lediglich ein Bild, sie fassen sie gedanklich in einen Rahmen ein).[7] Aber wenn sie sich auf den Geschmack der Marshmallows konzentrieren und sich die überaus angenehmen Sinnesempfindungen in ihrem Mund vorstellen (lecker, weich, süß), wird der Aufschub schwieriger, und sie läuten die Glocke.

Die psychologische Distanz vergrößern,
um heftiges Verlangen zu kontrollieren: Nah oder fern

KÖNNEN MENSCHEN, die von ihren gefährlichen Be-
dürfnissen getrieben werden – ob nach Tabak, Alkohol, Drogen oder stark fetthaltigen Snacks –, diese abkühlen, indem sie
ihre psychologische Distanz dazu vergrößern? Dieser Frage
gingen Kevin Ochsner und sein Team, mit dem ich an der
Columbia University zusammenarbeitete, in einer Reihe von
Experimenten auf den Grund.[8] Wir wollten versuchen, Menschen zu helfen, ihr starkes Verlangen nach bestimmten Substanzen (auch als »Craving« bezeichnet), das bereits früh im
Leben beginnt, in den Griff zu bekommen. Zu diesem Zweck
baten wir Kinder und Jugendliche zwischen sechs und achtzehn Jahren, eine Aufgabe zu erledigen, während ihre Hirnaktivität mit funktioneller Magnetresonanztomografie (fMRT)
gemessen wurde. So erhielten wir einen Eindruck davon, wie
sie ihre appetitiven – auf Lustgewinn abzielenden – Impulse
kognitiv regulieren. In vielen verschiedenen Versuchsdurchgängen wurden Bilder verlockender Speisen in rascher Folge
auf einen kleinen Bildschirm vor ihnen projiziert. In »heißen,
nahen« Versuchsdurchgängen baten wir sie, sich vorzustellen,
die Speise sei nah, direkt vor ihnen; sie sollten sich auf die
heißen, angenehmen Merkmale wie ihren Geschmack und
Geruch konzentrieren. In »kühlen, fernen« Versuchen wollten
wir ihr kühles System aktivieren, indem wir sie baten, sich vorzustellen, die Speise sei weit weg; sie sollten sich auf ihre kühlen, abstrakten, visuellen Merkmale (beispielsweise Farbe und
Form) fokussieren. Die Probanden berichteten, während der
»kühlen, fernen« Durchgänge sei ihr Verlangen schwächer gewesen als während der »heißen, nahen« Versuche. Und ihre

Hirnaufnahmen zeigten, dass die Abschwächung ihres Verlangens mit einer Verringerung der Hirnaktivität in Arealen einhergeht, die mit appetitivem Begehren verbunden sind.

Die an dieser Studie teilnehmenden Kinder machten auch den Marshmallow-Test, und ihre Fähigkeit, das Verlangen nach verlockenden Speisen zu kontrollieren, korrelierte mit ihrer Aufschubfähigkeit beim Test. Kinder, die nicht so lange auf ihre Leckereien warten konnten, erlebten sowohl in den »kühlen, fernen« als auch in den »heißen, nahen« Testdurchgängen ein stärkeres Verlangen als jene, die länger warten konnten. Und wenn sie versuchten, ihr Essensgelüste zu zügeln, während ihr Gehirn im Scanner untersucht wurde, zeigten »aufschubschwache« Kinder auch eine geringere Aktivität im präfrontalen Kortex und eine stärkere Aktivierung der Belohnungszentren, die mit appetitivem Begehren assoziiert sind.

Hedy Kober, die ebenfalls mit Ochsners Team zusammenarbeitete, führte eine ähnliche Studie durch, in der sie starken Rauchern Fotos von Zigaretten zeigte, um in ihnen ein Verlangen danach auszulösen. Während jedes Durchgangs wurden die Teilnehmer angewiesen, beim Anblick des Objekts entweder an dessen sofortige, kurzfristige Wirkung »jetzt« (zum Beispiel: »Das wird sich gut anfühlen!«) oder an die »späteren«, langfristigen Konsequenzen zu denken, die mit seinem Konsum verbunden sind (zum Beispiel: »Ich werde vielleicht Lungenkrebs bekommen«). Wenn sich starke Zigarettenraucher auf die langfristigen Konsequenzen des Rauchens konzentrierten, verringerte dies ihr Verlangen nach einer Zigarette ganz erheblich.

Wir fanden heraus, dass Menschen mithilfe einfacher kognitiver Strategien ihr Verlangen regulieren können, indem sie ihre Zeitperspektive von »jetzt« auf »später« umschalten. Solche Strategien lassen sich in konkrete *Wenn-dann*-Pläne überführen, ähnlich jenen, die wir in Kapitel 5 diskutiert haben. Damit rückt die Versuchung zu rauchen automatisch die zukünftigen negativen Konsequenzen mental in den Vordergrund – und macht diese so heiß und anschaulich, dass das Verlangen erstickt wird.[9]

Die Selbstheilung eines süchtigen Rauchers

DIE COLUMBIA-STUDIEN verraten uns etwas darüber, wie die Regulation von intensivem Verlangen funktioniert, wodurch sich vielversprechende praktische Nutzanwendungen ergeben. Aber wenn es wirklich so einfach ist, warum hat die Welt dann noch so große Probleme mit allen möglichen Formen von Süchten? Die Teilnehmer an wissenschaftlichen Studien sind Freiwillige, die bereit sind, Anweisungen zu befolgen und ihr Denken entsprechend zu steuern, zumindest wenn sie im Labor sind. Die Realität ist viel komplizierter – wie jeder Abhängige weiß, der versucht hat, von seiner Sucht loszukommen.

C. G. Jung soll gesagt haben, dass Menschen am liebsten gerade das erforschen, was sie selbst nicht gut können. Dies trifft ziemlich genau auf mich zu. Ich bin kein Muster an Selbstkontrolle – ganz im Gegenteil –, aber im Kampf gegen meine Zigarettensucht hatte ich Erfolg. Ich erzähle hier meine Geschichte, um zu zeigen, dass selbst jemand, bei dem diese Fähigkeit eher unterentwickelt ist (und der Studenten und Verwandte oft mit seiner Ungeduld quält), das kann.

Ich wollte als Heranwachsender einfach mal ausprobieren, wie es ist, Zigaretten zu qualmen – und es dauerte nicht lange, bis ich zum Gewohnheitsraucher wurde. Anfang der Sechzigerjahre wurde der Bericht des Direktors des US-Gesundheitswesens über Tabakrisiken veröffentlicht – mein kühles System registrierte kurz, dass Rauchen zu schweren Gesundheitsschäden führen kann, während mein heißes System es schlicht ignorierte. Das kühle System ist rational, aber es kann im Dienst der Selbstrechtfertigung auch eng mit dem heißen System zusammenarbeiten, um auf raffinierte Weise alles zu rationalisieren, was wir tun. In meinem Fall leistete es ganze Arbeit: Es brachte mich dazu, eine gefährliche Sucht zum Lifestyle-Element umzudeuten. Ich war ein Professor, dem das Rauchen ermöglichte, entspannt geistreiche Vorlesungen zu halten. Und sowieso taten es alle anderen auch. Also rauchte ich weiterhin Kette, während mein kühles System schlummerte und mein heißes System genoss (und hustete).

Eines Morgens stand ich in der Dusche und drehte das Wasser auf, als ich plötzlich merkte, dass in meinem Mund noch meine angezündete Pfeife steckte. Es ließ sich nicht länger leugnen: Ich war abhängig. Damals rauchte ich etwa drei Schachteln Zigaretten am Tag und dazu noch eine Pfeife. Diese Einsicht führte allerdings nicht zu einer Verhaltensänderung – sie steigerte nur mein Stressniveau. Mein kühles System beschäftigte sich derweil mit anderen Dingen.

Kurze Zeit nach dieser kalten Dusche ging ich durch die Flure des Klinikums der Stanford University und sah etwas, das mich zutiefst erschütterte: Ein Mann, der auf einer Krankenliege festgeschnallt war, wurde durch den Flur geschoben; mit weit aufgerissenen Augen starrte er an die Decke, seine Arme waren seitlich ausgestreckt. Die entblößte Brust und der rasierte Schädel waren übersät mit kleinen grünen Farbstiftmarkierungen. Ein Krankenpfleger erklärte mir, der Patient leide an metastasiertem Krebs und werde zur nächsten Bestrahlung gebracht, die grünen Markierungen dienten zur Ausrichtung der Maschine. Ich konnte dieses plastische Bild, das mir die möglichen Folgen meiner Sucht vor Augen führte, nicht abschütteln. Die Ergebnisse der Studie des US-Gesundheitsministeriums waren schließlich in mein heißes System eingedrungen und hatten in der Amygdala Alarm geschlagen.[10]

Zigaretten waren meine permanente heiße Verlockung, und ich musste sie in etwas umwandeln, das mich anekelte, um mich von meiner Sucht zu kurieren. Sooft ich schmachtete (was oft vorkam), inhalierte ich die Luft aus einer großen Dose, die mit alten Zigarettenkippen und Pfeifenasche gefüllt war. Die Dose hatte einen konzentrierten Nikotingeruch, der so heftig war, dass einem übel wurde. In Lehrbüchern wird dieses Verfahren »aversive Kontrakonditionierung« genannt.[11] Zudem versuchte ich mich gezielt an dieses eindringliche Bild des Krebspatienten zu erinnern, um die »späteren« Folgen des Rauchens für mich selbst so heiß, so markant und anschaulich zu machen wie möglich. Vielleicht genauso wichtig war, dass ich eine Art Vertrag mit meiner dreijährigen Tochter schloss: Sie erklärte sich bereit, nicht mehr an ihrem Daumen zu lutschen, und ich gelobte, nicht mehr an meiner Pfeife zu ziehen. Zudem verpflichtete ich mich öffentlich gegenüber meinen Mitarbeitern und Studenten, mit dem Rauchen aufzuhören und keine Zigaretten mehr zu schnorren. Ein paar Wochen lang musste ich mich abquälen, dann funktionierte es. Manchmal bringt mich mein heißes System noch immer dazu, mich auf einer Caféterrasse ganz in die Nähe eines Rauchers zu platzieren. Aber wenn ich den Rauch einige Momente eingeatmet habe, versuche ich fast immer, mich umzusetzen.

Wenn man sich selbst als Krebspatienten vorstellt, der auf die nächste Strahlenbehandlung vorbereitet wird, ist das alles andere als lustig, und es lässt die Amygdala vor Angst vibrieren. Aber wenn Ihr kühles System das ausprobieren will, kann es nützlich sein. Diese Art von Visualisierung ist möglicherweise ein Schritt zur Überwindung einer Sucht, deren potenziell tödliche Folgen sich erst viel später einstellen. Vorbeugende Maßnahmen erfordern jedoch sofortige Selbstkontrolle und Belohnungsaufschub. Dazu muss man gerade das tun, was nicht von selbst geschieht: Man muss das heiße System aktivieren, damit die Repräsentationen der Zukunft noch eindringlicher sind als die Versuchungen der Gegenwart. Anschließend kann das kühle System die Versuchungen kognitiv neu bewerten, sodass der Lockreiz neutralisiert wird oder im heißen System auf Widerwillen stößt. Zunächst ist das mühsam, doch irgendwann läuft es automatisch ab.

Werfen Sie einen kurzen Blick in Ihre DNA-Zukunft

WENN WIR BEI ENTSCHEIDUNGEN, die wir in der Gegenwart treffen, die Zukunft berücksichtigen wollen, müssen wir uns diese Zukunft anschaulich vorstellen und vorhersagen, wie sie sich anfühlen wird. Bis weit ins 20. Jahrhundert hinein waren Versuche, die Zukunft vorherzusagen, weitgehend auf Handlesen, Tarotkarten, Horoskope, Wahrsager und Propheten beschränkt. In der Geschichte des Abendlandes hat die Vorhersage zukünftiger Ereignisse eine lange Tradition: angefangen von den altgriechischen Sagen über das Orakel von Delphi bis hin zu modernen Science-Fiction-Fantasien und Glückskeksen. Aber nachdem wir den genetischen Code geknackt und das menschliche Genom entschlüsselt haben, können wir heute endlich einen Blick in unsere DNA werfen – was für Optimisten aufregend, für Skeptiker aber ein Schreckbild ist. Schon bald wird es wohl möglich sein, für eine Gebühr, die kaum höher ist als der Preis für eine Darmspiegelung, eine vollständige Auflistung der gesundheitlichen Stärken und Risiken zu erhalten, die in unseren Genen lauern. Womöglich ein Segen, wenn man an bestimmten Krebsarten oder anderen Krankheiten leidet, weil dadurch gezielte, individualisierte Behandlungen ermöglicht werden, die auf die spezifische DNA der jeweiligen Person abgestimmt sind und bislang unheilbare Erkrankungen erfolgreich therapieren können. In solchen Fällen mag es zweifellos sinnvoll sein, diesen Test durchführen zu lassen. Die meisten gesunden Menschen dagegen werden sich mit der Frage, ob sie sich testen lassen sollen, eher schwertun, wenn nicht gar herumquälen. Bei dieser Entscheidung wird das heiße System überaktiv sein, während das kühle System große Mühe hat, auf eine rationale Wahl hinzuwirken.

In den späten Neunzigerjahren, kurz nach der Entdeckung von Mutationen in den BRCA1- und BRCA2-Genen und ihrer Rolle bei der Entstehung von Brust- und Eierstockkrebs, standen viele Frauen vor einer schwierigen Entscheidung. Dem Entschluss, sich auf diese Mutationen testen zu lassen, geht ein besonders quälendes inneres Ringen voraus, weil die psychischen Folgen eines positiven Testergebnisses tief greifend und unvorhersehbar sein könnten. Gentests können denen, die am anfälligsten für diese Mutationen sind, verraten, ob sie entweder ein stark erhöhtes Risiko haben, schon in jungen Jahren an Brust- und/oder Eierstockkrebs zu erkranken, oder zur glücklichen Gruppe von Frauen gehören, die wahrscheinlich kein erhöhtes Erkrankungsrisiko aufweisen. Als die Tests allgemein verfügbar wurden, wollten sich viele Frauen, vor allem aschkenasische Jüdinnen, unbedingt testen lassen, weil ihre Bevölkerungsgruppe mit höchster Wahrscheinlichkeit diese Mutationen im Erbgut trägt. Für viele wird der innere Zwiespalt unerträglich: Lasse ich mich testen, um zu erfahren, ob ich wahrscheinlich an Krebs erkranken werde? Werde ich der Tatsache ins Auge sehen, dass derselbe genetische Schatten wahrscheinlich über meinen Verwandten und meinen Kindern liegt? Oder will ich dieses Fenster in meine gesundheitliche Zukunft geschlossen halten? Wenn ich es öffne, kann ich es nie wieder schließen, und ich muss mit den emotionalen und praktischen Konsequenzen leben, die ein positives Testergebnis für mich selbst und meine Familie hat. Dazu gehört auch die Tatsache, dass diese Informationen in meiner Patientenakte vermerkt werden, mit all den unwägbaren Folgen für zukünftigen Versicherungsschutz oder meine Chancen auf dem Arbeitsmarkt.

Irma war eine lebhafte junge Studentin voller Zukunftshoffnungen, in ihrem Studium glücklich, verliebt in ihren Freund, und sie freute sich auf ein wunderbares Leben, als sie eines Tages erfuhr, dass sie Trägerin der BRCA1-Mutation ist, die sie von ihrer Mutter geerbt hatte. Sie hatte geglaubt, es wäre sinnvoll, dies zu wissen, und so hatte sie beschlossen, sich testen zu lassen – aber dann quälten sie die Ergebnisse, die fortan einen Schatten auf ihr Leben werfen sollten, und sie bereute zutiefst, dass sich der Blick auf ihre Doppelhelix geöffnet hatte. Sie wünschte sich, nicht zu wissen, was sie jetzt nicht mehr aus ihrem Kopf bekam. Als sie durch das Testergebnis erfuhr, dass sie Trägerin der Mutation ist, brach sie zusammen: Sie hatte einfach nicht geahnt, dass sie im Grunde gar nicht wissen wollte, welche gesundheitlichen Informationen ihre DNA enthielt. Irma ist nicht die einzige Frau, die nicht

vorhersagen konnte, wie sie auf die Testergebnisse reagieren
würde. Kann man Menschen vor der Entscheidungsfindung
helfen, besser abzuschätzen, wie sie wahrscheinlich reagieren
werden, wenn ihnen die Ergebnisse solcher Gentests mitgeteilt
werden? Dazu müssen sie die Erfahrung irgendwie vorwegnehmen – und dürfen sie kognitiv nicht so verarbeiten, wie wir Informationen, die auf die ferne Zukunft bezogen sind, normalerweise bewerten: nämlich auf eine unemotionale, abstrakte,
rationale und kühle Weise. Vielmehr müssen sie diese Information genauso emotional verarbeiten wie aufwühlende Erlebnisse im Hier und Jetzt.

Wenn Menschen schon OP-Kittel und Identifikationsarm-
bänder tragen und für eine Operation am nächsten Morgen
vorbereitet werden, basiert ihre Einwilligung nur selten auf aus-
reichender sachlicher Aufklärung und gründlicher Abwägung.
Vor dem Eingriff kommt jemand mit einem Dokument auf
einem Klemmbrett vorbei, das auf mehreren kleingedruckten Seiten ausführlich und in medizinischem Fachchinesisch
die vielfältigen Risiken beschreibt. Dieser Aufklärungsbogen
macht klar, dass praktisch alles schiefgehen könnte. Durch
Ihre Unterschrift erklären Sie, dass Sie im Schadensfall das
Krankenhaus nicht haftbar machen werden und dass Sie dem
Eingriff aus freiem Willen und nach umfassender Sachaufklä-
rung zustimmen. Während man bei medizinischen Eingriffen,
die als dringend notwendig gelten, keine große Wahl hat, ist
dies bei optionalen Verfahren wie Gentests anders.

Anfang der Neunzigerjahre zog ich die Psychologin Su-
zanne M. Miller vom Fox Chase Cancer Center in Philadel-
phia zurate, weil ich eine Methode entwickeln wollte, um die
sachgerechte Aufklärung bei DNA-Tests zu verbessern.[12] Su-
zanne und ihre Kollegen arbeiteten mit Frauen, die mit hoher

Wahrscheinlichkeit Trägerinnen der BRCA1- und BRCA2-Mutationen waren. Die meisten dieser Frauen wollten unbedingt einen Gentest durchführen, um zu erfahren, wie hoch ihr Risiko ist, an Brust- und Eierstockkrebs zu erkranken.

Die meisten konnten jedoch nicht abschätzen, welche Folgen das Wissen um ihre genetischen Anlagen für sie haben würde. Die damals übliche genetische Beratung bestand aus einer einfühlsamen, aber standardmäßigen rationalen Besprechung der Alternativen, der Optionen, der objektiven Risiken und der mit jedem möglichen Ergebnis und jeder Entscheidung verbundenen Unsicherheit.

Wir entwickelten »Vorauserleben-Szenarien« für Frauen, die Gentests zur Ermittlung ihres Risikos für Brust- und Eierstockkrebs in Erwägung zogen. Damit wollten wir jede Frau in die Lage versetzen, ihre emotionalen Reaktionen auf die DNA-Enthüllungen vorwegzunehmen – nicht nur abstrakt, sondern dadurch, dass sie die Erfahrung in einem Rollenspiel mit dem Berater so anschaulich, so umfassend und so realistisch wie möglich erleben sollte.[13] Wir wollten diesen Frauen ermöglichen, wenigstens eine Miniversion ihrer wahrscheinlichen heißen Reaktionen auf die verschiedenen Testergebnisse vorwegzunehmen und vorab zu durchleben.

So schlugen wir das folgende Programm vor: Wenn eine Frau, die den Test in Erwägung zieht, zu einer genetischen Beratung kommt, beginnt ein realistisches Rollenspiel mit ihrem Berater. Der Berater teilt ihr mit, die Testergebnisse seien aus dem Labor zurückgekommen, öffnet die auf dem Schreibtisch liegende Mappe und erklärt, die Ergebnisse seien positiv: Sie habe die Mutation. In dem sicheren, unterstützenden Umfeld der Beratung hat sie Gelegenheit, ihre Gefühle und Gedanken auszudrücken, die von Erschütterung und Ungläubigkeit bis zu starker Angst, Verzweiflung, Verleugnung, Wut und Infragestellung der Ergebnisse reichen können. Nachdem diese Sorgen zum Ausdruck gebracht und diskutiert wurden, hilft der Berater der Frau, die verfügbaren Optionen und ihre wahrscheinlichen Konsequenzen eingehend zu prüfen. Zu den Optionen gehören im Fall der BRCA1-Mutation eine vorsorgliche Brustentfernung, bei einer BRCA2-Mutation die vorsorgliche Entfernung der Eierstöcke. Diese Erfahrung des Vorauserlebens wendet sich im weiteren Verlauf des Gesprächs den langfristigen praktischen Konsequenzen zu, die verschiedene Punkte betreffen: die Lebenserwartung und -qualität, die Gesundheitsversorgung, Versicherungsaspekte, Beschäftigungsaussichten, mögliche Auswirkungen auf persönliche Beziehungen, Schwangerschaftsfragen und noch weitere eventuelle Folgen.

Diese heiße Rollenspielerfahrung ist zwar schmerzlich, aber sie gibt der Teilnehmerin eine emotionale Vorschau und die nötigen Informationen, um eine angemessene sachgerechte Entscheidung darüber zu treffen, ob sie die genetische Büchse der Pandora öffnen will oder nicht. Zu dem Rollenspiel gehört auch das erfreulichere Szenario, dass die Ergebnisse des Gentests negativ sind, und die Folgen, die sich daraus ergeben, werden ebenso ausführlich und detailliert erkundet. Nachdem die betreffende Person diese Erfahrungen des Vorauserlebens gründlich verarbeitet und reflektiert hat, ist es ihr eher möglich, eine wohlabgewogene Entscheidung zu treffen.

Je weiter sich Genomanalyse und effektive molekularmedizinische Verfahren der individualisierten Diagnose, Vorbeugung und Behandlung entwickeln, umso mehr werden Entscheidungen darüber, die in der DNA schlummernden Informationen über gesundheitliche Risiken zutage zu fördern, für viele zu einem Teil des Lebens. Wenn diese Möglichkeiten realisierbar werden, sollten die individuelle Entscheidungsfindung und die wohlinformierte Einwilligung in präventive Maßnahmen idealerweise von Kopf und Herz, vom kühlen und heißen System gemeinsam gelenkt werden. Die Herausforderung wird darin bestehen, die Emotionen vorab zu erleben und gleichzeitig kühl und aktiv darüber nachzudenken, was zu tun ist.

Was wollen Sie über Ihre Zukunft wissen
und was nicht?

WIE VIEL WIR über drohende Risiken und Gefahren wissen wollen, ist von Mensch zu Mensch sehr unterschiedlich. Stellen Sie sich vor, Sie wollen sich bei ihrem Hausarzt durchchecken lassen, und während der Wartezeit begrüßt Sie eine Forscherin, die Ihnen gern ein paar Fragen stellen möchte. Sie bittet Sie, sich Szenen wie die folgende anschaulich vorzustellen: »Sie sitzen in einem Flugzeug, dreißig Minuten von Ihrem Zielort entfernt, als die Maschine unerwartet in einen steilen Sturzflug übergeht und sich dann plötzlich stabilisiert. Wenig später verkündet der Pilot, alles sei in Ordnung, auch wenn es in der verbleibenden Flugzeit zu starken Turbulenzen kommen könne. Sie sind jedoch nicht überzeugt, dass alles in Ordnung ist.«[14]

Würden Sie in dieser Situation »aufmerksam darauf achten, ob die Triebwerke ungewöhnliche Geräusche von sich geben, und die Crew beobachten, um zu sehen, ob sie sich irgendwie auffällig verhält«? Oder würden Sie »sich den Spielfilm zu Ende ansehen, auch wenn Sie ihn schon gesehen haben«? Der Fragebogen verschleiert nicht, worum es der Forscherin geht: Wollen Sie mehr oder weniger über den Stress wissen, dem Sie ausgesetzt sind? Ein anderes Szenario sieht so aus: »Sie haben Angst vorm Zahnarzt, und bei Ihnen steht eine Zahnbehandlung an.« Wäre es Ihnen lieber, wenn der Zahnarzt Ihnen während des Eingriffs sagt, was er tut? Oder würden Sie lieber Denksportaufgaben im Kopf lösen? Menschen, die mehr wissen wollen, werden als »Kontrolleure« klassifiziert; wer es nicht so genau wissen will und sich lieber ablenkt oder die Risiken verdrängt, wird als »Ausblender« eingestuft.[15]

Die Risikoeinstellung von Frauen wurde vor einer Kolposkopie, einem gängigen diagnostischen Verfahren zum Nachweis abnormaler (Krebs-)Zellen in der Gebärmutter, mit einem Fragebogen erfasst; anschließend wurden sie in zwei Gruppen eingeteilt: »Kontrolleure« und »Ausblender«. In jeder Gruppe erhielt die Hälfte der Probanden umfassende Informationen über den bevorstehenden Eingriff, und die andere Hälfte bekam die minimalen Standardinformationen, ehe die typische Einverständniserklärung unterschrieben wurde. Die Frauen berichteten, wie sie sich vor, während und nach dem Eingriff fühlten, und der Arzt sowie der Beobachter (die »blind« für alle anderen Informationen waren) beurteilten ihre psychophysiologischen Reaktionen einschließlich Puls, Muskelspannung, Faustschließen und Ausdruck von Schmerz und Unbehagen. »Ausblender«, die minimale Informationen erhielten, und »Kontrolleure«, die umfassend informiert wurden, spürten während der Untersuchung und der Erholungsphase die geringste Anspannung und am wenigsten Stress. Wenn die Menge an vorbereitenden Informationen, die sie erhielten, ihren Präferenzen entsprach, fühlten sich Frauen am wohlsten, und sie erlebten am wenigsten Stress.

Diese Ergebnisse sprechen dafür, dass Ärzte sich überlegen sollten, ihre Patienten zu fragen, wie viel sie über die medizinischen Optionen und Entscheidungen, vor denen sie stehen, und die möglichen Risiken und Vorteile jeder Entscheidung wissen wollen. Und in medizinischen Situationen sollten Sie darüber nachdenken, wann Sie mehr über die Risiken und Nebenwirkungen wissen wollen, die in den Einverständnisformularen detailliert aufgeführt werden oder sich im Kleingedruckten der Warnhinweise verstecken, die jedem rezeptpflichtigen Medikament beigefügt sind. Wann wollen Sie es genau wissen, und wann wollen Sie es ignorieren?

In medizinischen oder sozialen Stresssituationen fühlen sich »Kontrolleure« meistens wohler, wenn sie mehr erfahren, während es »Ausblendern« besser geht, wenn sie weniger wissen. Das Abstimmen der Informationen auf den individuellen Stil wirkt stressreduzierend. Einige Menschen sind an den Extremen des Spektrums angesiedelt, aber die meisten befinden sich mehr oder minder im mittleren Bereich. Für einen Großteil lässt sich folgende allgemeine Regel formulieren: Wenn Sie nichts tun können, um den Stress zu reduzieren, weil Sie die Situation nicht kontrollieren, führt die detaillierte Aufklärung zu mehr Angst und Stress, während das »Ausblenden« oft situationsadäquater ist und die psychische Belastung verringert.[16]

Zurückschauen und nach vorn blicken

ES IST EIN LANGER WEG vom Warten auf Marshmallows im Kindergartenalter über die Entscheidung, wie viel seines laufenden Einkommens man für die Altersvorsorge aufwenden sollte, und die Überwindung des Verlangens nach gesundheitsschädlichen Substanzen bis zu reifen Entscheidungen angesichts ungewisser langfristiger medizinischer Konsequenzen. Aber es gibt ein gemeinsames Thema, das die Herausforderungen für die Selbstkontrolle bei all diesen unterschiedlichen Entscheidungen im Lauf eines Lebens miteinander verbindet: Um einer Versuchung zu widerstehen, müssen wir sie abkühlen, Distanz zu ihr schaffen und sie abstrakt machen. Um die Zukunft angemessen zu berücksichtigen, müssen wir sie »erhitzen«, sie nahe heranholen und anschaulich ausmalen. Will man für die Zukunft planen, ist es hilfreich, sie vorab zumindest kurz zu durchleben, um sich die möglichen alternativen Szenarien so vorzustellen, als würden sie in der Gegenwart stattfinden. Dadurch können wir die Konsequenzen unserer Entscheidungen vorwegnehmen und sowohl heiß fühlen als auch kühl denken. Und dann das Beste hoffen.

Das verletzte Selbst schützen:
Selbstdistanzierung

WENN WIR BEDRÜCKENDE GEFÜHLE wie Liebeskummer und Trennungsschmerz bewältigen und Verlockungen wie Zigaretten, ungeschütztem Sex oder unethischen Kapitalanlagen widerstehen wollen, müssen wir das heiße System abkühlen und das kühle System aktivieren. Beide Prozesse basieren auf denselben Mechanismen: psychologische Distanzierung und kognitive Neubewertung.[1] Das ist leicht gesagt, aber schwer umzusetzen, wie das »Maria-Problem« zeigt.

Maria war in einer festen Beziehung mit Sam, und sie waren neunzehn Jahre lang zusammen, seit ihrer Studienzeit. Sie hatte sich von Anfang an ein Kind gewünscht, aber Sam meinte »Nicht jetzt«, und so schoben sie es immer weiter hinaus. Eines Morgens verkündete er ohne Vorwarnung, er habe sich an der Uni in eine Studentin verliebt und ziehe aus. Das brach Maria das Herz; monatelang versuchte sie vergeblich, über die Trennung hinwegzukommen, wobei sich ihr letztes gemeinsames Wochenende immer wieder wie ein Film in ihrem Kopf abspielte. Sie konnte es einfach nicht begreifen. Und sie konnte nicht loslassen.

In westlichen Kulturen und in den meisten psychotherapeutischen Richtungen geht man davon aus, Maria könne dadurch, dass sie sich ihren schmerzlichen Gefühlen ehrlich stelle, Einsichten gewinnen und schließlich über den Kummer hinwegkommen. In der klinischen Praxis drängen Psycholo-

gen ihre Patienten üblicherweise dazu, sich ihre unangeneh-
men Erfahrungen und Gefühlen anzuschauen, indem sie immer wieder fragen: »Ich würde gern wissen: Warum haben Sie
sich so gefühlt?« Aber seit Anfang der Neunzigerjahre hat Su-
san Nolen-Hoeksema von der Yale University in ihren Studien
gezeigt, dass es nur einigen Menschen besser geht, wenn sie
sich selbst die Warum-Frage stellen. Den meisten geht es dagegen schlechter.[2] Sie brüten und grübeln weiterhin und werden
jedes Mal noch deprimierter, wenn sie das schmerzliche Ereignis sich selbst, Freunden oder ihrem Therapeuten erzählen.
Statt ihnen zu helfen, »die Erfahrung durchzuarbeiten«, reaktiviert ihre endlose Grübelei den emotionalen Schmerz, heizt
die Wut an und reißt die Wunden wieder auf. Kurzum, vielen
Menschen hilft es nicht, nach dem Warum zu fragen – es tut
ihnen weh. Wann und warum schlägt diese emotionale Kon-
frontation fehl, und wann gelingt sie? Das ist die Frage, die mir
der Doktorand Ethan Kross im Herbst 2001 stellte, als er in
mein Labor an der Columbia University kam. Seither bemüht
er sich, diese Frage zu beantworten, erst in seinem Studium an
der Columbia University, das er im Jahr 2007 abschloss, und
danach im Rahmen seiner Forschungsarbeiten als Professor an
der University of Michigan.

Bei unserer ersten Begegnung haben Ethan und ich lange
darüber diskutiert, wie man jemandem wie Maria helfen
könnte, ihren Stress zu kühlen. Wir blickten zurück auf die
Marshmallow-Studien, in denen die Vorschulkinder die Leckereien und die Glocke so weit wie möglich von sich wegscho-
ben, um gezielt die Distanz zwischen sich und der Süßigkeit
zu vergrößern, was ihr heißes System herunterregelte und
ihrem kühlen System erlaubte, das Ruder zu übernehmen.
Wäre dies auch eine Methode für Erwachsene, um ihre Wut

und Depression in den Griff zu bekommen? Es ist leicht, den Abstand zu äußeren Reizen wie Marshmallow-Verlockungen zu steigern, aber wie schafft man Distanz zu seinen Gefühlen und zu sich selbst?

Wie eine Fliege an der Wand

ALS ETHAN UND ICH verschiedene Methoden diskutierten, wie man Menschen helfen könne, über schmerzliche Erlebnisse hinwegzukommen und sich von sich selbst zu distanzieren, begann Ozlem Ayduk, die damals in meinem Labor in Columbia kurz vor dem Abschluss ihrer Doktorarbeit stand (und heute Professorin an der University of California in Berkeley ist), sich für dieselbe Frage zu interessieren und schloss sich uns an. Schon bald führten wir das erste von vielen Experimenten zur Selbstdistanzierung durch.[3] Für diese Studien rekrutierten wir Studenten der Columbia University, die in einer engen persönlichen Beziehung eine schroffe Zurückweisung erlebt hatten, wodurch bei ihnen »überwältigende Gefühle von Wut und Feindseligkeit« hervorgerufen wurden. Wir baten sie, je eine von zwei unterschiedlichen mentalen Perspektiven auf dieses Ereignis einzunehmen. Die Hälfte der Studenten sollte »die Erfahrung durch ihre eigenen Augen visualisieren [und] versuchen, ihre Gefühle zu verstehen«. Dies war die »selbstzentrierte« Versuchsbedingung, in der Erfahrungen so betrachtet werden, wie wir sie normalerweise durch unsere Augen sehen. Die meisten Antworten waren emotional heiß, zum Beispiel:

Ich war entsetzt, als mein Freund mir sagte, er finde keinen emotionalen Zugang zu mir, weil er dachte, ich würde in die Hölle kommen. Ich weinte, setzte mich auf den Boden des Flurs in meinem Studentenwohnheim und versuchte, ihm zu beweisen, dass mein religiöser Glaube genauso viel wert war wie seiner. Adrenalingeladen. Stinksauer. Betrogen. Wütend. Ungerecht behandelt. Verletzt. Beschämt. Missachtet. Verarscht. Erniedrigt. Sitzen gelassen. Nicht geschätzt. Weggestoßen. Auf meinen Grenzen herumgetrampelt. Totales Unverständnis.

Um Distanz zu sich selbst zu schaffen, baten wir die andere Hälfte der Studienteilnehmer, »die Erfahrung aus der Perspektive einer Fliege an der Wand zu visualisieren. [...] Versuchen Sie, die Gefühle Ihres ›distanzierten Selbst‹ zu verstehen.« Aus dieser »selbstdistanzierten« Perspektive waren die Reaktionen weit weniger emotional, viel abstrakter und weniger egozentrisch:

Ich dachte an die Tage und Monate vor dem Konflikt und wurde an den Studienstress und das Gefühlschaos erinnert, die ich damals durchmachte, sowie an meine allgemeine Unzufriedenheit. All diese Grundströmungen und diese Frustration machten mich reizbar und führten aus einem nichtigen Anlass zu diesem Konflikt. Ich konnte diesen Streit jetzt klarer sehen. [...] Zunächst konnte ich mich genauer in mich selbst einfühlen, aber dann verstand ich immer besser, wie sich mein Freund fühlte. Es mag irrational gewesen sein, aber ich verstehe seine Motivation.

Die Ergebnisse waren verblüffend. Wenn die Probanden ihre Gefühle aus der üblichen »selbstzentrierten« Perspektive analysierten, erzählten sie die konkreten Details so nach, als würden sie die Erfahrung noch einmal durchleben: »Er sagte mir, ich solle ihn in Ruhe lassen« oder »Ich erinnere mich, dass ich sie dabei ertappt habe, wie sie mich betrog«. Dies reaktivierte die negativen Emotionen, die sie damals empfunden hatten: »Ich war so wütend, stinksauer, fühlte mich betrogen.« Wenn sie dagegen ihre Gefühle und die Gründe dafür aus einer distanzierten Perspektive analysierten – wie eine Fliege an der Wand –, begannen sie, das Ereignis kognitiv neu zu bewerten, statt es einfach nur nachzuerzählen und den damaligen Stress noch einmal zu durchleben. Sie begannen, es auf eine rationalere und weniger emotionale Weise zu sehen, und dies erlaubte ihnen, die schmerzliche Vergangenheit umzudeuten und in einer Weise zu erklären, die ihnen einen Schlussstrich ermöglichte. Die Frage »Warum hab ich mich so gefühlt?« reaktiviert die seelische Verletzung, wenn man selbstzentriert ist. Dieselbe Frage kühlt dagegen die Verletzung ab und ermöglicht eine ausgewogenere und nüchterne Erzählung der Begebenheit, wenn man selbstdistanziert ist und das eigene Verhalten noch einmal so Revue passieren lässt, als betrachte man es mit den Augen eines Beobachters. Bevor Therapeuten ihren stark selbstzentrierten Patienten die Warum-Frage stellen, sollten sie vielleicht über diese Ergebnisse nachdenken – und erwägen, jenen Patienten zu helfen, die Erlebnisse aus einer gewissen Distanz zu betrachten, damit ihr heißes System nicht »in der größten Hitze« funktioniert und ihr kühles System ihnen helfen kann, die Begebenheiten nüchtern zu durchdenken.

IN EINEM EXPERIMENT untersuchten Ethan und Ozlem 2010 eine andere Gruppe von Probanden und fanden Folgendes heraus: Es fühlten sich diejenigen besser und weniger
gestresst, die sich spontan selbst distanzierten, wenn sie über
ihre schmerzliche Erfahrung nachdachten, und sie neu bewer-
teten, statt sie einfach nur nachzuerzählen – nicht nur kurz-
fristig, sondern auch, wenn sie sieben Wochen später ins Labor
zurückkehrten und gebeten wurden, erneut über dieselbe Erfahrung nachzudenken.[4] Eine weitere Laborstudie von Ethan
und Ozlem, in der sie über Selbstberichte hinausgingen, zeigte,
dass Selbstdistanzierung half, eine der schädlichsten Nebenwirkungen des Grübelns zu verringern: Bluthochdruck.[5]
Wenn Menschen über schmerzliche negative Erfahrungen
nachdenken, insbesondere über solche, die bei ihnen heftige
Wut und Niedergeschlagenheit auslösen, weil sie sich hinter-
gangen fühlen, steigt ihr Blutdruck. Dies wird zu einem gesundheitlichen Risiko, wenn der Blutdruck über längere Zeit
erhöht bleibt. Ethan und Ozlem wiesen nach, dass Selbstdistanzierung diese schädliche Wirkung tatsächlich mildert. Je
stärker sich die Probanden von sich selbst distanzierten, desto
schneller normalisierte sich ihr Blutdruck und erreichte den
gesunden Ausgangswert.

Lassen sich die positiven Effekte der Selbstdistanzierung
bei der Bewältigung von Kränkungen auch außerhalb der relativ künstlichen Bedingungen von Laborexperimenten nachweisen? Hilft Selbstdistanzierung auch dabei, Probleme zu lösen
und besser mit alltäglichen Konflikten in engen zwischenmenschlichen Beziehungen zurechtzukommen? Um diese Fragen zu beantworten, führten Ethan und Ozlem eine große,

21-tägige Tagebuchstudie durch.[6] Am Ende jedes Studientages loggten sich die Teilnehmer in eine gesicherte Website ein, auf der sie angeben sollten, ob sie an diesem Tag mit ihrem Partner einen Streit gehabt hatten. Falls ja, wurden sie aufgefordert, über die tiefliegenden Gedanken und Gefühle nachzudenken, die dieses Ereignis in ihnen ausgelöst hatte. Schließlich beurteilten sie das Ausmaß, in dem sie sich spontan von sich selbst distanzierten (also die Perspektive einer Fliege an der Wand einnahmen) und sich bemühten, ihre durch den Konflikt mit ihrem Partner hervorgerufenen Gefühle zu verstehen.

Wenn die Probanden sich spontan von sich selbst distanzierten, während sie an die negativen Erfahrungen in ihrer Beziehung dachten, wendeten sie auch konstruktivere Strategien zur Problemlösung und Konfliktbeilegung an als diejenigen, die sich nicht spontan von sich selbst distanzierten. Besonders interessant war, dass die Probanden mit geringer Selbstdistanz Konflikte konstruktiv bewältigten, solange ihre Partner keine ablehnende, feindselige Haltung ihnen gegenüber zeigten. Wurden ihre Partner feindselig, zahlten sie es ihnen jedoch mit gleicher Münze heim, sodass die Feindseligkeit eskalierte. Die Kombination von Menschen mit geringer Selbstdistanzierung und extrem negativ gestimmten Partnern setzte regelmäßig die Zukunft der Beziehung aufs Spiel. Dieses Muster galt unabhängig davon, ob das Konfliktverhalten in Selbstberichten oder durch unabhängige Beobachter eingeschätzt wurde, wenn die Partner ihre Konflikte in einer Laborsituation diskutierten. Kognitive Verhaltenstherapeuten kommen zunehmend zu der Einsicht, dass bei vielen Menschen und vielen Problemen die Selbstdistanzierung entscheidend für therapeutische Veränderungen ist. Sie versuchen ihren Klienten zu helfen, die selbstzentrierte Perspektive wenigstens kurzzeitig zu verlassen. Dafür bringen sie ihnen bei, zu erkennen, dass ihre Überzeugungen und Wahrnehmungen Konstruktionen der »Wirklichkeit« sind, nicht Offenbarungen absoluter Wahrheiten. Klienten lernen, Abstand zu ihren Gefühlen und Handlungen zu gewinnen und sich selbst aus einer gewissen Entfernung zu betrachten. Dies ist ein erster Schritt, um verschiedene mentale Betrachtungsweisen ihrer eigenen Person und ihrer Erfahrung zu erkunden, die sich vielleicht als produktiver und emotional weniger belastend erweisen. Sie lernen, dass sie Ereignisse mental anders repräsentieren und aus einer neuen Perspektive betrachten können – und zwar so, dass sie in der Lage sind, ihren Stress abzukühlen. Wenn Sie sich zum Beispiel ein Bein brechen, ist das eine Tatsache, an der Sie nichts ändern können. Das werden Sie schnell bemerken, sobald Sie versuchen, damit zu gehen. Aber wie Sie darüber denken, das können Sie verändern: Ist es ein »schrecklicher Unfall«, der Sie psychisch belastet, weil Sie all die Dinge sehen, die Sie jetzt nicht mehr machen können, wie Joggen und Radfahren? Oder ist es eine unerwartete Gelegenheit, das zu tun, was Sie schon seit Langem tun wollten, etwa endlich Ihre Lieblingsbücher zu lesen?

James Gross an der Stanford University und Kevin Ochsner von der Columbia University haben gezeigt, dass Menschen sich durch ähnliche Strategien der Neubewertung selbst helfen können, ein breites Spektrum negativer Emotionen abzukühlen. Die Forscher sehen diese »Kühlungseffekte« nicht nur in Selbstberichten von Probanden, die darauf hindeuten, dass sie sich mit Kühlungsstrategien besser fühlen, sondern auch in Studien, in denen sie die Hirnaktivität ihrer Versuchspersonen messen. Diese Studien zeigten eine verminderte Aktivierung des heißen Systems, insbesondere der Amygdala, und eine erhöhte Aktivität im präfrontalen Kortex, wenn die Teilnehmer stark negative Reize und Erfahrungen neu bewerten, um deren emotionale Auswirkungen abzukühlen.[7]

Wenn Kinder über sich selbst nachdenken

WENN MAN IM LAUF DER JAHRE viele wunderbare Studenten und Forschungskollegen hat, führt das erfreulicherweise dazu, dass sie sich miteinander kurzschließen, wenn sie etwas Spannendes entdecken, und daraus gehen viele neue gemeinsame Forschungsprojekte hervor. Angela Duckworth, eine junge Professorin an der University of Pennsylvania, war nicht meine Studentin, aber unsere Zusammenarbeit begann, als wir uns um das Jahr 2002 auf einer Konferenz kennenlernten, wobei jeder von uns seine eigenen Studenten mitbrachte. Danach wollten Ethan und Angela (sowie ihr Student Eli Tsukayama, Ozlem und ich) herausfinden, ob die Effekte der Selbstdistanzierung, die man bei Erwachsenen nachweisen konnte, auch bei Kindern und jungen Heranwachsenden auftreten. Bei dieser Altersgruppe war es besonders wichtig, diese Frage zu beantworten, weil sich Kinder in diesem Alter oft gegenseitig sozial ausgrenzen und zurückweisen. Die Opfer dieser Zurückweisung fühlen sich häufig gekränkt, deprimiert und wütend. Allzu oft mündet dies in wahren Tragödien, und die zur Schau gestellte Betroffenheit ist dann groß – und dennoch lernen Kinder immer noch sehr wenig darüber, was ihnen helfen könnte, konstruktiver mit dem Schmerz der Zurückweisung umzugehen.

Wir konzentrierten uns vor allem auf wutbezogene Erfahrungen und Gefühle bei Kindern, weil sie in früheren Studien

mit destruktiven Konsequenzen in Verbindung gebracht worden waren, insbesondere mit eskalierender Aggression, Ausbrüchen von Gewalt und beginnender Depression.[8] In der
Studie von Ethan Kross und seinem Team wurden Jungen und
Mädchen in der fünften Klasse aufgefordert, sich an eine zwischenmenschliche Erfahrung zu erinnern, in der sie überwältigende Wutgefühle erlebten.[9] Sie wurden angewiesen, ihre
Augen zu schließen: »Versetze dich in die Zeit und an den Ort
der Erfahrung, an die du dich gerade erinnert hast, und stelle
dir die Szene in deiner Fantasie vor.« In der selbstzentrierten
Versuchsbedingung wurden sie dann aufgefordert, »die Situation so nachzuerleben, wie sie sich in deiner Fantasie, durch
deine Augen betrachtet, entwickelt«. In der selbstdistanzierten
Bedingung wurden sie aufgefordert, ein paar Schritte zurückzutreten: »Entferne dich aus der Situation und geh an einen
Punkt, wo du das Ereignis aus einer gewissen Distanz verfolgen und dich selbst darin beobachten kannst. Konzentrier dich
dabei auf dein distanziertes Selbst. Beobachte die Situation,
als würde sie sich vor den Augen deines distanzierten Selbst
abspielen. Durchlebe das Ereignis noch einmal so, wie es sich
in deiner Fantasie abspielt, während du dein Selbst aus der
Entfernung beobachtest.«

Genau wie bei unseren Beobachtungen an jungen Erwachsenen brachte Selbstdistanzierung auch Kinder dazu, sich weniger auf das Nacherzählen und erneute Durchleben der erfahrenen Wutgefühle zu konzentrieren, und es half ihnen, das
Ereignis so neu zu durchdenken, dass sich ihre Wut verringerte, die Einsicht gefördert und eine Verarbeitung möglich
wurde. Sie entwickelten eine objektivere Sicht des Ereignisses,
gaben weniger der anderen Person die Schuld und dachten
sich Geschichten aus, mit denen sie ihre Wut überwinden

konnten. Diese Ergebnisse stammten aus einer bunt gemisch-
ten Stichprobe von Kindern, und sie galten unabhängig von
Geschlecht, Ethnie oder sozioökonomischem Status.

Das gebrochene Herz heilen

IST DIE ART VON SCHMERZ, die Maria mit ihrem
»gebrochenen Herzen« erlebte, lediglich eine Metapher, oder
bildet sie eine biologische Realität ab? Das ist eine weitere
Frage zum Thema emotionale Regulation, der Ethan Kross
und seine Mitarbeiter in einem Experiment 2011 nachgingen.
Während ihr Gehirn in fMRT-Geräten gescannt wurde, sahen
Probanden, die kurz zuvor eine Trennung erlebt hatten, ein
Foto ihres Expartners und sollten über die Zurückweisung
nachdenken. In einem anderen Versuch erlebten dieselben Probanden heftige körperliche Schmerzen durch Hitzestimulation
ihres Unterarms. Während sie den körperlichen Schmerz
spürten, wurden zwei Hirnareale aktiviert (der sekundäre so-
matosensorische Kortex und die posterior-dorsale Inselrinde);
dieselben Hirnareale wurden aktiviert, wenn sie an die Zurückweisung dachten und das Bild der Person betrachteten,
die ihnen das Herz gebrochen hatte. Wenn wir über Zurückweisungserfahrungen als eine Art körperlichen Schmerz sprechen, ist das nicht nur eine Metapher – das gebrochene Herz
und der emotionale Schmerz tun wirklich auf körperliche
Weise weh.[10]
Die Überschneidung der Erlebnis- und Verarbeitungs-
weise von emotionalem und körperlichem Schmerz im Gehirn
wirft viele Fragen auf. Oftmals wird, augenzwinkernd, die
Frage gestellt, ob es helfen würde, gegen Liebeskummer, Tren-

nungsschmerz und die vielen anderen Arten von Zurückweisung Schmerzmittel einzunehmen. Forschern, die sich mit »sozialem Schmerz« beschäftigen, wird diese Frage am Ende ihrer Vorträge von Zuhörern gestellt, die witzig sein wollen – aber, wie sich zeigt, ist die Antwort ein eindeutiges Ja! »Nimm zwei Aspirin und ruf mich morgen früh an«, das hört sich nach einer hartherzigen Antwort auf den spätabendlichen Bericht einer Freundin an, die gerade von ihrem Partner verlassen wurde – aber der Rat wäre wissenschaftlich durchaus fundiert. Naomi Eisenberger und ihre Kollegen von der University of California in Los Angeles gaben Freiwilligen entweder ein frei verkäufliches Schmerzmittel oder ein Placebo, das sie drei Wochen lang täglich einnehmen sollten.[11] Die Freiwilligen gaben an, wie stark sie während dieser drei Wochen soziale Zurückweisungen im Alltag schmerzten, ohne zu wissen, ob sie das Schmerzmittel oder das Placebo einnahmen. Alle, die das Schmerzmittel nahmen, berichteten über einen deutlichen Rückgang ihrer täglichen Kränkungsgefühle, und zwar ab dem 9. und fortdauernd bis zum 21. Tag, dem letzten Tag der Studie. Alle, die das Placebo nahmen, zeigten keine Veränderung. Eine andere Gruppe von Freiwilligen nahm entweder das Schmerzmittel oder das Placebo, ebenfalls ohne zu wissen, was ihnen zugeteilt worden war; anschließend erlebten sie eine soziale Kränkung und wurden dabei in einem fMRT-Gerät untersucht. Während ihre Gehirnaktivität gemessen wurde, spielten sie Cyberball, ein virtuelles Fangspiel, aus dem sie schließlich sozial ausgeschlossen wurden: Nachdem ihnen der Ball siebenmal zugeworfen worden war, sahen sie, wie sich zwei andere Teilnehmer den Ball fünfundvierzigmal gegenseitig zuwarfen, wobei sie von diesen scheinbar ignoriert wurden. Wer das Schmerzmittel seit drei Wochen einnahm, reagierte auf diesen sozialen Ausschluss mit einer deutlich geringeren neuronalen Aktivität in den Schmerzarealen des Gehirns.

Wenn frei verkäufliche Schmerzmittel Marias Liebeskummer nicht lindern und sie die mühsame mentale Akrobatik, die nötig ist, um ihre Erfahrung aus der Perspektive einer Fliege an der Wand zu beobachten, nicht vollbringen kann, bleibt ein anderes Gegenmittel. Wenn Sie den Schmerz der Ablehnung erleben, hilft es, an jene Personen zu denken, denen Sie sich dauerhaft und fest verbunden fühlen. So wie der Schmerz eines gebrochenen Herzens wieder zu spüren ist, wenn Sie ein Bild der Person betrachten, die Sie verließ, so kann man die Art von Schmerz, die Maria in ihrer Vergangenheit gefangen hielt, dadurch leichter überwinden, dass man an die Menschen denkt, zu denen man eine tiefe Bindung hat, Menschen, die man liebt und die diese Liebe erwidern. Dieses Gegenmittel ist am wirksamsten bei Menschen, die in ihrem Leben bereits fest an andere gebunden sind; bei allen, die Bindungen und enge Beziehungen meiden, funktioniert es nicht so gut.[12]

Schmerzliche Emotionen abkühlen

DIE AUFREGENDSTEN ERKENNTNISSE der Marsh-mallow-Studien betreffen nicht so sehr die überraschenden langfristigen Zusammenhänge zwischen der Dauer des War-tens im Marshmallow-Test und dem späteren Erfolg im Leben. Sondern die Tatsache, dass wir besser vor unseren ganz persön-lichen schwachen Stellen geschützt sind (etwa der Neigung, ungewollt zuzunehmen, schnell aufzubrausen, uns gekränkt oder zurückgewiesen zu fühlen) und mit diesen Neigungen konstruktiver umgehen können, wenn wir die Fähigkeit zum Aufschub besitzen und sie entsprechend nutzen. Studien, die zeigen, wie und warum Selbstkontrolle diesen positiven Effekt hat, konzentrierten sich auf ein weitverbreitetes Phänomen, die Überempfindlichkeit gegen potenzielle Kränkung und Zurück-weisung (Rejection Sensitivity, kurz RS).

Die negativen Folgen der Angst vor Zurückweisung

MENSCHEN MIT HOHER RS haben große Angst vor Zurückweisungen in engen Beziehungen; sie rechnen damit, verlassen zu werden, und sie provozieren oftmals durch ihr eigenes Verhalten die Zurückweisung, vor der sie sich fürch-ten. Die zerstörerischen Effekte dieser großen Empfindlich-keit können wie eine »sich selbst erfüllende Prophezeiung« wirken, wenn sie unkontrolliert bleiben.[1] Stellen Sie sich Bill als ein Musterbeispiel für einen Menschen vor, bei dem eine hohe RS enge Bindungen ruiniert: Er ist in seinen Liebesbeziehungen sehr empfindlich für Zurückweisungen und hat außerdem eine niedrige Aufschub- und Selbstkontrollfähigkeit. Als seine dritte Ehe scheitert, wird er depressiv und ängstlich, und er versucht, mit einem Psychotherapeuten darüber zu reden. Als er die Gründe für seine letzte Scheidung erklärt, beklagt er sich lautstark über die »mangelnde Anhänglichkeit« seiner Frau. Nach Bills Ansicht begann alles mit typischen Situationen beim Frühstück. Er wollte sich jeden Morgen unterhalten, aber sie sei immer noch halb verschlafen gewesen. Statt ihm aufmerksam zuzuhören, gähnte sie, machte die Augen zu und wandte sich sogar ab; sie heftete den Blick auf die Zeitung oder ordnete die Blumen auf dem Tisch neu. Sie war unempfänglich für seine Klagen, fand er, und ihr gefühlloses Verhalten »brachte mich so weit, dass ich meine verdammten Rühreier nach ihr warf«.

Die Gedanken hochempfindlicher Menschen wie Bill drehen sich oft zwanghaft um die Frage, ob sie »wirklich« gemocht oder geliebt werden, und ihre Grübeleien lösen in dem Maße, wie sich ihre Verlassenheitsängste verstärken, eine weitere Kaskade heißer Wut- und Grollgefühle aus. Auf ihren eigenen Stress und die verärgerten oder unangemessenen Reaktionen ihrer Partner reagieren sie ihrerseits mit noch größerem Kontrollzwang – ganz offen oder mit passiver Aggression. Sie geben dem Partner die Schuld an ihrem Verhalten, und sie sehen sich durch die Zurückweisungen, die sie sich zunächst ausmalen und dann durch ihre Wutanfälle mit provozieren, in ihren Ängsten vor dem Verlassenwerden bestätigt. Dieses typische Muster hat vorhersagbare Konsequenzen, die Geraldine Downey und ihre Studenten entdeckt haben. Geraldine ist Professorin für Psychologie an der Columbia University und dort seit den frühen Neunzigerjahren meine Kollegin. Sie gehört zu den internationalen Spitzenforschern auf diesem Gebiet, und ihre Studien über das Wesen und die Konsequenzen von RS zeigen, dass die Beziehungen junger Männer und Frauen mit hoher RS weniger stabil sind als die von jungen Menschen mit niedriger RS. In der Mittelstufe werden sehr zurückweisungsempfindliche Kinder eher von ihren Mitschülern schikaniert und gemobbt, und sie haben weniger Freunde.[2] Langfristig erleben stark zurückweisungsempfindliche Menschen mehr Ablehnungen, was im Lauf der Zeit ihr Selbstwertgefühl und ihre Selbstachtung schwächt und so das Depressionsrisiko erhöht.[3] Eine hohe Empfindlichkeit gegenüber Zurückweisungen untergräbt nicht nur langfristige Beziehungen und verletzt andere, sie kann bei den Menschen, die diese Sensibilität besitzen, auch zu körperlichen Folgeschäden führen. Jedes Mal wenn jemand wie Bill einen Wutausbruch hat, steigt sein Risiko für Herz-Kreislauf-Erkrankungen, Asthma, rheumatische Arthritis, verschiedene Krebsarten oder Depression. Warum?

In mehreren Experimenten wurde die physiologische Reaktion des Immunsystems auf soziale Zurückweisung untersucht und die entsprechende Hirnaktivität gemessen. Wenn wir uns abgelehnt fühlen, steigt die neuronale Aktivität und Sensibilität im sogenannten dorsalen anterioren cingulären Kortex und der anterioren Inselrinde:[4] Diese Regionen sind an der Gefühlssteuerung, der Belohnungserwartung und an zentralen autonomen – vom vegetativen Nervensystem gelenkten – Funktionen wie Blutdruck und Herzschlag beteiligt. Außerdem produziert das Immunsystem bei Stress Substanzen, die Entzündungen begünstigen. Im Lauf der Evolutionsgeschichte gab es gute Gründe für den menschlichen Körper, auf Stress mit der Freisetzung sogenannter inflammatorischer Zytokine zu reagieren – Eiweißstoffe, die das Immunsystem für einen körperlichen Angriff wappnen. Dies war und ist eine sinnvolle Maßnahme bei Gefahrensituationen, weil diese Proteine die Wundheilung beschleunigen und daher für die schnelle Erholung von körperlichen Verletzungen sehr nützlich sind. Doch die Beschleunigung von Entzündungsprozessen kann, wenn sie über längere Zeit anhält, zu ernsthaften Erkrankungen führen – ausgelöst etwa durch zwanghafte Vorwegnahme von Zurückweisungen oder auch die Unfähigkeit, über eine grobe Zurückweisung hinwegzukommen. Eine rasche Entzündungsreaktion bei einer Verwundung hat unseren Vorfahren geholfen, zu überleben. Aber permanente Entzündungsprozesse, die durch Überreaktionen des heißen Systems ausgelöst werden und die beim Frühstück beginnen und rund um die Uhr sieben Tage die Woche ablaufen, führen zwangsläufig zu Krankheiten.[5]

Wie Aufschubfähigkeit schützt

SCHON BALD NACHDEM GERALDINE an die Columbia University gekommen war, begannen wir gemeinsam mit unseren Studenten eine lange Reihe von Studien. Wir wollten untersuchen, wie die Fähigkeit zur Selbstkontrolle Menschen mit Angst vor Zurückweisung vor deren unerfreulichen Folgen schützen könnte, und stellten folgende Grundfragen: Hemmt die Fähigkeit, Belohnungen aufzuschieben, die negativen Auswirkungen jener Überempfindlichkeit? Machen dieselben Fähigkeiten zur Aufmerksamkeitssteuerung, die Kleinkinder bis zu drei Jahren den Stress einer auch nur kurzen

Trennung von der Mutter bewältigen lassen und Kindergartenkindern helfen, auf Marshmallows zu warten, es auch
einem empfindlich auf Ablehnungen reagierenden Erwachsenen möglich, sich abzukühlen, ehe er wütend wird, wenn sich
seine Frau mehr auf die Zeitung als auf ihn konzentriert? Gemessen wurde die Empfindlichkeit gegenüber Zurückweisungen anhand von Selbstbeurteilungen der Teilnehmer. Wie
stark trafen nach ihrer Einschätzung Aussagen wie die folgenden auf sie zu: »Ich mache mir oft Gedanken darüber, dass
mich andere verlassen könnten« und »Ich denke oft, dass mich
mein Partner nicht wirklich liebt«.

Ozlem Ayduk (die gemeinsam mit Geraldine und mir an
der Columbia University forschte) führte eine Untersuchung
durch, bei der im Rahmen der Längsschnittstudien, die ich an
der Bing Nursery School in Stanford begonnen hatte, ehema-
lige Vorschulkinder in späteren Lebensjahren erneut psychologisch getestet wurden. Als sie zwischen 27 und 32 Jahre alt
waren, hatten jene äußerst empfindlichen Menschen, die als
Vorschulkinder im Marshmallow-Test die Belohnung nicht
aufschieben konnten, eine geringere Selbstachtung, ein geringeres Selbstwertgefühl und waren weniger imstande, Probleme zu bewältigen.[6] Ihr Bildungsniveau war geringer, sie
konsumierten mehr Kokain/Crack, und sie hatten eine höhere Scheidungsrate. Dagegen waren diejenigen, die als junge
Erwachsene hochsensibel für Ablehnung gewesen waren, aber
als Vorschulkinder Belohnungen aufschieben konnten, vor
diesen negativen Konsequenzen geschützt: Ihre chronische
Angst vor Zurückweisung wurde also nicht zu einer sich
selbst erfüllenden Prophezeiung.

Eine ähnliche Studie derselben Forschergruppe – die fe-
derführende Autorin war wieder Ozlem – zeigte 2008, dass

Menschen mit hoher RS auch eher Symptome der Borderline-Persönlichkeitsstörung entwickelten. Borderliner neigen dazu, kleine Unstimmigkeiten aufzubauschen und sie als persönliche Angriffe zu erleben, auf die sie mit destruktiven Verhaltensweisen reagieren. Und was am wichtigsten ist: Die Probanden mit hoher RS, die aber zugleich ein hohes Maß an Selbstkontrolle besaßen, waren vor diesen Effekten geschützt und konnten ihre Beziehungen stabil halten. Dies zeigte sich sowohl bei der Verlaufsstudie über die Vorschulkinder in Stanford als auch in zwei neuen Stichproben: eine von Collegestudenten und die anderen von Erwachsenen aus Berkeley in Kalifornien. Wer äußerst zurückweisungsempfindlich war, aber zugleich eine gute Selbstkontrolle besaß, bewältigte sein Leben genauso gut wie jene, die kaum Probleme mit Zurückweisung hatten.[7] Wenn Probanden mit hoher RS Stress und potenziellen Zurückweisungen in sozialen Beziehungen ausgesetzt waren, konnten sie ihre heißen, impulsiven ersten Reaktionen durch ihre Fähigkeit zur Selbstkontrolle abkühlen und sich selbst davon abhalten, wütend und aggressiv zu werden und so ihre Beziehungen zu gefährden.

Je deutlicher die Zusammenhänge zwischen dem Verhalten von Kindergartenkindern beim Marshmallow-Test und ihrem weiteren Lebensweg wurden, umso mehr fragte ich mich: Würden sich die Ergebnisse von Stanford, Columbia und Berkeley auch außerhalb dieser privilegierten Gruppen reproduzieren lassen? Um dies herauszufinden, brauchte ich eine Schule, die – geografisch wie auch demografisch – so weit vom Stanford-Campus entfernt war wie möglich.

Von Stanford in die South Bronx

MAN KANN SICH kaum einen größeren Kontrast vorstellen als den zwischen der sonnendurchfluteten, von Palmen gesäumten Oase von Stanford, Kalifornien, in der die Vorschulkinder der Bing Nursery School auf Marshmallows warteten, und der öffentlichen Mittelschule in der South Bronx, in der meine Studenten und ich schließlich arbeiten durften.

Die öffentlichen Schulen New Yorks hatten sich lange gegen eine wissenschaftliche Überprüfung abgeschottet, und erst nach vier Jahren intensiver Bemühungen erhielten wir schließlich Zugang zu einer Schule. Deren Rektor war bereit, den Zorn der Schulaufsichtskommission zu riskieren, und so konnten unsere Forschungen innerhalb der dunklen, festungsartigen Mauern beginnen. Dies war Anfang der Neunzigerjahre, als die Stadt gerade begann, sich von einer ihrer schlimmsten Wirtschaftskrisen zu erholen, und die meisten ihrer öffentlichen Schulen – darunter auch diese – waren völlig marode. Die Klassenzimmer waren heruntergekommen, der Putz fiel von den Decken, Fenster waren zerbrochen und verrammelt, und die Deckenlampen, von denen die Hälfte durchgebrannt war, tauchten die Räume in Schummerlicht. Was für ein krasser Unterschied nicht nur zu den öffentlichen Schulen in der Region Stanford, die ich durch meine eigenen Kinder kennenlernte, sondern auch zu den öffentlichen Schulen, die ich Jahrzehnte zuvor in den Arbeitervierteln Brooklyns besucht hatte.

Bei meinem ersten Besuch parkten Polizeiautos vor den mit Stacheldraht überzogenen Metallzäunen. Während sich die Schar der Schüler in einer Reihe aufstellte und im Gänsemarsch durch die Metalldetektoren an den bewachten Eingangstüren marschierte, wurde ich an die Zeit erinnert, als ich während meines Promotionsstudiums an der Ohio State University das örtliche Hochsicherheitsgefängnis besucht hatte. Kaum hatte ich die Schule betreten, wurde ich von dem Krach angezogen, der aus der riesigen Aula drang: lautes Schülergeplapper und -geschrei. Auf den Gängen patrouillierten Aufseher, mit Schlagstöcken bewaffnete männliche Lehrer, die auf und ab marschierten und immer wieder die Schüler anbrüllten: »Setzt euch hin und haltet den Mund!« Ich fragte nach und erfuhr, dass dies die Lernphase vor dem eigentlichen Unterrichtsbeginn war. Mir war klar, dass wir genau die Schule und die Stichprobe gefunden hatten, die wir brauchten. Wie erwartet, war es der totale Kontrast zu der Schule in Stanford, aber die Verhältnisse in der Bronx-Schule waren noch deprimierender, als ich vermutet hatte.

Wir untersuchten Schüler, die mit zwölf Jahren in die sechste Klasse der Mittelschule kamen, und verfolgten ihre weitere Entwicklung, bis sie mit vierzehn am Ende der achten Klasse von der Schule abgingen. Während der fünfjährigen Dauer des Projekts betrachteten wir nach und nach verschiedene aufeinanderfolgende Jahrgänge. Bei ihrem Eintritt in die sechste Klasse ließen wir sie den Marshmallow-Test machen – mit dem Unterschied, dass die Belohnung dieses Mal M&Ms waren. Während der drei Jahre, die die Schüler an der Schule verbrachten, erhoben wir ganz verschiedene psychologische Messdaten, um festzustellen, ob ihr Abschneiden beim Test ihr späteres Verhalten vorhersagen würde oder nicht.

Genau wie bei den privilegierten Stanford-Kindern schrieben sich auch hier die stark ablehnungssensiblen Achtklässler selbst ein niedrigeres Selbstwertgefühl zu, und ihre Schulkameraden und Lehrer beurteilten sie als »schlechter integriert«.

Aber dieser Zusammenhang ließ sich nur bei denjenigen Jugendlichen nachweisen, die beim Marshmallow-Test zwei Jahre früher die Belohnung nicht aufschieben konnten. Eine hohe RS führte bei diesen Kindern nicht automatisch zu Beziehungsproblemen, solange sie ihre Erregung und ihren Stress abkühlen konnten.

Um zu verfolgen, wie sich die Kinder in der Bronx mit der Zeit entwickelten, baten wir die Klassenkameraden um ihre Einschätzung, wie gut sie sozial akzeptiert waren. Ihre Lehrer sollten zugleich beurteilen, wie aggressiv diese Kinder waren. Es zeigte sich, dass beide Einschätzungen miteinander korrelierten: Schüler, die von ihren Lehrern als aggressiver wahrgenommen wurden, wurden von ihren Kameraden weniger akzeptiert und negativer beurteilt. Kinder mit hoher RS wurden von Gleichaltrigen nicht so gut akzeptiert und von ihren Lehrern als aggressiver eingestuft – aber nur wenn sie die Glocke schnell betätigt und sich mit wenigen M&Ms begnügt hatten.[8]

Die Kinder, die sich vor Zurückweisungen fürchteten, aber ihren Stress abkühlen und auf ihre M&Ms warten konnten, wurden von ihren Lehrern als am wenigsten aggressiv eingestuft, während ihre Schulkameraden ihnen die größte soziale Akzeptanz zuschrieben. Die Kombination aus hoher Motivation zur Vermeidung von Zurückweisungen und hoher Selbstkontrolle half dieser Gruppe von Kindern, die von ihnen ersehnte Akzeptanz zu erreichen. Große Angst vor Zurückweisung muss nicht zu einer sich selbst erfüllenden Prophezeiung werden. Sie kann sogar einem Kind mit hoher RS helfen, besonders beliebt zu sein.

Ich lernte Rita kennen, als sie dreizehn war und die siebte Klasse der KIPP Academy Middle School in der South Bronx besuchte – übrigens dieselbe KIPP-Schule, in der ich George Ramirez begegnete, der später an der Yale University studierte (Kapitel 8). Rita sprach mit einer weichen und zugleich festen Stimme, und sie wählte ihre Worte mit Bedacht. Wenn ihr gefiel, was sie sich selbst sagen hörte, oder sie es witzig fand, lächelte sie breit, und ihr Gesicht strahlte.

Rita ging seit drei Jahren auf die KIPP Academy; zuvor hatte sie die öffentliche Schule besucht, die sich im selben Gebäude befand. Sie hatte durch ein Losverfahren die Aufnahme in das KIP-Programm geschafft. Außerdem erfüllte die Familie auch das notwendige Kriterium, nämlich ein geringes Einkommen. Ich fragte Rita nach ihren Erfahrungen auf der KIPP-Schule, deren stille, ernste, lernorientierte und disziplinierte Atmosphäre sich so sehr von den chaotischen Verhältnissen an der öffentlichen Schule im selben Gebäude unterschied. Sie sagte mir: »Zuerst wusste ich nicht, wie ich mich [auf die neue Situation] einstellen sollte. Aber dann habe ich mich geöffnet. Ich fing an, mich mit Menschen zu unterhalten. Mein Lehrer sagte mir, ich könne gut schreiben. Also habe ich mir ein Notizbuch besorgt, in das ich schreibe. [...] Ich schreibe gern über meinen Alltag, nicht über die Evolution der Affen.«

Ihre Miene wurde ernst. »Kritik mag ich nicht. Wenn ich kritisiert werde, schreibe ich es auf. Ich notiere, wo es war, den Namen der Person, was gesagt wurde, weshalb es mich so verletzt hat und warum es gerade mir gesagt wurde, nicht jemand anderem. Ich zeige es meiner Vertrauenslehrerin. Sie hilft mir, darüber hinwegzukommen. Ich gehe zu der Person, die mich kritisiert hat, und stelle die Fragen, die ich aufgeschrieben habe. Es hilft, darüber zu reden und zu erfahren, warum ich kritisiert wurde. Es mildert meine Wut. Ich habe gelernt, dass jeder kritisiert wird. Man muss damit umgehen und es dann abhaken.«[9]

Rita ist ein Musterbeispiel für einen Menschen, der äußerst sensibel auf Zurückweisungen reagiert, der aber auch imstande ist, sich selbst zu kontrollieren, und der in Verlaufsstudien genauso gut abschneidet wie jene, die nicht besonders sensibel sind. Mit fremder Hilfe gelingt es ihr allmählich, ihre Angst vor Zurückweisung abzukühlen und ihre selbstzentrierte Perspektive zu verlassen. Sie bemüht sich, dadurch Abstand von sich zu gewinnen, um ihre verletzten Gefühle zu externalisieren, indem sie diese niederschreibt und darüber spricht. So lernt sie, wie sie diese Emotionen überwinden und »hinter sich lassen« kann.

Wenn Menschen mit hoher RS Gefühle der Wut und Feindseligkeit erleben, wie es häufig geschieht, hilft es ihnen, wenn sie es schaffen, sich selbst abzukühlen und zu bremsen, indem sie tief einatmen, ihre Gedanken umlenken und an ihre langfristigen Ziele denken. Sie können diese Strategien spontan statt unter großer Willensanstrengung umsetzen, wenn sie *Wenn-dann*-Pläne aufstellen und einüben, die ihre heißen äußeren (*Wenn* sie die Zeitung liest) oder inneren Auslösereize (*Wenn* ich anfange, mich wütend zu fühlen) mit ihren Selbstkontrollstrategien verknüpfen (*dann* atme ich tief ein und zähle von hundert rückwärts).

Mithilfe dieser Fähigkeit zum Aufschub lässt sich auch der aggressive Impuls abkühlen, und zwar dadurch, dass man einen damit unvereinbaren heißen Gedanken aktiviert. Wenn etwa jemand wie Bill eine größere Fähigkeit zur Selbstkontrolle entwickeln würde, könnte er sich vielleicht mögliche Folgen seiner Wutausbrüche lebhaft vorstellen: zum Beispiel dass er eines Abends nach Hause kommt, einen Brief vorfindet, der mit »Lieber Bill« beginnt, und feststellt, dass der Kleiderschrank seiner Frau leer geräumt ist. Die Mechanismen, durch die eine hohe Aufschubfähigkeit eine kurze Reflexionspause vor dem Handeln ermöglicht, sind dieselben wie jene, die Menschen mit anderen Gefährdungen (etwa einer erhöhten Anfälligkeit für die Borderline-Störung, für Fettleibigkeit oder Drogensucht) helfen, ihr Verhalten besser zu regulieren und zu kontrollieren.

Tanya Schlam und ihre Kollegen berichteten 2013 im *Journal of Pediatrics*, dass bei den Vorschulkindern, die in der Bing Nursery School der Stanford University betreut wurden, die Länge ihrer Wartezeit beim Marshmallow-Test ihren Body-Mass-Index (BMI) dreißig Jahre später voraussagte: »Jede zusätzliche Minute, die ein Vorschulkind die Belohnung aufschob, sagte eine Reduktion des BMI im Erwachsenenalter um 0,2 Punkte voraus.«[10] Die Autoren weisen allerdings zu Recht darauf hin, dass eine statistisch signifikante Korrelation, auch wenn sie über einen so langen Zeitraum eindrucksvoll und ungewöhnlich ist, keinen kausalen Zusammenhang beweist. Sie kann aber Wissenschaftler, Erzieher und Eltern zur Entwicklung weiterer Maßnahmen ermuntern, um die Fähigkeit zur Selbstkontrolle bei Kleinkindern zu fördern.

Selbstkontrolle in Dunedin

EIN WISSENSCHAFTLER legt stets großen Wert auf eine unabhängige Bestätigung seiner Forschungsergebnisse, vorzugsweise bei anderen Bevölkerungsgruppen und in anderen Kontexten. Im Jahr 2011, Jahrzehnte nach dem Beginn der Marshmallow-Studien, kam aus einem ganz anderen Winkel

des Planeten eine beruhigende Nachricht: Eine Forschergruppe, die ganz andere Versuchspersonen untersuchte, hatte
etwas Ähnliches über die Schutzeffekte von Selbstkontrolle
in den ersten Lebensjahren herausgefunden. Terrie Moffitt,
Avshalom Caspi und ihre Kollegen führten bei über eintausend
Kindern, die alle im selben Jahr in Dunedin, Neuseeland, geboren wurden, eine detaillierte psychologische Untersuchung
durch und verfolgten ihre weiteren Lebenswege, um herauszufinden, wie gut oder schlecht es ihnen im Alter von 32 Jahren ging.[11] Sie nutzten andere Möglichkeiten, um die Selbstkontrolle und die langfristigen Ergebnisse zu erfassen, als wir.
Sie beurteilten die Selbstkontrolle während des ersten Lebens-
jahrzehnts auf der Basis vielschichtiger Beobachtungen sowie
von Berichten durch Eltern, Lehrer und durch die Kinder
selbst. Sie fragten nach Aggression, Hyperaktivität, Mangel an
Beharrlichkeit, Unaufmerksamkeit und Impulsivität. Um die
gesundheitlichen Folgen abzuschätzen, erfassten sie Sucht-
neigung, Rauchverhalten und Stoffwechselstörungen (wie Fettleibigkeit, Bluthochdruck und hoher Cholesterinspiegel).

Sie untersuchten sozioökonomische Aspekte wie Einkom-
menshöhe, Spargewohnheiten, Kreditprobleme und finanzielle Abhängigkeit, aber auch die Familienstruktur (um zum
Beispiel auch Alleinerziehende zu berücksichtigen). Sie erfassten antisoziales Verhalten, etwa anhand strafrechtlicher
Verurteilungen. Unabhängig vom Messverfahren deutete eine
geringe Selbstkontrolle in der Kindheit in statistisch signifikantem Ausmaß auf negative Ergebnisse im Erwachsenenalter: schlechterer Gesundheitszustand, häufige finanzielle
Probleme und höhere Straffälligkeit.

Es freute mich, dass die Ergebnisse der 2011 publizierten
neuseeländischen Dunedin-Studie so sehr mit unseren Unter-

suchungen übereinstimmten, die wir ab Ende der Sechzigerjahre im »Überraschungszimmer« in Stanford durchführten:
Selbstkontrolle, insbesondere in den ersten Lebensjahren, hat
offenbar eine hohe Voraussagekraft. Wie die bis hier beschrie-
bene wissenschaftliche Forschung zeigt, hat sie – was noch
wichtiger ist – auch eine Schutzwirkung; sie verhindert, dass
die schwachen Stellen, die jeder von uns hat, in destruktiver
Weise zum Tragen kommen.

Das psychische Immunsystem

WENN UNSERE BEMÜHUNGEN um Selbstkontrolle scheitern, haben wir einen heimlichen Verbündeten. Er hilft uns mit der Zeit dabei, uns besser zu fühlen oder zumindest nicht allzu schlecht, ganz gleich wie sehr wir es vergeigen oder wie unsanft uns das Leben behandelt. Die Evolution hat uns mit automatischen Schutzmechanismen versehen, die uns helfen, wenn unsere Bewältigungsstrategien nicht funktionieren, unser kühles System erschöpft ist oder wenn unvernünftiges Verhalten und emotionale Labilität uns in Schwierigkeiten bringen.

Diese Mechanismen wurden früher Ich-Abwehrmechanismen genannt, doch zu Beginn dieses Jahrhunderts hat Daniel Gilbert von der Harvard University, der mit Timothy Wilson von der University of Virginia und anderen zusammenarbeitet, diese erweitert und revidiert und unter dem treffenderen Begriff »psychisches Immunsystem« zusammengefasst.[1] Dieses System erzeugt ein Sicherheitsnetz, das uns vor den Auswirkungen von chronischem Stress schützt, und es stärkt uns, sodass wir plötzliche Schicksalsschläge besser bewältigen können – etwa eine routinemäßige Vorsorgeuntersuchung, bei der uns eine Krebsdiagnose mitgeteilt wird, ein Kurseinbruch bei unserem Altersvorsorgefonds, ein Kündigungsschreiben mit der Aufforderung, umgehend das Büro zu räumen, oder der plötzliche Tod eines geliebten Menschen. Während uns das biologische Immunsystem am Leben hält, indem es uns vor

Krankheiten schützt, vermindert das psychische Immunsystem den erlebten Stress und hilft uns, einer Depression vorzubeugen. Die stressabbauenden und antidepressiven Wirkungen des psychischen Immunsystems stärken das biologische Immunsystem, und beide wirken fortwährend aufeinander ein, um uns frohgemut und gesund zu halten, auch wenn uns das Leben einen harten Schlag versetzt.

Die Selbstachtung schützen:
Das Streben nach Selbstwertsteigerung

DAS PSYCHISCHE IMMUNSYSTEM findet Mittel und Wege, damit wir uns gute Ergebnisse als Verdienst anrechnen und uns für schlechte nicht hassen. Es lässt uns die schlechten Ergebnisse allem Möglichen zuschreiben – den Behörden, einem unfähigen Mitarbeiter, einem neidischen Kollegen, bloßem Pech oder einem anderen Faktor, der sich unserer Kontrolle entzieht. Es hilft uns, nachts einzuschlafen, nachdem wir einen Vorfall im Büro, bei dem ein Kollege in der Teamsitzung unseren Vorschlag zerpflückt hat, noch einmal in Gedanken durchlebt haben. Na schön, denken wir, vielleicht war es keine so gute Idee, aber es ist verzeihlich, weil wir gerade die Grippe hatten. Der Sozialpsychologe Elliot Aronson drückte es im Titel seines gemeinsam mit Carol Tavris verfassten Buches so aus: *Mistakes Were Made (But Not by Me)*; wörtlich übersetzt: »Fehler wurden gemacht (aber nicht von mir)«.[2]

Das psychische Immunsystem hält unsere innere Überzeugung aufrecht, gut, klug und geschätzt zu sein. Sofern wir nicht an einer schweren Depression oder einer anderen psychischen Störung leiden, sind wir imstande, von uns selbst zu glauben, dass wir mehr positive und weniger negative Eigenschaften als die meisten unserer Zeitgenossen haben. Allerdings klappt das mit dieser Methode nicht immer: Wir mögen uns vielleicht insgesamt als intelligent ansehen, aber zugleich als Technik-Idioten. Oder wir halten uns für jemanden, der sich im Büro gut beherrschen kann, aber nicht beim Anblick von Schokolade. Wenn sich Menschen jedoch in Shelley Taylors Fragebogen zum Thema »Wie ich mich selbst sehe« – er umfasst 21 Eigenschaften wie »fröhlich«, »leistungsstark«, »intellektuell-selbstbewusst«, »einfühlsam« und »erfolgsorientiert« – selbst einschätzen, beurteilen sich zwischen 67 und 96 Prozent besser als Gleichaltrige.[3] Der Sozialpsychologe David G. Myers vom Hope College fasste die wichtigen Ergebnisse der vielen Studien über Selbstbewertung zusammen.

In einer Erhebung des College Board (die mit der Durchführung des SAT betraute gemeinnützige US-Prüfungskommission) an 829 000 Highschool-Schülern im vierten Jahr stufte sich bezüglich der »Fähigkeit, mit anderen auszukommen« niemand als unterdurchschnittlich ein, 60 Prozent platzierten sich unter die oberen 10 Prozent und 25 Prozent gar unter die obersten 1 Prozent. Im Vergleich zu Gleichaltrigen bilden sich die meisten von uns ein, intelligenter, besser aussehend, weniger voreingenommen, moralischer, gesünder zu sein, und vermutlich auch länger zu leben. Ein Phänomen, das Freud einfing, der in einem Bonmot einen Mann zu seiner Frau sagen lässt: »Wenn einer von uns sterben sollte, ziehe ich nach Paris.«
Im Alltag halten sich mehr als neun von zehn Autofahrern für überdurchschnittlich gute Fahrer. Erhebungen

an Collegelehrkräften ergaben, dass sich 90 Prozent oder mehr als ihren durchschnittlichen Kollegen überlegen einschätzten. […] Wenn Ehemänner und -frauen ihren jeweiligen prozentualen Beitrag zur Haushaltsarbeit abschätzen oder wenn Mitglieder von Arbeitsteams ihre Beiträge beurteilen, summieren sich ihre Selbsteinschätzungen regelmäßig auf über 100 Prozent.[4]

Wir können nicht alle überdurchschnittlich sein. Die wichtige Frage lautet, ob diese überhöhte Selbsteinschätzung letztlich für uns gut oder schlecht ist. Sollten wir diese Art von Selbstwertsteigerung begrüßen und sie mit einem positiven Begriff wie »Selbstbestätigung« belegen? Sollten wir uns darüber freuen, wenn sie bei unseren Kindern sichtbar wird, und sie auch bei uns selbst zulassen? Oder ist diese Selbstüberschätzung ein neurotischer Mechanismus, ein Abwehrsystem, das wir überwinden müssen, damit wir uns selbst realistischer betrachten können? In Einklang mit dem Phänomen selbst betonen die Vertreter beider Auffassungen ihre eigene Überlegenheit und die Unhaltbarkeit der jeweiligen Gegenmeinung. Shelley Taylor und ihre Kollegen untersuchten die Auswirkungen von Selbstachtung in einer Reihe von langjährigen Experimenten, die Ende der Neunzigerjahre begannen. Die Ergebnisse ergänzten die Debatte um neue empirische Daten.

Taylor und ihr Team wiesen nach, dass hohe »Selbstaufwerter« – also Menschen, die sich selbst im Vergleich zu anderen überdurchschnittlich hoch einschätzen – tatsächlich ein geringeres biologisches Stressniveau aufweisen. Auf biologischer Ebene ist das vor allem das Ergebnis der Hypothalamus-Hypophysen-Nebennieren-Achse (auch HPA-Achse), die viele physische Prozesse reguliert – angefangen von der Verdauung und der Körpertemperatur über Sexualität bis hin zu körperlicher Energie und dem biologischen Immunsystem. Die HPA-Achse beeinflusst auch, wie gut oder schlecht wir auf Stress und traumatische Erlebnisse reagieren. Hohe Selbstaufwerter haben ein gesünderes HPA-Achsenprofil als niedrige Selbstaufwerter.[5] Sie schaffen es besser, das heiße System herunterzufahren, wenn sie auf Bedrohungen reagieren, weil ihr parasympathisches System seine beruhigende Aktivität erhöht und ihr Wohlgefühl entsprechend ansteigt. Dies wirkt stressabbauend und versetzt hohe Selbstaufwerter in einen selbstberuhigenden, erholungsfördernden Zustand, in dem sie sich entspannen und regenerieren können, statt die Spannung für den nächsten Kampf aufzubauen – ganz gleich ob nun mit den wilden Hyänen zu Zeiten unserer Vorfahren oder deren gegenwärtigen Versionen. Diese Ergebnisse widersprechen der traditionellen Auffassung, die noch immer von vielen Psycho-therapeuten geteilt wird: Demnach seien positive Illusionen und Selbstaufwertung der Abwehr dienende Verleugnungen negativer persönlicher Merkmale und Anzeichen von grandioser Selbstüberschätzung sowie neurotischem Narzissmus. Und jegliche Anstrengungen, die eigenen negativen Charakterzüge zu verdrängen oder zu unterdrücken, brächten hohe biologische Kosten mit sich. Tatsächlich verbessern positive, selbstbestätigende mentale Zustände samt positiver Illusionen (solange sie keine extremen Verzerrungen der Wirklichkeit sind) physiologische und neuroendokrine Funktionsmechanismen, die die Gesundheit fördern und den Stresspegel senken.[6] Menschen hingegen, die sich selbst realistischer wahrnehmen, haben ein geringeres Selbstwertgefühl und sind anfälliger für Depressionen, und ihr psychischer sowie körperlicher Zustand ist meistens schlechter.[7] Gesündere Personen dagegen nehmen sich selbst in einem warmen, wenn auch leicht trügerischen Schleier wahr.[8]

Das psychische und das biologische Immunsystem funktionieren ganz ähnlich. Beide leisten uns gute Dienste, aber sie können auch Schaden anrichten, wenn sie überreagieren oder versagen. Jedes muss zwei konkurrierende Ziele austarieren, wie Daniel Gilbert betont.[9] Das biologische Immunsystem muss körperfremde Eindringlinge wie Viren erkennen und ausschalten, aber es darf nicht die gesunden Zellen des Körpers angreifen. Es mag ein Zeichen von Anpassungsfähigkeit sein und Ihrem Selbstwertgefühl schmeicheln, wenn Ihr psychisches Immunsystem Ihnen weismacht, Sie wären besser als die meisten Ihrer gleichaltrigen Zeitgenossen – wenn Sie allerdings glauben, Sie wären besser als alle anderen, sieht es ganz anders aus.

Selbst wenn es dem psychischen Immunsystem gelingt, einen guten Mittelweg zwischen Selbstaufwertung und Realismus zu finden, lässt es uns oftmals falsche Voraussagen darüber treffen, wie wir uns fühlen würden, wenn uns etwas Schlimmes zustieße. Wenn wir uns ausmalen sollen, wie wir uns wohl mit einer Querschnittslähmung fühlten, neigen wir dazu, uns ein furchtbar unglückliches Leben vorzustellen, wie Gilbert und andere Forscher gezeigt haben. Wenn es uns dann tatsächlich zustößt, hilft uns zum Glück unser psychisches Immunsystem, das Beste daraus zu machen, und schon bald fühlen wir uns viel besser als gedacht. Der Nachteil dieses Systems besteht darin, dass es uns unser zukünftiges Wohlergehen nicht zuverlässig vorhersagen lässt; der Vorteil liegt darin, dass es uns Schicksalsschläge besser verkraften lässt. Was aber geschieht, wenn uns das psychische Immunsystem im Stich lässt?

Die rosarote Brille verlieren

AARON BECK ist ein Pionier der kognitiven Verhaltenstherapie und seit den Siebzigerjahren maßgeblich an der Entwicklung dieser Therapieform beteiligt. Er vertritt die Auffassung, dass schwer depressive Menschen eine unrealistische, übermäßig negative Sicht auf die Welt, auf ihr eigenes Selbst und auf die Zukunft haben.[10] Er definierte die Depression als eine generalisierte negative Denkweise, vergleichbar mit einer dunklen Brille, die alles in Düsternis taucht. Aber könnte sich in einem negativen Selbstbild nicht auch die durchaus realistische Einsicht von Depressiven widerspiegeln, dass ihnen positive zwischenmenschliche Fähigkeiten und Kompetenzen fehlen? Vielleicht sind Depressive ja *tatsächlich* sozial weniger gewandt und werden daher negativer wahrgenommen – sowohl von anderen Menschen, die sie beobachten, als auch von sich selbst.

Um diese Fragen zu klären, untersuchte ich 1980 gemeinsam mit Peter Lewinsohn und seinen Kollegen von der Psychologischen Klinik der University of Oregon, wie klinisch depressive Patienten ihre Leistung beurteilen.[11] Wir benötigten sowohl Erkenntnisse darüber, wie sich Depressive selbst einschätzen, wenn es um ihre Gewandtheit in sozialen Interaktionen geht, als auch die Einschätzungen unabhängiger Beobachter, die deren soziale Kompetenz einstuften, um beurteilen zu können, wie stark beide übereinstimmten.

Anschließend verglichen wir diese Muster bei depressiven Patienten mit denjenigen bei psychiatrischen Patienten, die genauso schwerwiegende mentale Probleme hatten, aber nicht depressiv waren. Und wir verglichen sie auch mit Mustern von gesunden Probanden in einer Kontrollgruppe, die weder aktuell noch in der Vergangenheit an einer Depression gelitten hatten, aber hinsichtlich Alter und demografischer Faktoren vergleichbar waren.

Die Teilnehmer wurden in kleine Gruppen aufgeteilt und nahmen in einer bequemen, zwanglosen Sitzordnung auf den bereitgestellten Stühlen Platz. Ihnen wurde gesagt, die Forscher wollten mehr darüber erfahren, wie Fremde miteinander in Beziehung treten. Jeder Teilnehmer an diesen kleinen Gruppensitzungen stellte sich in einer kurzen Ansprache vor; dann ließ man sie allein, damit sie sich zwanzig Minuten miteinander unterhielten. Die gründlich ausgebildeten Beobachter wussten nichts über die Diagnosen und Vorgeschichten der Teilnehmer und beurteilten das, was sie hinter Einwegspiegeln beobachteten, auf gängigen Ratingskalen, die viele wünschenswerte Eigenschaften auflisteten: freundlich, beliebt, durchsetzungsfähig, attraktiv, gefühlvoll, kommuniziert klar und deutlich, sozial kompetent, an anderen Menschen interessiert, versteht, was andere sagen, humorvoll, spricht flüssig, offen und selbstoffenbarend, hat eine positive Lebenseinstellung und so weiter. Direkt nach jeder Sitzung beurteilten die Teilnehmer ihre eigene Leistung in der Interaktion mit der Gruppe auf denselben Skalen, die die Beobachter benutzten. Die Depressiven betrachteten sich keineswegs durch eine dunkle Brille, wie wir vermutet hatten, vielmehr waren sie mit allzu großem Realitätssinn geschlagen: Verglichen mit anderen Gruppen, stimmten ihre Selbsteinschätzungen positiver Eigenschaften am stärksten mit den Beurteilungen der Beobachter überein. Dagegen waren sowohl bei den nichtdepressiven psychisch Kranken als auch bei den Mitgliedern der Kontrollgruppe übersteigerte Selbsteinschätzungen festzustellen, das heißt, sie sahen sich positiver, als die Beobachter sie sahen. Die depressiven Patienten betrachteten sich gerade nicht durch die rosa Brille, die die anderen aufhatten, wenn sie sich selbst beurteilten. Während der folgenden Monate, in denen die depressiven Patienten in der Psychologischen Klinik der University of Oregon eine kognitive Verhaltenstherapie durchliefen, verbesserte sich ihre Selbsteinschätzung, und sie schrieben sich nach und nach eine höhere soziale Kompetenz zu. Obwohl die Beobachter nicht wussten, dass die Depressiven behandelt wurden, begannen sie, diese ebenfalls positiver einzuschätzen. Aber auch wenn sich die Depressiven nach der Behandlung positiver sahen, war ihre Selbsteinschätzung weiterhin realitätsnäher, und sie sahen sich eher so, wie sie von anderen gesehen wurden. Die Unterschiede in den Selbsteinschätzungen zwischen den drei Gruppen wurden allerdings geringer: Die Depressiven fühlten sich besser, und ihr gestärktes psychisches Immunsystem verbesserte vermutlich ihre Selbstbeurteilung. Wenn die Beobachter – die in dieser Studie das Kriterium der »richtigen« Beurteilung waren – gebeten worden wären, sich selbst einzuschätzen, hätten sie sich vermutlich auch »schöngezeichnet«, so wie es die Teilnehmer in der Kontrollgruppe taten. Andere Menschen beurteilen wir zutreffend, aber wir tragen eine rosarote Brille, wenn es um uns selbst geht – sofern wir das Glück haben, nicht depressiv zu sein. Vermutlich ist es gerade diese überzogen positive Selbsteinschätzung, die die meisten Menschen davor schützt, depressiv zu werden.[12]

WAS MICH IMMER WIEDER ERSTAUNT – auch wenn ich es schon oft gesehen habe –, ist die Kraft, mit der starke negative Emotionen das kühle Denken überwältigen können. Sie können Konsequenzen haben, die nicht nur unsere aktuellen Erfahrungen, sondern auch unsere Zukunftserwartungen und unsere Selbstbeurteilungen verzerren. Um dies genauer zu erforschen, haben Jack Wright und ich untersucht, wie sich Gefühle von Freude und Traurigkeit auf die Leistung bei einer anspruchsvollen Problemlösungsaufgabe auswirken.[13] Jack, der in Stanford mein Student war und jetzt Professor an der Brown University ist, bat Collegestudenten einer Experimentalgruppe, sich möglichst genau eine Situation auszumalen, die sie sehr glücklich machen würde. Die Mitglieder einer anderen Gruppe sollten sich unterdessen eine Situation vorstellen, die sie sehr traurig machen würde. Sie wurden gebeten, sich vor ihrem »geistigen Auge« die anwesenden Menschen und die Gegenstände plastisch vorzustellen – das Ereignis so zu erleben, als wären sie wirklich dort, sich die Anblicke und die Geräusche vorzustellen und die Gedanken und Gefühle nachzuerleben. Um sich in eine freudige Stimmung zu versetzen, stellte sich ein Student zum Beispiel vor, dass er sein Jurastudium erfolgreich abgeschlossen hätte: Er malte sich den Tag der Abschlussfeier aus, »den lange erwarteten und angestrebten – und ich stand da, in dem Wissen, dass ich es geschafft hatte, endlich geschafft hatte«. Um sich in eine traurige Stimmung zu versetzen, stellte sich ein anderer Student vor, er hätte von allen Universitäten Absagen erhalten, bei denen er sich um einen Studienplatz für Jura beworben hatte.

In diesen Stimmungszuständen mussten die Teilnehmer nun Paare rotierender dreidimensionaler Figuren, die auf dem Computer in verschiedenen Rotationswinkeln zu sehen waren, zur Deckung bringen. Der Schwierigkeitsgrad dieser Aufgabe reichte von sehr leicht bis unlösbar. Im Verlauf vieler Durchgänge erhielten sie falsche, aber völlig glaubhafte Rückmeldungen, die darauf hindeuteten, dass sie entweder höchst erfolgreich waren oder bei den schwierigsten Problemen versagten. Sehr bemerkenswert war, dass sich eine traurige Stimmung in Verbindung mit der Überzeugung, zu versagen, besonders negativ auswirkte. Die bedrückten Studenten zeigten eine starke Überreaktion auf die negative Leistungsrückmeldung; ihre eigene Leistungsbeurteilung und ihre Erwartungen bezüglich der nächsten Aufgabengruppe verschlechterten sich ganz erheblich – viel deutlicher als bei denen, die die gleiche Rückmeldung erhielten, aber in einer positiven Stimmung waren. Studenten, die in eine freudige Stimmung versetzt worden waren, hatten viel höhere Erwartungen hinsichtlich ihrer zukünftigen Leistungsfähigkeit, erinnerten sich an mehr erfolgreiche Erfahrungen und äußerten mehr positive Selbstbeschreibungen. Sie beurteilten sich selbst als intelligenter, attraktiver, selbstsicherer, beliebter, erfolgreicher und sozial kompetenter, und sie schätzten ihre zukünftige Leistungsfähigkeit deutlich höher ein als jene, die sich in selbst verursachten negativen emotionalen Zuständen befanden.[14]

Dinner mit Jake

ICH VERSUCHE, mich an die erwiesenermaßen positiven Effekte der Selbstaufwertung zu erinnern, wenn ich an Jake denke. Bei einem Dinner saß ich zufälligerweise neben Jake, einem Selfmademan, der in der Finanzbranche ein Vermögen gemacht hatte. Seine Selbstaufwertung war so überzogen, dass er zwar in vielerlei Hinsicht extrem erfolgreich, aber zugleich unerträglich war – zumindest für mein heißes System. Er hielt sich für eine faszinierende Persönlichkeit und erzählte mir unablässig Geschichten über seine besonderen Qualitäten: angefangen von den Pheromonen, die in seinem natürlichen Körperschweiß enthalten seien und einen unwiderstehlichen Reiz auf junge Frauen ausübten, die regelrecht auf ihn flögen.

Angesichts der erwiesenen Vorteile der Selbstaufwertung fragte ich mich immer wieder, warum ich so schnell eine Abneigung gegen Jake empfand, der in meinen Augen ein Musterbeispiel extremer Selbstbestätigung war. Vielleicht sind Personen mit hoher Selbsteinschätzung gesünder, haben aber weniger Freunde. Bringen die Selbstaufwerter andere Menschen vielleicht dadurch gegen sich auf, dass sie allzu ichbezogen sind und zu wenig Empathie haben? Sind sie vielleicht so sehr damit beschäftigt, sich selbst aufzuwerten, dass sie nicht wahrnehmen, was im Innern der Menschen um sie herum geschieht? Als Forscher diese Fragen stellten, fanden sie heraus, dass Menschen, die sich selbst positiver sehen, als ihre Freunde sie wahrnehmen, genauso feste, stabile Freundschaften hatten wie jene, die sich selbst nur schwach aufwerteten.[15] Was ging bei diesem Dinner schief? Die meisten anpassungsfähigen Selbstaufwerter unterscheiden in subtiler Weise und ganz automatisch zwischen zwei Arten von Situationen: einerseits solchen, in denen öffentliche Selbstaufwertung angebracht ist, und andererseits solchen, in denen dies nicht der Fall ist und Bescheidenheit erwartet wird. Die Selbstaufwertung findet normalerweise in unseren Köpfen statt; wir stärken unsere Selbstachtung in uns und für uns, nicht öffentlich. Die kleine Kostprobe von Jakes Verhalten, die ich ertragen musste, deutete darauf hin, dass er kein Gespür für die zeitliche und situative Angemessenheit seiner Selbstaufwertung besaß. Ich vermute, dass dies mit einem weiteren Defizit zusammenhing: einer schwach entwickelten Theory of Mind (ToM).

Wie ich schon andeutete, ist die ToM eine wichtige mentale Fähigkeit, die sich bereits in früher Kindheit entwickelt und uns begreifen lässt, dass unsere Überzeugungen möglicherweise falsch sind, dass Dinge anders erscheinen, als sie in Wirklichkeit sind, und dass andere Menschen dieselben Ereignisse nicht genauso wahrnehmen wie wir. Bei normaler Entwicklung verfügen schon Vorschulkinder über eine ToM, und diese hängt eng mit ihrer Fähigkeit zusammen, impulsive Reaktionen zu unterdrücken. Falls Jake mich beeindrucken wollte, funktionierte seine ToM nicht gut; aber vielleicht wollte er sich selbst beeindrucken, und seiner ToM war dies völlig egal.[16] Anders als Jake haben Menschen, deren Selbstaufwertung eng mit dem Wunsch verknüpft ist, dass andere Leute sich selbst auch wohlfühlen, einen großen Vorteil: Sie können enge Beziehungen aufbauen, bei denen die Partner sich gegenseitig unterstützen und die ihnen nicht nur aus offensichtlichen Gründen nützen, sondern auch ihre persönlichen Stärken und ihre Selbstachtung fördern.[17]

Wie gut arbeitet das psychische Immunsystem?

DAS PSYCHISCHE IMMUNSYSTEM, das hohe Selbstachtung fördert und mit guter psychischer und körperlicher Gesundheit verbunden ist, wurde seit Freuds Zeiten bis in die Neunzigerjahre hinein von vielen Psychotherapeuten als ein instabiles, neurotisches Abwehrsystem betrachtet. Viele Therapeuten versuchten ihren Patienten zu helfen, dieses System abzubauen und ihre Abwehrmechanismen zu überwinden. Das ist bei einigen Therapeuten noch immer der Fall: Betritt man heute die Praxis eines Psychotherapeuten, ohne dessen Ausbildung und therapeutische Spezialisierung genauer zu kennen, ist es recht wahrscheinlich, dass das selbstaufwertende System eher als ein Problem betrachtet wird, das überwunden werden sollte – und weniger als eine Stärke, über die man sich freuen sollte. Aber Therapeuten mit einer Ausbildung in kognitiver Verhaltenstherapie – das gegenwärtig wissenschaftlich am besten abgesicherte Verfahren zur Behandlung psychischer Probleme – werden wahrscheinlich umgekehrt verfahren. Normalerweise werden sie darauf hinarbeiten, das psychische Immunsystem zu stärken, während sie zugleich helfen, seine Auswüchse zu kontrollieren.

Während Gesundheitspsychologen, kognitive Neurowissenschaftler und Verhaltensforscher nachgewiesen haben, wie nützlich das psychische Immunsystem ist und welche Persönlichkeitszüge es gesund halten, haben Verhaltensökonomen und viele Psychologen seine Schattenseite aufgezeigt. Sie meinen, dass Optimismus, Selbstbestätigung und die damit verbundenen positiven Eigenschaften, wenn sie nicht sehr sorgfältig kontrolliert werden, eine Sicht der Dinge hervorbringen, die zu Selbstüberschätzung und zu gefährlicher Risikobereitschaft führen – in praktisch allen genauer untersuchten Berufen und Branchen.[18] Ganz gleich wie sorgfältig ausgesiebt wird und wie eindrucksvoll die individuelle Erfolgsbilanz ist, werden hochkompetente Fachkräfte durch die optimistische Einstellung des »Ja, ich kann!« (die auch als »Ja, ich weiß!« auftritt) dazu gebracht, überzogene Risiken einzugehen – selbst wenn sie ehrliche, gut ausgebildete, wohlmeinende Vorbilder an lebenslanger Selbstkontrolle und Selbstdisziplin sind. Diese Risiken können leicht in einem Desaster enden, und die für solche Fehler anfälligen Menschen erleben oftmals einen jähen, tiefen Sturz, wenn ihr übermäßiges Selbstvertrauen sie dazu bringt, soziale und ethische Normen zu brechen, und sie dann in den Schlagzeilen landen.

Der Skandal um den ehemaligen CIA-Chef General Petraeus verdeutlicht, welche Folgen eine subjektiv empfundene Unverwundbarkeit haben kann.[19] Hier ist das heiße System sozusagen Amok gelaufen – obwohl das kühle System ganz genau das hohe Risiko kannte, dass alles herauskommen würde. Der Viersternegeneral David Petraeus erfreute sich allgemein höchster Wertschätzung und war der Inbegriff kühler kognitiver Kontrolle. Er verkörperte spartanische Selbstdisziplin, die sich unter anderem darin zeigte, dass er – als Befehlshaber der US-Truppen in Afghanistan – jeden Tag im Morgengrauen viele Kilometer in den Bergen von Kabul joggte. Im September 2011 wurde er zum CIA-Direktor ernannt. Eine lange Reihe von E-Mails enthüllte die Einzelheiten einer Affäre mit seiner Biografin, wodurch er schon im November 2012 zu Fall gebracht wurde. Diese Korrespondenz wurde vom FBI aufgedeckt und führte zum sofortigen Rücktritt des Generals. Die tragische Ironie seiner Geschichte (oder, je nach Standpunkt, ihre Absurdität) hat wahrlich shakespearesche Ausmaße.

DIE PETRAEUS-STORY erinnert uns daran, dass selbst
der fast unbesiegbare Held Achilles in der griechischen My-
thologie eine verwundbare Ferse hatte – den einen neural-
gischen Punkt, der seinen Sturz herbeiführen konnte, ihn aber
zugleich menschlich machte. Doch auch wenn wir wissen, dass
wir alle Schwachstellen haben und verwundbar sind, erwarten
wir dennoch, dass Menschen mit herausragender Selbstkontrolle stärker auf der Hut vor aufgeschobenen langfristigen
Risiken sind und ein besseres Gespür dafür haben.

Wie bereits dargelegt, sind »aufschubstarke« Personen
besser vor Stress geschützt, und dies wiederum bedeutet, dass
sie weniger empfänglich für Gefahrensignale sein können.
Weil sie im Lauf ihres Lebens häufiger die Erfahrung machen,
Erfolge und Ziele zu erreichen – von besserer körperlicher
Gesundheit bis zu höherem Einkommen –, tendieren sie vielleicht stärker zu riskanten Entscheidungen, vor allem infolge
der Kontrollillusion. Wie der Fall Petraeus zeigt, kann die
Kontrollillusion eine höchst kompetente und selbstbeherrschte
Person dazu bringen, in ihren E-Mails Informationen preiszu-
geben, die ihre Karriere zerstören.

Die Kontrollillusion kann katastrophale Folgen haben, vor
allem in manchen finanziellen Risikosituationen, wenn Personen mit hoher Selbstkontrolle alles im Griff zu haben glauben
und auf äußere Rückmeldungen und Gefahrensignale nicht
angemessen reagieren. Dies geschah zum Beispiel während der
Finanzkrise von 2008. Fünf Jahre später simulierte und analy-
sierte Maria Konnikova von der Columbia University solche
Situationen in fünf Experimenten zur Risikobereitschaft, bei
denen Geld auf dem Spiel stand, wenn auch keine Milliar-

den.[20] Die hoch selbstkontrollierten Entscheider blieben ruhig, optimistisch und selbstsicher; sie ignorierten die Rückmeldungen über ihre Verluste, waren vor Stress geschützt und verloren mehr Geld als Personen mit geringer Selbstkontrolle, die schneller verunsichert waren, auf Rückmeldungen reagierten und ausstiegen, ehe sie pleitegingen. Letztlich können unter bestimmten Bedingungen Menschen mit geringer Selbstkontrolle, die weniger Selbstvertrauen und mehr Besorgnis zeigen, besser abschneiden.

Diese Vorteile sind aber möglicherweise nicht von Dauer. Die Forscher erzeugten bei den schwach selbstkontrollierten Probanden eine erhöhte Kontrollillusion, indem sie ihnen Erfolgserlebnisse bei der Vorhersage von Münzwürfen verschafften. Oder die Forscher forderten sie auf, sich an Zeiten zu erinnern, als sie gute Entscheidungen getroffen und die Situation in hohem Maße kontrolliert hatten. Mit der erhöhten Selbstsicherheit verloren diese Versuchsteilnehmer rasch ihren anfänglichen Vorteil: Sie glichen sich den hoch selbstkontrollierten Personen an – und begannen daraufhin, genau die gleichen schlechten Entscheidungen zu treffen (und Geld zu verlieren).

Vom Schlafzimmer zum Vorstandszimmer
zu verbrannten Füßen

DANIEL KAHNEMAN, der Nobelpreisträger für Wirtschaftswissenschaften und als Psychologe ein Kollege von mir, hat die paradoxe empirische Tatsache, dass »Ich denk', ich kann's!«-Optimisten nicht selten ihr Leben und das Leben derjenigen, die von ihnen abhängig sind, verpfuschen, folgendermaßen kommentiert: »Eine Optimismus-Verzerrung spielt immer dann eine Rolle – manchmal die entscheidende Rolle –, wenn Personen oder Institutionen freiwillig erhebliche Risiken eingehen. Meistens unterschätzen risikofreudige Akteure die Risiken, die sie eingehen, und sie bemühen sich nicht hinlänglich, die Höhe der Risiken herauszufinden.«[21] Dann präsentiert er Forschungsergebnisse und zeigt, dass Optimismus begeisterte Erfinder und tatkräftige, tüchtige, beherzte Unternehmer hervorbringt, die unbedingt die Gunst der Stunde nutzen wollen – deren Zuversicht jedoch auch ihre Illusionen nährt und sie dazu veranlasst, die Risiken zu bagatellisieren, sodass sie oft kostspielige Konsequenzen tragen müssen. Als amerikanische Unternehmer nach der Wahrscheinlichkeit des Erfolgs »einer Firma wie der Ihren« gefragt wurden, antwortete ein Drittel von ihnen, dass das Risiko des Scheiterns gleich null sei. In Wirklichkeit überstehen nur etwa 35 Prozent aller Existenzgründungen die ersten fünf Jahre. Dies scheint für beliebige Firmen zu gelten, angefangen von einer kleinen Frühstückspension bis hin zum Silicon-Valley-Start-up, das den nächsten großen Innovationsschub verspricht. Es mag zumindest beruhigend sein, dass optimistische Unternehmer mit ihrem eigenen Geld noch höhere Risiken und noch irrationalere Wetten eingehen als mit dem anderer Menschen.

Der Forscher Thomas Astebro verfolgte das Schicksal von fast 1100 neuen Erfindungen, die von eifrigen Tüftlern angemeldet wurden, und fand heraus, dass weniger als 10 Prozent davon auf den Markt gebracht wurden – und von diesen machten 60 Prozent Verluste.[22] Die Hälfte der Erfinder zog ihre Anmeldungen zurück, nachdem sie objektive Marktanalysen erhalten hatten, denen zufolge ihre Erfindungen mit Sicherheit am Markt scheitern würden. Aber 47 Prozent der verbleibenden Hälfte verfolgten ihr Projekt weiter und verdoppelten ihre Verluste, ehe sie ausstiegen.

Sechs der ungefähr 1100 Erfindungen waren jedoch echte Glückstreffer: Sie erzielten Renditen von über 1400 Prozent. Dies sind die hohen, aber äußerst unwahrscheinlichen Erträge, die unverbesserliche Optimisten dazu bringen, weiter Lotterie zu spielen. Diese Gewinnchancen lassen Menschen die Hebel von Spielautomaten ziehen und Würfel werfen, nachdem sie kleine Rituale vollzogen haben, um ihrem Glück nachzuhelfen. Ein Verstärkungsplan, der nur sehr selten eine hohe Belohnung bringt, kann, wie B. F. Skinner und seine Studenten in Experimenten gezeigt haben, Tauben dazu bewegen, unentwegt an einem Hebel zu picken. Außerdem können Spieler dazu verleitet werden, so lange zu verlieren, bis sie keinen Kredit mehr bekommen, und optimistische Unternehmer oder Erfinder, Tausende von Stunden zu arbeiten, in der Hoffnung, die nächste Milliarde zu machen.

Die Gefahren und Kosten von Selbstüberschätzung sind nicht auf die Welt des Unternehmertums und die finanzielle Risikobereitschaft beschränkt. Sie gelten ebenso für Experten, die in ihrem Optimismus Voraussagen über Ereignisse treffen, die vom Zufall abhängig sind oder über die wir zu wenig wissen. In einer Studie wurden beispielsweise die Diagnosen, die hochkompetente Ärzte stellten, während ihre Patienten noch auf der Intensivstation lagen, mit dem verglichen, was später bei ihren Autopsien herauskam. Es zeigte sich, dass Ärzte, die bei ihren Diagnosen »vollkommen sicher« waren, in 40 Prozent der Fälle irrten.[23]

Zu Beginn meiner wissenschaftlichen Karriere habe ich viele Freunde auf dem Gebiet der klinischen Psychologie verloren: Ich wies sie auf die Diskrepanz zwischen der subjektiven

Überzeugung, mit der Kliniker Ergebnisse vorhersagten – zum Beispiel die Wahrscheinlichkeit, mit der bestimmte Psychiatriepatienten innerhalb weniger Jahre wieder ins Krankenhaus zurückkehren würden –, und dem durchweg frappierend geringen Prognosewert ihrer Aussagen hin.[24] Die Vorhersagen namhafter Diagnostiker waren nicht zutreffender als die ungeschulter Laien. Das Gewicht der Patientenakten mit ihren gesammelten psychiatrischen Vorgeschichten sagte die Häufigkeit und die Schnelligkeit einer erneuten Krankenhauseinweisung mit Abstand am besten voraus; es übertraf deutlich jede beliebige Kombination der besten Tests, ausführlicher Anamnesen und fachkundiger klinischer Urteile.[25]

Nicht nur bei der Untersuchung der Fehler von anderen, sondern auch in meinen eigenen Forschungsarbeiten stieß ich auf das Problem des ungerechtfertigten Vertrauens in die Vorhersagen von Experten. Ich arbeitete beim ersten Peace-Corps-Projekt mit, bei dem junge Freiwillige Anfang der Sechzigerjahre als Lehrer nach Nigeria entsandt wurden. Während die Freiwilligen in Harvard ausgebildet wurden, nutzten wir ein kostspieliges und aufwendiges Verfahren zur Eignungsbeurteilung, das sich in hohem Maße auf Interviews mit geschulten Experten, Einschätzungen von Dozenten und eine ganze Reihe modernster Persönlichkeitstests stützte. Bei einer mehrstündigen Abschlusssitzung traf sich das Beurteilungsgremium, in dem Experten aus vielen Disziplinen und mit unterschiedlichen Erfahrungen vertreten waren. Über jeden einzelnen Freiwilligen wurde diskutiert, um seine oder ihre Persönlichkeitsmerkmale zu erfassen und sich über den wahrscheinlichen Erfolg auf einer Lehrerstelle zu verständigen. Es gab eine hohe Übereinstimmung zwischen den Beurteilungen aus diesen unterschiedlichen Quellen, und die Experten glaubten fest an die Nützlichkeit ihrer Vorhersagen darüber, wie gut sich jeder dieser Freiwilligen bewähren würde.

Ein Jahr später zeigte sich, dass die Vorhersagen des Beurteilungsgremiums keinerlei prognostische Aussagekraft hatten: Zwischen ihnen und den Leistungsbeurteilungen der Vorgesetzten der Freiwilligen in Nigeria bestand kein nennenswerter Zusammenhang. Dagegen hatten die einfachen Selbstauskünfte der Kandidaten über ihre Einstellungen, Fähigkeiten und Überzeugungen zumindest eine bescheidene Voraussagekraft.[26] Auch wenn diese Erfahrung damals schockierend war, erwies sie sich im Rückblick als prophetisch: Eine ähnlich mangelhafte Gültigkeit der Vorhersagen von Experten, die in dieser Weise gemacht wurden, ist erwiesenermaßen die Regel. Das gilt bei der langfristigen Vorhersage des Aktienmarktes, des Verhaltens von Psychiatriepatienten und des Erfolgs von Unternehmen ebenso wie für praktisch jedes andere weit in der Zukunft liegende Ergebnis, wie Kahneman in seinem 2012 erschienenen Buch *Schnelles Denken, langsames Denken* umfassend dokumentierte.[27]

Kurzum: Das psychische Immunsystem schützt uns davor, dass wir uns allzu schlecht fühlen, wenn unsere Vorhersagen nicht zutreffen, aber es kann uns auch an Überzeugungen festhalten lassen, obwohl diese fortlaufend widerlegt werden. Dies veranlasst uns zu sehr kostspieligen Fehlern. Manchmal lassen sich optimistische Illusionen nur schwer widerlegen, selbst wenn sie uns die Füße verbrennen. Im Juli 2012 mussten im kalifornischen San Jose 21 Personen mit Verbrennungen behandelt werden, nachdem sie versucht hatten, über glühende Kohlen zu gehen, auf Geheiß eines Motivationstrainers, der die Macht des positiven Denkens rühmte.[28] Trotz ihrer verbrannten Füße hielten viele von ihnen, nachdem sie die Füße gekühlt hatten, das Ganze für eine fundamental positive Erfahrung – ein weiterer Beleg für die Macht des psychischen Immunsystems und die menschliche Fähigkeit, kognitive Dissonanzen zu reduzieren. Selbst wenn uns der präfrontale Kortex nicht schützt und »Ich denk', ich kann's!« zu verbrannten Füßen führt, leistet das psychische Immunsystem weiterhin seine Arbeit.

14
Wenn sich kluge Leute dumm verhalten

ALS DEM US-PRÄSIDENTEN 1998 ein Amtsenthe-
bungsverfahren drohte, rief mich ein Reporter an und fragte,
ob wir dem vertrauen könnten, was Präsident Clinton tat,
wenn er an seinem Schreibtisch im Oval Office arbeitete –
jetzt, wo wir wüssten, was darunter geschah. Andere Reporter
waren weniger direkt, aber teilten die gleiche Sorge. In ihren
Fragen spiegelte sich die weitverbreitete Überzeugung wider,
Eigenschaften wie Selbstkontrolle, Gewissenhaftigkeit und
Vertrauenswürdigkeit seien allgemeine Persönlichkeitsmerkmale, die das Verhalten einer Person nicht nur stabil über die
Lebenszeit hinweg, sondern auch in vielen verschiedenen Situationen bestimmten: Man geht davon aus, dass eine Person, die
in einer speziellen Situation lügt und mogelt, wahrscheinlich
auch in vielen anderen Situationen unaufrichtig ist, während
ein Mensch, der gewissenhaft ist, vermutlich in ganz verschiedenen Kontexten gewissenhaft sein wird.[1] Diese Erwartungen
werden jedes Mal enttäuscht, wenn wieder mal die Zeitungen
den tiefen Fall einer berühmten Person vermelden, der ein öf-
fentliches Amt anvertraut war, die aber zugleich – wie sich nun
zeigt – ein Doppelleben führte. Plötzlich zeigt sich eine Seite
der Persönlichkeit, die das Gegenteil ihres öffentlichen Selbst
zu sein scheint. Üblicherweise folgt nun eine Flut von Spekulationen, die immer die gleiche Frage aufwerfen: »Wer ist dieser Mensch *wirklich?*« Das Verhaltensmuster von Präsident
Clinton ist wohl kaum einzigartig. Eines der frappierendsten

Beispiele für solch ein widersprüchliches Verhalten war der tiefe Sturz Sol Wachtlers von seinem Amt als Oberster Richter des US-Bundesstaates New York und Vorsitzender des New Yorker Berufungsgerichts zu seiner Inhaftierung als Verbrecher in einem Bundesgefängnis. Richter Wachtler wurde verehrt, weil er für Gesetze eintrat, die Vergewaltigung in der Ehe zu einer Straftat machen sollten, und seine bahnbrechenden Entscheidungen zu Redefreiheit, Bürgerrechten und zum Recht auf (selbstbestimmtes) Sterben trugen ihm große Anerkennung ein.[2] Doch nachdem ihn seine Geliebte verließ, soll der Richter sie monatelang drangsaliert, ihr obszöne Briefe geschrieben, anzügliche Telefonate geführt und gedroht haben, ihre Tochter zu entführen. Wie konnte dieses Musterbild an Rechtsgelehrtheit, Weisheit und Moral zu einem Kriminellen in Handschellen auf dem Weg ins Gefängnis werden? Richter Wachtler selbst führte sein Verhalten auf seine Probleme mit einer unkontrollierbaren romantischen Obsession zurück. Ein Gutachter, der Wachtlers Verhalten erklären sollte, meinte, er habe vielleicht einen Hirntumor von der Größe eines Baseballs. Aber das war nicht der Fall.

Ähnliche Geschichten über Prominente und öffentliche Persönlichkeiten in der Unterhaltungsbranche, in religiösen Institutionen, in der Wirtschaft, im Sport und in der akademischen Welt – kein Bereich bleibt verschont – sorgen immer wieder für Schlagzeilen. Das Golfidol Tiger Woods war die vollkommene Verkörperung strenger Selbstdisziplin, nicht nur was seine physischen Fertigkeiten betraf, sondern auch die sensationelle Konzentrtionsfähigkeit.[3] Er war ein vermeintlich glücklich verheirateter Mann, gestand aber schließlich verschiedene Affären ein, was seinem so sorgsam gehegten öffentlichen Image widersprach. Das Sportidol fiel so jäh in Ungnade oder erlebte zumindest einen so krachenden Absturz seiner Popularität wie kaum ein Zweiter – für eine gewisse Zeit. Seinem Abstieg folgte bald der des Radrennfahrers und mehrfachen Tour-de-France-Gewinners Lance Armstrong, dessen Karriere und außerordentliche Lebensleistung durch einen Dopingskandal befleckt wurde.

Kontextualisierte Selbstkontrolle

»WIE ERKLÄREN SIE das Verhalten dieser Leute?«, fragen Reporter immer wieder. Sie wollen eine knappe Antwort, weil ihnen der Redaktionsschluss im Nacken sitzt. Ich gebe ihnen die kürzestmögliche: Präsident Clinton besaß die Selbstkontrolle und die Aufschubfähigkeit, um eines der renommierten Rhodes-Stipendien zu ergattern, einen Juraabschluss in Yale zu machen und zum US-Präsidenten gewählt zu werden. Anscheinend in Verbindung mit einem nur schwach ausgeprägten Verlangen – vielleicht der Unfähigkeit, vielleicht dem mangelnden Willen –, sich bei bestimmten Verlockungen wie Junkfood und attraktiven Praktikantinnen im Weißen Haus in Selbstbeherrschung zu üben. In ähnlicher Weise waren der Richter und der Golfstar zur Selbstkontrolle imstande, wodurch sie in ihrer Karriere herausragende Leistungen vollbringen konnten – nicht aber in anderen Zusammenhängen. Belohnungsaufschub und Selbstkontrolle sind eine *Fähigkeit*, bestehend aus einer Reihe kognitiver Leistungsdispositionen, die, wie jede Fähigkeit, genutzt oder eben nicht genutzt werden kann, je nach dem Grad der Motivation. Die Aufschubfähigkeit kann Vorschulkindern helfen, einem Marshmallow jetzt zu widerstehen, um sich zwei für später zu sichern, aber die

Kinder müssen es auch wollen. Ob wir die Fähigkeit zur Selbstkontrolle nutzen oder nicht, hängt von vielen Überlegungen ab, aber unsere Wahrnehmung der Situation und der wahrscheinlichen Konsequenzen, unsere Motivation und unsere Ziele, aber auch die Stärke der Verlockung sind besonders wichtige Faktoren. Dies mag offensichtlich erscheinen, aber ich betone es hier, weil es leicht missverstanden wird. Willenskraft wurde fälschlicherweise als etwas anderes als eine »Fähigkeit« charakterisiert, weil sie im Lauf der Zeit nicht immer konsequent genutzt wird. Aber wie alle Fähigkeiten wird auch Selbstkontrolle nur dann eingesetzt, wenn wir dazu motiviert sind, dies zu tun. Die Kompetenz ist stabil, aber wenn sich die Motivation ändert, dann ändert sich auch das Verhalten. Viele Prominente und Persönlichkeiten des öffentlichen Lebens, die in die Schlagzeilen geraten, wollten vermutlich ihren Verlockungen gar nicht widerstehen. Im Gegenteil, sie schienen sie geradezu begierig aufzuspüren. Ihre optimistischen Illusionen und ihr aufgeblähtes Selbstwertgefühl – das teilen sie mit dem Rest der Menschheit, aber bei ihnen schlägt es leicht in Größenwahn um – gaben ihnen das Gefühl, unverwundbar zu sein. Sie glaubten nicht, erwischt zu werden, auch wenn ihnen dies schon einmal passiert war. Und selbst wenn sie entdeckt würden, so ihre Überzeugung, kämen sie schon ungestraft davon – was bei einigen in Anbetracht ihrer bisherigen Erfahrungen keine unvernünftige Annahme war. Ihre Geschichten von Erfolg und Macht mögen sie auch dazu ermuntern, Privilegien für sich zu beanspruchen, die ein Sonderrecht begründen und sie dazu anspornen, Dinge zu tun, die sich weniger mächtige Menschen nicht erlauben können. So soll Leona Helmsley, die New Yorker Milliardärin und Ex-Hotelkönigin, vor ihrem Haftantritt gesagt haben: »Nur die kleinen Leute zahlen Steuern.«[4] Wenn sie nicht gerade solche Bemerkungen machen, haben sie für gewöhnlich beste Aussichten auf »Rehabilitierung«, selbst wenn sie bloßgestellt wurden. Die gefallenen Helden von heute steigen oftmals wie ein Phönix aus der Asche derjenigen Zeitungen empor, die ihren Sturz ankündigten, um Fernsehshows zu moderieren, Nachrichten- und Interviewsendungen zu leiten oder glänzend bezahlte Berater zu werden. Die Fähigkeit, Selbstkontrolle zu üben und auf Marshmallows zu warten, bedeutet weder, dass sie auf jedem Gebiet und in jedem Zusammenhang zum Tragen kommt, noch, dass sie für moralisch hehre Ziele eingesetzt wird. Hoch selbstkontrollierte Menschen können diese Fähigkeit in kreativer Weise für gute Zwecke nutzen, die von der Gesellschaft wertgeschätzt werden. Aber sie können die gleiche Fähigkeit auch dazu einsetzen, uneheliche Kinder zu zeugen, Schwarzgeldkonten zu eröffnen und ein Doppelleben zu führen. Sie können in einigen Lebensbereichen verantwortungsbewusst, gewissenhaft und vertrauenswürdig sein, in anderen dagegen gerade nicht. Wenn wir genauer betrachten, was Menschen in verschiedenen Situationen hinsichtlich ihres Sozialverhaltens wirklich *tun*, nicht, was sie sagen, dann zeigt sich, dass sie *nicht* sehr konsistent sind.

Das Konsistenz-Paradox

WENN WIR DIE MENSCHEN, die wir kennen, genauer beobachten, ist nichts offensichtlicher als die Tatsache, dass sie sich in ihrem Sozialverhalten und ihren Persönlichkeitsmerkmalen stark unterscheiden, und zwar ganz gleich was genau wir betrachten. Im Allgemeinen sind einige viel gewissenhafter, umgänglicher, freundlicher, aggressiver, streitsüchtiger, extrovertierter oder neurotischer als andere. Wir fällen diese Urteile sehr schnell, und dabei stimmen wir nicht nur untereinander weitgehend überein, sondern unsere Einschätzungen decken sich auch größtenteils mit den Selbstwahrnehmungen der Personen, die wir beurteilen.[5] Diese weithin geteilten Eindrücke über unsere Persönlichkeit sind sehr nützlich, ja sogar unabdingbar, damit wir uns in der sozialen Welt zurechtfinden, und mit ihrer Hilfe können wir plausible Voraussagen über das zu erwartende Verhalten anderer Menschen treffen. Situationen üben ebenfalls einen starken Einfluss auf das Sozialverhalten aus, je nachdem, wie sie wahrgenommen werden. Unabhängig davon, wie gewissenhaft eine Person im Allgemeinen ist, dürften die meisten Menschen stärker darauf achten, pünktlich zu sein, wenn sie ihre Kinder vom Kindergarten abholen, als wenn sie eine Freundin zum Kaffee treffen, und sie werden auf großen Partys geselliger und extrovertierter sein als auf Beerdigungen. Diese Art von Veränderlichkeit ist offensichtlich.

Das Persönlichkeitsmodell, das von festen Eigenschaften der Persönlichkeit ausgeht, trifft jedoch noch eine zusätzliche Annahme: Eine Person wird in vielen verschiedenen Situationen, in denen eine bestimmte Eigenschaft wünschenswert ist, diese Eigenschaft durchweg zum Ausdruck bringen. Es wird davon ausgegangen, dass ein sehr gewissenhafter Mensch in vielen verschiedenen Arten von Situationen durchweg gewissenhafter sein wird als eine weniger gewissenhafte Person. Wenn Johnny »insgesamt« als gewissenhafter beurteilt wird als Danny, dann sollte er auch besser als Danny bewertet werden, wenn es um seine Hausaufgaben und seine Anwesenheit im Unterricht geht. Und er sollte auch sein Zimmer zu Hause gewissenhafter aufräumen und zuverlässiger auf seine jüngere Schwester aufpassen. Ist diese Annahme gerechtfertigt? Zeigt eine Person, bei der ein wichtiges Persönlichkeitsmerkmal stark ausgeprägt ist, dieses Merkmal in vielen verschiedenen Situationen durchgehend stärker als eine Person, bei der diese Eigenschaft nur schwach ausgebildet ist?

Die Annahme, Menschen würden sich in sehr unterschiedlichen Situationen weitgehend gleich verhalten, gleich denken und gleich fühlen, ist auf den ersten Blick überaus plausibel.[6] Sie wird vom heißen System gespeist, das aus den kleinsten Verhaltensfragmenten sehr schnell Eindrücke ableitet und diese auf alles überträgt, was mehr oder minder dazu passt. Aber lässt sie sich auch dann noch aufrechterhalten, wenn wir die Kräfte des präfrontalen Kortex anspannen, um uns genau anzusehen, wie sich Menschen in verschiedenen Situationen wirklich verhalten – egal ob es um Präsident Clinton, unsere Verwandten und Freunde oder uns selbst geht?

Als ich mich als neu angestellter Dozent auf meine erste Lehrveranstaltung über Assessment (Erfassung psychologischer Merkmale) an der Harvard University vorbereitete, begann ich folgende Fragen zu stellen: Kann man anhand der Gewissenhaftigkeit, die eine Arbeitskollegin im Büro zeigt, vorhersagen, wie gewissenhaft sie zu Hause sein wird? Kann ich vorhersagen, wie sich mein Kollege – der bei Fakultätssitzungen als völlig unberechenbar gilt – zu Hause gegenüber seinen Kindern verhält? Zu meiner eigenen Überraschung hat eine methodisch sorgfältige Studie nach der anderen die Kernannahme des eigenschaftsbasierten Persönlichkeitsmodells nicht bestätigt: Vielmehr erwies sich, dass Menschen, bei denen eine Charaktereigenschaft in einer bestimmten Situation stark ausgeprägt war, diese in einer anderen Situation nur schwach zeigten.[7] Das aggressive Kind zu Hause mag in der Schule weniger aggressiv sein als die meisten anderen; die Frau, die auf Zurückweisungen in der Liebe außerordentlich feindselig reagiert, ist vielleicht ungewöhnlich tolerant gegenüber Kritik an ihrer Arbeit; der Patient, der beim Zahnarzt vor Angst in Schweiß ausbricht, mag gelassen und beherzt die Steilwand eines Berges erklimmen; und der wagemutige Jungunternehmer mag geflissentlich jedem sozialen Risiko aus dem Weg gehen.

Im Jahr 1968 begann ich mit einer umfassenden Überprüfung der Korrelationen, die in Dutzenden von Studien gefunden worden waren, in denen es um den Zusammenhang zwischen dem Verhalten von Personen in einer Situation (etwa Gewissenhaftigkeit bei Sitzungsterminen und pflichtbewusstes Handeln am Arbeitsplatz) und ihrem Verhalten in einer anderen (Gewissenhaftigkeit zu Hause) ging.[8] Die Ergebnisse schockierten viele Psychologen. Es zeigte sich nämlich, dass die Zusammenhänge zwar im Allgemeinen nicht gleich null waren, aber doch erheblich niedriger als angenommen. Die Forscher, denen es nicht gelungen war, die Übereinstimmung des Verhaltens in verschiedenen Situationen nachzuweisen, führten dieses Scheitern auf unvollkommene und nicht hinlänglich zuverlässige Methoden zurück.[9] Ich begann mich zu fragen, ob das Problem vielleicht darin bestünde, dass ihre Annahmen über das Wesen und die Beständigkeit von Persönlichkeitsmerkmalen falsch seien.

Während die Debatte weiterging, änderte sie nichts an der Tatsache, dass das Verhalten einer Person im Allgemeinen so wenig beständig ist, dass sich aus ihrem Handeln in einer bestimmten Situation keine zuverlässigen Vorhersagen über ihr Handeln in einer anderen Situation ableiten lassen.[10] Verhalten ist kontextabhängig. Die hoch entwickelte Fähigkeit zur Selbstkontrolle mag in einigen Situationen und gegenüber manchen Verlockungen ausgeübt werden, nicht aber in anderen – die Berichte über Abstürze von Prominenten erinnern uns regelmäßig daran.

Dies wirft im Alltagsleben Probleme auf, wie ich selbst deutlich merkte, als ich wegen eines zweiwöchigen Auslandsaufenthalts eine Betreuerin für meine kleinen Kinder finden musste. Ich zog Cindy in Betracht, die Babysitterin meiner Nachbarn. Sie sagte, sie habe auf der Highschool gute Noten bekommen, im letzten Sommer als Rettungsschwimmerin gearbeitet und sie sei Nichtraucherin. Sie schien ein nettes Mädchen zu sein, und die Nachbarn bestätigten dies. Aber wie oben beschrieben, wusste ich auch, dass das Verhalten in einer Situation keine zuverlässigen Voraussagen über das Verhalten in ganz anderen Situationen erlaubte. Wie beispielsweise würde sich Cindy auf Partys mit Gleichaltrigen verhalten, wenn Alkohol herumgereicht würde? Ausgehend davon, wie sie sich an einem bestimmten Abend beim Babysitten verhielt, konnten wir auch nicht vorhersagen, wie sie sich verhalten würde, wenn sie zwei Wochen am Stück auf meine Kinder aufpassen sollte. Doch genau so entstehen automatische Eindrücke. Wir verdichten Informationsbrocken zu einem so schlichten wie überzeugenden Stereotyp, das uns glauben lässt, das, was in einer Situation gelte, gelte auch in anderen Situationen. Selbst sehr von sich überzeugte, gut ausgebildete Experten, die oft richtigliegen, liegen ebenso oft daneben – vor allem wenn sie versuchen, das konkrete Verhalten in verschiedenen neuen Situationen vorherzusagen.[11] Ich habe Cindy nicht engagiert – sie schien mir zu jung zu sein – und entschied mich stattdessen für ein junges Paar, das einen reifen und verantwortungsbewussten Eindruck machte. Während eines langen Gesprächs und eines Treffens mit meinen Kindern, die sie mochten, erschienen sie mir sehr gut geeignet. Doch als ich von der Reise zurückkam, herrschte in dem Haus das völlige Chaos – zehn Tage lang war nicht aufgeräumt und nicht sauber gemacht worden. Die Kinder hatten es überlebt, aber sie waren ganz unglücklich und hatten eine starke Abneigung gegen das Paar entwickelt – das seinerseits eine ebenso starke Abneigung gegen sie hegte. Mein Interesse daran, die Konsistenz beziehungsweise Inkonsistenz von Verhalten, vor allem Selbstkontrolle und Gewissenhaftigkeit, gründlicher zu erforschen, wuchs beständig.

Mit der Zeit fanden mein Forschungsteam und ich Konsistenz – aber nicht dort, wo wir sie erwarteten.[12] Wir fanden sie, als wir uns genauer ansahen, wie sich Personen verhielten, wenn wir sie unauffällig beobachteten, Stunde für Stunde, Tag für Tag, einen halben Sommer lang in einem Therapie-Camp für Kinder und Heranwachsende. Dieses natürliche Labor erlaubte uns, sehr detailliert zu erfassen, welches Verhalten eine Person zu ganz unterschiedlichen Zeiten und in verschiedenen Alltagssituationen zeigte. Und dabei kam es zu einigen überraschenden Ergebnissen, die unser Verständnis der Persönlichkeit veränderten. Die Geschichte beginnt in Wediko.

15
Wenn-dann-Verhaltenssignaturen
der Persönlichkeit

WEDIKO IST ein bekanntes therapeutisches Sommercamp, idyllisch in New England gelegen. Als wir unser Forschungsprojekt durchführten, wohnten dort Kinder und Jugendliche im Alter zwischen sieben und siebzehn Jahren sechs Wochen lang in rustikalen Hütten, nach Geschlechtern getrennt und in Kleingruppen von ungefähr Gleichaltrigen mit jeweils etwa fünf erwachsenen Betreuern. Die überwiegend aus Familien im Raum Boston stammenden Kinder waren wegen gravierender sozialer Anpassungsschwierigkeiten im Elternhaus oder in der Schule in das Programm aufgenommen worden, sie hatten vor allem Probleme mit Aggression, Rückzug und Depression. Das Ziel des therapeutischen Umfeldes im Camp war es, besser angepasstes und konstruktiveres Sozialverhalten zu fördern.

Die Mitarbeiter von Wediko und Jack Wright, der Forschungsleiter der Children's Services von Wediko, ermöglichten es meinem Kollegen Yuichi Shoda und mir Mitte der Achtzigerjahre, ein groß angelegtes Forschungsprojekt in dem Camp durchzuführen. Jack, Yuichi und die wissenschaftlichen Mitarbeiter beobachteten sechs Wochen lang systematisch das Verhalten der Kinder. Die Forscher zeichneten – unauffällig – die alltäglichen sozialen Interaktionen jedes Kindes in unterschiedlichen Camp-Aktivitäten und -Situationen auf, vom Aufenthalt in der Hütte bis zu den Zeiten, die sie am Ufer des

Sees und im Speisesaal, mit Basteln und so weiter verbrachten. Wir sammelten eine riesige Datenmenge, und Yuichi und ich arbeiteten bei der Planung des Projekts und der Analyse der Ergebnisse mit Jack zusammen.

Die Hotspots finden

DIE BEOBACHTER protokollierten, was jedes Kind während seiner Interaktionen mit anderen in der gleichen Kategorie von Situationen jeden Tag im Lauf des Sommers tat. Jack, Yuichi und ich konzentrierten uns auf die Analyse der vom heißen System gesteuerten negativen Verhaltensweisen – hauptsächlich verbale und körperliche Aggressionen –, welche die Kinder überhaupt erst nach Wediko gebracht hatten.

Starke Emotionen wurden für gewöhnlich nicht ausgelöst, solange alles gut ging, also wenn die Kinder bunte Perlen aufzogen oder schwammen. Sie flammten auf, wenn ein Kind absichtlich den Turm zerstörte, den ein anderes mühsam aufgebaut hatte, oder wenn ein Kind auf die freundliche Einladung eines anderen, mit ihm gemeinsam an dem Turm zu bauen, mit Beschimpfungen und Spott reagierte. Um die psychologischen Hotspot-Situationen zu identifizieren, die die Aggression der Kinder auslösten, zeichneten die Forscher zunächst auf, was die Camp-Bewohner und die Betreuer spontan über die Kinder sagten, wenn sie um eine Beschreibung gebeten wurden. Die jüngsten Kinder verbanden ihre Charakterisierungen mit quantitativen Angaben: Joe kickt und schlägt und brüllt – manchmal; Pete kämpft mit jedem – ständig. Die Betreuer und älteren Camper dagegen verknüpften ihre Beschreibungen stärker mit Bedingungen, und sie bezogen diese kontextuell auf bestimmte Arten von emotional aufwühlenden sozialen Situationen – den Hotspots, die die Wut auslösten.[1] »Joe wird immer sauer.« So lautete vielleicht die erste Erklärung, aber nach einigen weiteren Verallgemeinerungen begannen sie, die heißen Situationen genauer anzugeben: »*wenn* Kinder ihn wegen seiner Brille hänseln« oder »*wenn* er eine Auszeit bekommt«.

Angeleitet von diesen *Wenn-dann*-Beschreibungen, beobachtete das Team, wie sich jedes Kind bei sozialen Interaktionen, wie sie im Rahmen des Wediko-Camps üblich waren, dauerhaft verhielt. Schließlich wurden fünf Typen solcher Situationen ausgemacht: drei negative (»von Gleichaltrigen gehänselt, provoziert oder bedroht«, »von einem Erwachsenen verwarnt« und »von einem Erwachsenen bestraft, eine ›Auszeit‹ bekommen«) und zwei positive (»von einem Erwachsenen gelobt« und »Unterstützung von Gleichaltrigen bekommen«). Das Sozialverhalten jedes Kindes (zum Beispiel verbale Aggression, körperliche Aggression, Rückzug) wurde in jeder der fünf Situationen in Echtzeit aufgezeichnet. Auf diese Weise kam eine beispiellose Stichprobe direkt beobachteter sozialer Interaktionen zustande, die sich in den gleichen Situationstypen häufig wiederholten. In den sechs Wochen erhielten wir pro Kind durchschnittlich 167 Stunden Beobachtungsmaterial. Diese Beobachtungen machten es auch möglich, zwei verschiedene Vorhersagen zu überprüfen, in denen sich unterschiedliche Annahmen über die menschliche Natur und darüber, wie Dispositionen und Verhaltenstendenzen zum Ausdruck gebracht werden, widerspiegelten: zum einen die Konzeption von der situationsübergreifenden Konsistenz der Persönlichkeit und zum anderen das Modell der Verhaltenssignaturen der Persönlichkeit.

1. Die klassische und unmittelbar einleuchtende Konzeption der Persönlichkeitseigenschaften geht davon aus, dass Menschen in einem bestimmten Aspekt ihres Sozialverhaltens, wie Aggression oder Gewissenhaftigkeit, ihre sogenannte Merkmalsrangordnung über ein breites Spektrum von Situationen aufrechterhalten.[2] Wenn wir genügend Beobachtungen zusammentragen, sollte es möglich sein, durch das Verhalten in einer Situation das Verhalten in einer anderen Situation vorauszusagen. In Bezug auf die abgestürzten Persönlichkeiten des öffentlichen Lebens in den Schlagzeilen bedeutet dies, dass man von einem Präsidenten, der sich im öffentlichen Leben gewissenhaft verhält, erwarten sollte, dass er auch in seinem Privatleben gewissenhaft ist. Und genauso sollten wir erwarten, dass ein Kind, das im Wediko-Camp hochaggressiv ist, auch in vielen anderen Situationen hochaggressiv ist, wobei einige Individuen durchweg noch aggressiver sind, während andere grundsätzlich weniger aggressiv sind. Dies wird situationsübergreifende Konsistenz der Persönlichkeit genannt.

2. Im Gegensatz dazu steht die Auffassung, unser Sozialverhalten werde nicht von stabilen, allgemeinen Persönlichkeitsmerkmalen bestimmt, die konstant in verschiedenen Situationen zum Ausdruck gebracht werden. Vielmehr seien wir imstande, subtile Unterscheidungen zu treffen, und zwar je nachdem, wie wir die verschiedenen Situationen interpretieren und wahrnehmen: die Erwartungen und Ziele, mit denen wir in diese Situationen hineingehen; unsere bisheri-

gen Erfahrungen; die Emotionen, die sie in uns erregen; die Kompetenzen, Pläne und Fähigkeiten, die wir besitzen, um sie zu meistern; ihre Bedeutung und ihr Wert für uns und so weiter. Dann ist selbst das hochaggressive Kind in einigen Situationen aggressiv, in anderen dagegen nicht, je nachdem, welche Bedeutung die Situation für das Kind hat. Sein heißes System macht es in der spezifischen Teilmenge von Situationen, die seine Aggression auslösen – seinen besonderen Hotspots –, auf vorhersagbare Weise wütend und sein Verhalten explosiv. Wir nennen dieses situationsspezifische Verhaltensmuster die Verhaltenssignatur der Persönlichkeit.

Jimmy und Anthony sind erfundene Namen für Kinder, die tatsächlich an der Wediko-Studie teilnahmen, und ihr Verhalten verdeutlicht beispielhaft die Forschungsergebnisse. Die folgenden Diagramme zeigen die *Wenn-dann*-Verhaltenssignaturen bei den von uns identifizierten fünf Typen psychologischer Situationen.

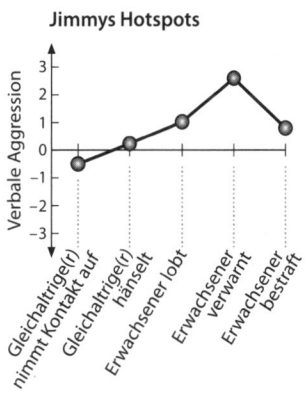

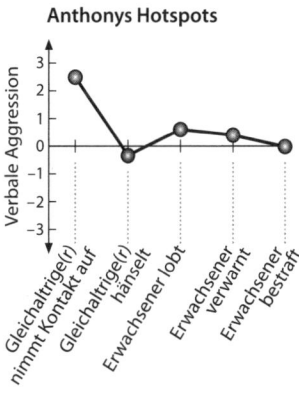

Die Diagramme zeigen die Stärke der »verbalen Aggression« in jeder der fünf Situationstypen, die wir in den sechs Wochen im Lager unterschieden. Die horizontale Null-Linie in jedem Diagramm zeigt den durchschnittlichen Grad der Aggression in jeder Situation, die Gleichaltrige in diesem Sommer im Wediko-Camp offenbarten. Die Zickzacklinien zeigen Jimmys (links) und Anthonys (rechts) individuelle Abweichungsmuster von diesem Durchschnitt. Sie offenbaren die besonderen Hotspots jedes Kindes: die spezifischen Situationen, in denen ihre Aggressivität erheblich größer war als die von Gleichaltrigen in den gleichen Situationen. Das hier dargestellte Verhalten, verbale Aggression, ist eine freundliche Umschreibung für Äußerungen wie »Du bist zum Kotzen«, »Deine Brille ist Scheiße«, »Du bist ein Homo« sowie die üblichen obszönen Schimpfwörter und die damit verbundenen Gesten.

Man sieht, dass Jimmy, verglichen mit anderen, außergewöhnlich aggressiv war, *wenn* er von Erwachsenen verwarnt oder bestraft wurde. Tatsächlich war Jimmy gegenüber Erwachsenen viel aggressiver als Gleichaltrige, und zwar unabhängig davon, was sie taten, selbst wenn sie nett zu ihm waren und ihn lobten. Wenn ihm Erwachsene eine Strafe androhten, flippte er aus. Doch gegenüber Gleichaltrigen war Jimmy nicht ungewöhnlich aggressiv, wenn sie ihn neckten und provozierten. Dagegen war Anthony deutlich aggressiver gegenüber anderen im Sommercamp, *wenn* ein Gleichaltriger in positiver Weise Kontakt zu ihm aufnahm. Für ihn war diese Art von freundlichem Kontaktangebot *der* Hotspot, der seine Aggression auslöste, während es ihm nicht mehr ausmachte als den anderen Kindern, von Gleichaltrigen geneckt oder von Erwachsenen verwarnt oder bestraft zu werden. Die meisten

Menschen sind normalerweise nicht besonders aggressiv, wenn Gleichaltrige freundlich zu ihnen sind, selbst wenn sie Probleme damit haben, ihre Aggressionen in den Griff zu bekommen. Anthony fällt aus dem Rahmen, da er am aggressivsten ist, wenn Menschen versuchen, nett zu ihm zu sein; damit macht er sich selbst unglücklich. Er war das totale Gegenteil von Jimmy, der mit Gleichaltrigen gut zurechtkam, aber einen hochempfindlichen Hotspot mit Erwachsenen hatte, ganz egal, ob sie ihn bestraften oder lobten.

Auch wenn beide Jungs insgesamt ungefähr gleich aggressiv waren, offenbaren ihre *Wenn-dann*-Muster unterschiedliche Hotspots, die charakteristisch für sie sind. Sobald wir diese erkennen, können wir darüber nachdenken, was sie bedeuten und uns über einen Menschen verraten. Weil *Wenn-dann*-Muster in verschiedenen Situationen, in denen der gleiche oder ähnliche heiße Auslösereize wirken, üblicherweise recht stabil sind, können wir mit ihnen das zukünftige Verhalten in ähnlichen Situationen vorhersagen und die Verwundbarkeiten einer Person erkennen.[3] Außerdem lassen sich auf ihrer Grundlage Behandlungs- und Erziehungspläne entwickeln, um künftig besser mit diesen wunden Punkten zurechtzukommen.[4]

Stabile Wenn-dann-Verhaltenssignaturen

SEIT DEM WEDIKO-FORSCHUNGSPROJEKT haben Studien anderer Wissenschaftler an anderen Personengruppen und bezüglich anderer Verhaltenstypen gezeigt, dass das Verhalten der meisten Menschen bei genauerer Betrachtung durch stabile *Wenn-dann*-Muster gekennzeichnet ist.[5] Die

Verhaltenssignatur der Persönlichkeit gibt präzise an, wie sich die betreffende Person sehr wahrscheinlich verhalten wird, *wenn* bestimmte situative Auslösereize auftreten.[6] Diese Verhaltenssignaturen wurden sowohl bei Erwachsenen als auch bei Kindern gefunden, und zwar für alles Mögliche, von Gewissenhaftigkeit und Umgänglichkeit bis hin zu Angst und Stress. Insgesamt widersprechen diese Befunde der klassischen und intuitiv einleuchtenden Hypothese, wonach sich Menschen in vielen verschiedenen Situationen höchst konsistent verhalten. Aber tatsächlich ist nur das charakteristische *Wenn-dann*-Muster jedes Menschen stabil und konsistent. Dank dieser Muster können wir nicht nur vorhersagen, wie stark ein bestimmtes Verhaltensmerkmal bei einer Person ausgeprägt sein wird, sondern auch, wann und wo sie sich in dieser Weise verhalten wird. Diese Informationen verschaffen uns gewisse Aufschlüsse darüber, was dieses Verhalten antreibt und wie wir es vielleicht verändern können.

Unsere Erkenntnisse über aggressives Verhalten im Wediko-Camp deckten sich mit dem, was wir über die Gewissenhaftigkeit von Studenten am Carleton College in Minnesota herausfanden.[7] Dieses Projekt begann mehr als fünf Jahre vor den Wediko-Studien, als Philip K. Peake im Herbst 1978 lächelnd in mein Büro an der Stanford University hineinschneite. Er hatte gerade sein Studium am Carleton College abgeschlossen, wollte bei mir in Psychologie promovieren und benötigte einen Raum, um die vielen mitgebrachten Kisten voller frischer Daten einzulagern. Es war das einzige Mal in meiner Laufbahn, dass ein Student nicht nur mit einer guten Idee, sondern auch mit einer riesigen Menge von Daten ankam, um diese Idee zu überprüfen. Noch als Collegestudent hatte Phil mit Neil Lutsky, seinem Berater am Carleton College, zusammengearbeitet und das Verhalten der dortigen Studenten über viele Monate hinweg systematisch erfasst. Er hatte die »College-Gewissenhaftigkeit« der Studenten anhand verschiedener Faktoren eingeschätzt, die die Studenten selbst ausgewählt hatten. Diese Faktoren reichten von der Anwesenheit im Unterricht bis zur Einhaltung von Terminen bei Dozenten, von der rechtzeitigen Rückgabe entliehener Bücher in der Bibliothek, der Ordnung im Studentenzimmer bis zum Aufschreiben bei Vorlesungen und so weiter.

Was wir in Wediko über aggressives Verhalten herausgefunden hatten, traf auch auf die Gewissenhaftigkeit der Carleton-Studenten zu: Nur im geringen Maß stimmte das Verhalten in verschiedenen Situationen überein. Und ihre Einschätzungen, ja festen Überzeugungen, ihr Verhalten sei konsistent, standen in keinem Zusammenhang mit dessen tatsächlicher Konsistenz in verschiedenen Situationen. Derselbe Student, der zu Terminen mit Dozenten immer zu spät kam, bereitete sich womöglich Wochen im Voraus sehr gewissenhaft auf Examina vor. Worauf stützten sie dann diese Überzeugungen? Oder waren es nur Illusionen?[8] Es zeigte sich, dass ihre Überzeugungen – sehr stark – mit den Mustern ihrer *Wenn-dann*-Gewissenhaftigkeit zusammenhingen: Je häufiger diese Muster wiederholt wurden beziehungsweise je stabiler sie im Lauf der Zeit waren, umso stärker hatten die Studenten das Gefühl, sie wären in verschiedenen Situationen konstant gewissenhaft. Sie hielten sich für konsistent, weil sie ihre vorhersagbaren langjährigen *Wenn-dann*-Verhaltenssignaturen kannten. Ein Student am Carleton College hielt sich für konsistent in seiner Gewissenhaftigkeit im Studium, weil er beispielsweise wusste, dass er immer pünktlich zu den Lehrveranstaltungen und zu Terminen mit Professoren kam – und er wusste auch, dass in seinem Zimmer und in seinen Aufzeichnungen immer Unordnung herrschte und dass er seine Hausarbeiten immer verspätet abgab.

Es ist die Stabilität unserer *Wenn-dann*-Muster im Zeitablauf, die uns denken lässt, wir würden durchgehend eine bestimmte Eigenschaft zeigen.[9] Unsere Vorstellung von Konsistenz ist weder paradox noch illusorisch. Es ist lediglich nicht die Art von Konsistenz, nach der die Wissenschaftler im Großteil des letzten Jahrhunderts gesucht hatten. Diese Erkenntnis ist nützlich, denn sie sagt uns, wo wir hinschauen sollten, wenn wir vorhersagen wollen, wie sich andere Menschen – aber auch wir selbst – wahrscheinlich verhalten werden.

Mit diesen Erkenntnissen fiel es mir leichter, auf die Fragen von Reportern zur Vertrauenswürdigkeit von Präsident Clinton zu antworten. Man sollte nicht erwarten, dass das nächtliche Verhalten gegenüber Praktikantinnen im Oval Office irgendwie vorhersagt, wie gewissenhaft und verantwortungsvoll sich ein Präsident verhält, wenn er am nächsten Morgen im Rosengarten des Weißen Hauses mit anderen Staatschefs ein Abkommen aushandelt. Meine lange Antwort auf die Frage »Wer ist der *wirkliche* Bill Clinton?«: Clinton ist in manchen Kontexten höchst gewissenhaft und selbstbeherrscht, in anderen dagegen nicht; beide Seiten von ihm sind real. Wenn man all seine gewissenhaften Verhaltensweisen unabhängig vom Kontext aufaddieren wolle, wäre Clinton, im Schnitt, hoch gewissenhaft – wie hoch, hängt allerdings davon ab, mit wem man ihn vergleicht. Und es hängt vom jeweiligen Beobachter ab, wie man sein Gesamtverhalten beurteilt und ob man seine *Wenn-dann*-Muster mag oder respektiert.[10]

Hotspots erfassen: Wenn-dann-Stresssignaturen

WENN SIE SYSTEMATISCH ALLES ERFASSEN, was Ihr heißes System anspringen lässt, sind Sie vielleicht überrascht. Eine Karte Ihrer situationsspezifischen *Wenn-dann*-Verhaltenssignaturen kann Sie auf Ihre Hotspots hinweisen und Ihnen verdeutlichen, wann und wo Sie wahrscheinlich so reagieren werden, dass Sie es später wohl bereuen werden. Sich selbst zu überwachen und diese heiklen Punkte zu entdecken kann ein Schritt zur Neubewertung solcher Situationen und zu ihrer emotionalen Abkühlung sein, sodass Sie bei der Verfolgung der Ziele und Werte, die Ihnen am meisten bedeuten, Ihr Verhalten besser kontrollieren können. Selbst wenn Sie diese unwillkürlichen Reaktionen nicht abkühlen wollen, könnten Sie dennoch davon profitieren, sie aufzuspüren und ihre Konsequenzen zu beobachten.

In einer Studie wurden Erwachsene, die unter hohem Stress leiden, aufgefordert, mithilfe der *Wenn-dann*-Methode die Hotspots zu finden, die ihren Stress auslösten. In sorgfältig strukturierten Tagebüchern protokollierten sie minutiös die spezifischen psychologischen Situationen, die hohen Stress bei ihnen hervorriefen, und sie beschrieben Tag für Tag ihre Reaktionen auf jeden dieser heißen Auslösereize.[11] So hatte zum Beispiel Jenny in unterschiedlichen Situationen im Schnitt ein normales Stressniveau – tatsächlich war ihr Stress sogar leicht unterdurchschnittlich. Ihre problematische Stresssignatur tauchte nur auf, wenn sie sich sozial ausgegrenzt fühlte, dann stieg ihr Stresspegel sprunghaft an. Wenn sie sich ausgeschlossen fühlte, war sie niedergeschlagen, gab sich selbst die Schuld, machte anderen noch größere Vorwürfe und mied soziale Situationen. Jenny wurde dabei geholfen, einerseits die psychologischen Situationen zu erkennen, in denen sie Stress erlebte beziehungsweise sich entspannt fühlte, und andererseits auch ihre Reaktionen in diesen Situationen zu identifizieren. Das war der erste Schritt hin zu einer zielgerichteten Intervention, die es ihr ermöglichen sollte, angemessener mit diesen Situationen umzugehen. Obwohl sich diese Studie auf *Wenn-dann-*Stresssignaturen konzentrierte, kann man mithilfe der gleichen Selbstüberwachung in einem Tagebuch oder einer anderen Art der Aufzeichnung Auslöser für Überreaktionen erfassen, die aus beliebigen Gefühlen oder Verhaltensweisen resultieren und Anlass zur Sorge geben können. Sobald man die *Wenn-*Reize und -Situationen kennt, welche die Verhaltensweisen auslösen, die man verändern will, kann man sie neu bewerten und anders auf sie reagieren.

Selbstkontrolle kühlt aggressive Neigungen

DIE ÄUSSERST AGGRESSIVEN Verhaltensmuster der Kinder und Heranwachsenden, die zur Behandlung nach Wediko kamen, erhöhten nicht nur für sie selbst das Risiko, sich im weiteren Verlauf ihres Lebens vielfältige Probleme einzuhandeln, sondern schufen auch für andere das Risiko, potenzielle Opfer einer unkontrollierten Aggression zu werden. In früheren Kapiteln erfuhren wir, dass die Fähigkeit zur Selbstkontrolle eine Schutzwirkung haben kann, zum Beispiel gegen die destruktiven Auswirkungen einer starken Zurückweisungsangst. Könnte diese Fähigkeit auch helfen, heftige aggressive Tendenzen zu kontrollieren?

Das Wediko-Forschungsprojekt gab uns eine Gelegenheit, diese Hypothese zu überprüfen. In einer Studie unter Leitung meiner damaligen Postdoktorandin Monica Rodriguez (heute Professorin an der State University von New York in Albany) wurden die Wediko-Kinder einer Version des Marshmallow-Tests unterzogen, bei dem die Leckereien M&M-Schokolinsen waren – entweder sofort ein paar oder eine größere Tüte später. Einige Kinder wandten spontan eine Abkühlungsstrategie an, um ihre Frustration zu verringern: Sie vermieden es, die Süßigkeiten und die Glocke zu betrachten und lenkten sich gezielt von der Verlockung ab. Wie die anderen Wediko-Kinder hatten auch diese »Selbstablenker« ein erhöhtes Risiko für Probleme mit unkontrollierter Aggression. Aber sie zeigten im Lauf des Sommers weit weniger körperliche und verbale Aggression als diejenigen, die keine Abkühlungsstrategie einsetzten, während sie versuchten, mehr Süßigkeiten zu bekommen.[12] Die gleichen kognitiven Fähigkeiten und exekutiven Funktionen, die ihnen erlaubten, sich beim Test selbst abzulenken, schienen ihnen zu helfen, ihre aggressiven Reaktionen abzukühlen und zu kontrollieren, wenn bei sozialen Konflikten im Camp ihre Hotspots aktiviert wurden. In dem Sekundenbruchteil zwischen aufkommender Wut und Zuschlagen gelang es ihnen, sich gerade so weit abzukühlen, dass sie nicht völlig die Kontrolle über sich verloren.

Doch unabhängig davon, wie gut sich jemand in der Gewalt hat, gibt es Situationen, die unsere Willenskraft schachmatt setzen und in denen kontrollierte Menschen so schwer traumatisiert werden, dass sie fast den Verstand verlieren.

16

Der gelähmte Wille

JOHN CHEEVERS KURZGESCHICHTE »Der Engel
der Brücke« (1961) zeigt uns, wie leicht das kühle System
lahmgelegt werden kann – selbst wenn die Fähigkeit zur
Selbstkontrolle hervorragend ausgeprägt ist, das psychische
Immunsystem sein Bestes tut und die Motivation, Selbstkontrolle und Willenskraft anzuwenden, nicht höher sein könnte.[1]
Als sich Cheevers Protagonist, ein erfolgreicher Geschäfts-
mann, der in Manhattan lebt, eines Abends der George Washington Bridge nähert, bricht plötzlich ein heftiges Gewitter
mit voller Wucht über ihn herein. Im tosenden Sturm scheint
die riesige Brücke zu schwanken, und unsere namenlose
Hauptfigur (wir wollen sie Bridgeman nennen) gerät bei dem
erschreckenden Gedanken, dass die Brücke jeden Moment
einstürzen könnte, in Panik. Er schafft es wohlbehalten nach
Hause, aber er stellt bald fest, dass er eine lähmende Furcht
entwickelt hat, nicht nur vor dieser Brücke, sondern auch vor
anderen Brücken. Bridgemans Arbeit bringt es mit sich, dass er
häufig Brücken überqueren muss, und er bemüht sich verzweifelt darum, diese Furcht durch seine Willenskraft zu überwinden – aber all seine Bemühungen scheitern, er versinkt immer
tiefer in Depressionen und befürchtet, allmählich die Kontrolle über sich zu verlieren.

ALS BRIDGEMAN über die George Washington Bridge fuhr und jäh der Sturm losbrach, änderte sich für ihn die emotionale »Aufladung« dieses Bauwerks, das er in der Vergangenheit so oft in aller Ruhe überquerte hatte: Durch den extremen Stress assoziierte sein heißes System automatisch die bis dahin neutrale Brücke mit der erschreckenden emotionalen Erfahrung, ihr Schwanken zu spüren. Er geriet in Panik, glaubte, sie würde zerbersten, und er sah sich selbst, wie er in die Fluten darunter geschleudert wurde. Wenn ein neutraler Reiz, wie etwa eine solide, elegante Brücke, im heißen System mit einer heftigen Furchterfahrung assoziiert wird, kann es leicht passieren, dass die Furcht auf viele andere ähnliche, bis dahin ebenfalls neutrale Reize ausgedehnt wird – in diesem Fall auf andere große, hohe Brücken. Innerhalb der heißen Erinnerungen seiner Amygdala reaktivierte der bloße Gedanke, eine große Brücke zu überqueren, seine panische Angst inmitten des Sturms.[2] Wie sehr sich Bridgeman auch bemühte, mit seinem kühlen System die Erfahrung neu zu bewerten, Willenskraft auszuüben, seine Angst mental zu bewältigen, sich von sich selbst zu distanzieren und eine neue Perspektive zu gewinnen, konnte er durch bloße Willensanstrengung nicht darüber hinwegkommen.

Wenn sich solche heißen Verknüpfungen zwischen einer angeborenen Furchtreaktion und einem bis dahin neutralen Reiz erst einmal ausgebildet haben, sind wir genauso hilflos wie die Hunde in den Laborstudien zur »klassischen Angstkonditionierung«, die zu Beginn des 20. Jahrhunderts stattfanden. Den bedauernswerten Geschöpfen wurde jedes Mal ein Stromstoß versetzt, wenn eine Glocke ertönte, und sie wurden bald zu emotionalen Opfern der Glocke: Auch wenn die Glocke keinen Stromstoß mehr ankündigte, reagierten die Tiere panisch.[3] Willenskraft und die Fähigkeit, Emotionen abzukühlen, helfen Menschen nicht dabei, solche »Kollateralschäden« zu überwinden. Das Überqueren der Brücke war für Bridgeman kein Verhalten mehr, das er selbst kontrollieren konnte; es wurde jetzt von einem Auslösereiz gesteuert und unwillkürlich und reflexartig von seinem heißen System beherrscht. Folglich scheiterten all seine Bemühungen, Willenskraft auszuüben und sich abzuhärten; dies machte ihn immer verzweifelter, und er befürchtete sogar, den Verstand zu verlieren.

Glücklicherweise wurde Bridgeman in Cheevers Erzählung von einem »Engel« gerettet. Es geschah eines sonnigen Tages, als er keine brückenfreie Fahrstrecke an sein Ziel finden konnte, und kaum näherte er sich der Brücke, über die er fahren musste, kehrte seine panische Angst zurück. Er konnte nicht weiterfahren und musste am Straßenrand halten. Ein reizendes, engelartiges junges Mädchen, das eine kleine Harfe bei sich trug, trat auf ihn zu und fragte, ob er sie ein Stück mitnehmen würde. Während sie ihn mit einem lieblichen Folksong über die Brücke lotste, löste sich seine Angst auf. Bridgeman mied weiterhin sorgsam die George Washington Bridge, aber schon bald fuhr er wieder ganz selbstverständlich über andere Brücken.

Cheevers Erzählung nahm die kognitive Verhaltenstherapie um viele Jahre vorweg und widersprach dem damals vorherrschenden medizinischen Modell psychischer Probleme, das diese mit körperlichen Krankheiten gleichsetzte. Diesem Modell zufolge ist es für den Arzt unerlässlich, die vorliegenden Beschwerden und ihre potenzielle Ursache – die es aufzuklären gilt – voneinander zu trennen. Für einen Patienten, der unter Kreuzschmerzen leidet, die durch einen bösartigen Tumor verursacht werden, würde es sich selbstverständlich schon bald als verheerend erweisen, wenn man ihm Schmerzmittel verschreiben würde, statt den Tumor zu entfernen. Aber bei psychischen Beeinträchtigungen, die den Betreffenden lähmen, *sind* die konkreten Beschwerden – etwa die panische Angst vor Brücken – oftmals das Problem, das angegangen und beseitigt werden muss. Viele Jahre lang war man fest davon überzeugt, das medizinische Krankheitsmodell gelte auch für Phobien. Wenn man lediglich das Verhaltensproblem, das »Symptom«, behandele, führe dies höchstens dazu, dass dieses durch ein anderes Symptom ersetzt würde und sich die Probleme nur verschlimmerten, so die verbreitete Sorge. Man nahm an, frühkindliche Traumata, die der betreffenden Person nicht bewusst waren, seien die eigentlichen Ursachen, und diese Ursachen müssten im Rahmen einer langwierigen Analyse aufgedeckt werden.

Neue Verbindungen knüpfen

DER PSYCHIATER JOSEPH WOLPE wurde gegenüber der psychoanalytischen Theorie immer skeptischer und ging das Risiko ein, bei Patienten, die an Angst und Panikattacken litten – wie der Protagonist in Cheevers Erzählung – ‚eine direkte Verhaltensänderung zu versuchen. Wolpe meinte: »Wenn in Anwesenheit angstauslösender Reize eine der Angst entgegenwirkende Reaktion hervorgerufen werden kann, die mit einer vollständigen oder teilweisen Unterdrückung der Angstreaktionen einhergeht, dann wird die Verbindung zwischen diesen Reizen und den Angstreaktionen geschwächt.«[4]

Wolpe glaubte, tiefe Muskel- und Atemübungen zur Entspannung könnten Patienten helfen, die notwendigen, der Angst entgegenwirkenden Reaktionen zu entwickeln; anschließend würde die Entspannungsreaktion mit dem Angstreiz verknüpft, bis die Angst verschwinde. Bei dieser Therapieform wird die Entspannungsreaktion zunächst mit Reizen gekoppelt, die nur entfernt mit dem traumatischen Reiz zusammenhängen (zum Beispiel mit Bildern von kleinen Brücken über ruhige, seichte Teiche im herrlichsten Sonnenschein). In dem Maße, wie der Patient dann seine Angst vor diesen milderen Spielarten der Bedrohung überwindet, setzt er sich der nächsten, stärker angsterzeugenden Repräsentation des Stimulus aus – bis die Entspannungsreaktion schließlich mit dem mentalen Vorstellungsbild des Angstreizes und zu guter Letzt mit der realen Annäherung an diesen verknüpft ist. Und wenn es sich dabei um die George Washington Bridge handelt, kann der Patient diese jetzt entspannt überqueren. Wie Cheevers Erzählung andeutet, kann dieser langsame Prozess manchmal drastisch verkürzt werden, wenn das entspannende, der Angst entgegenwirkende Ereignis äußerst wirksam in Form eines lieblichen Engels auftaucht, der einen singend über die Brücke geleitet – was zugegeben eher in der Literatur als im wirklichen Leben geschieht.

Cheevers Erzählung hat vorweggenommen, was schon bald zum Standardverfahren werden sollte, um alle möglichen Phobien zu behandeln, ohne dass die Betroffenen auf einen Engel warten mussten.[5] In vielen Studien wurde die phobische Person in eine sichere Situation gebracht, in der sie wagemutige Vorbilder beobachtete: Diese näherten sich langsam, aber furchtlos Schritt für Schritt dem angstauslösenden Reiz und zeigten, dass man dabei entspannt bleiben könne und keine Gefahr zu befürchten habe. Etwa zur gleichen Zeit, als die Marshmallow-Experimente in Stanford stattfanden, führte Albert Bandura, der dort über zwanzig Jahre lang mein Kollege war, Studien an Vorschulkindern mit Hundephobie durch. Aus einer sicheren Entfernung beobachteten die Vorschulkinder, wie sich eine Modellperson furchtlos einem Hund näherte. Zunächst streichelte das Modell (eine Studentin, die an der Studie mitwirkte) den Hund nur ein bisschen, während das Tier in einen Laufstall eingesperrt blieb. Dann gesellte es sich zu dem Hund in den Laufstall, knuddelte ihn und fütterte ihn mit Leckerbissen.[6] Die beobachtenden Kinder überwanden ihre Ängste sehr schnell und streichelten schon bald selbst die Hunde. Bandura und seine Kollegen erzielten bei anderen Kindern und Erwachsenen ähnliche Ergebnisse hinsichtlich vieler verschiedener Ängste, indem sie den verängstigten Probanden Filme vorführten, in denen furchtlose Modellpersonen bestimmte Verhaltensweisen zeigten. Diese Studien wurden zu wichtigen Grundlagen für die Behandlung von Phobien in der kognitiven Verhaltenstherapie.

Nach Banduras Forschungen besteht die beste Methode zur Therapie von Phobien darin, zunächst das furchtlose Modell zu beobachten und dann, mit der Anleitung und Unterstützung des Modells, dessen Verhalten selbst auszuprobieren und die Situation zu meistern.[7] Mithilfe vieler »angeleiteter nachhaltiger Erfolgserfahrungen« überwanden Kinder und Erwachsene nicht nur ihre Ängste vor Hunden, Schlangen, Spinnen und so weiter, sondern auch die tiefste und am stärksten beeinträchtigende Angststörung, die Agoraphobie, die Angst davor, nach draußen zu gehen.[8] Bandura erklärte, einige der Angstpatienten, die er in seine Studien aufgenommen habe, hätten jahrzehntelang unter wiederkehrenden Albträumen gelitten, aber die Behandlung mit dem angeleiteten Erfolgslernen (auch »teilnehmendes Modelllernen« genannt) veränderte sogar ihre Träume: »Als eine Frau ihre Schlangenphobie erfolgreich überwand, träumte sie davon, dass sich die Boa constrictor mit ihr anfreundet und ihr beim Geschirrspülen hilft. Reptilien verschwanden schon bald aus ihren Träumen. Die Veränderungen waren von Dauer. Die Phobiker, die mit anderen Therapieformen nur eine teilweise Verbesserung erreicht hatten, wurden durch eine Behandlung gemäß den Grundsätzen des angeleiteten Erfolgslernens vollständig geheilt, und zwar unabhängig von dem Schweregrad ihrer phobischen Dysfunktionen.«[9]

Der Film *The King's Speech* von 2010 zeigte, wie wirksam direkte Verhaltensänderungen dem Mann, der König Georg VI. von Großbritannien werden sollte, halfen, seine quälende Sprachstörung zu überwinden. Als Seine Majestät das Stottern bezwang, war es ihm möglich, der starke Monarch zu werden, den seine Nation in Kriegszeiten brauchte. Sein Selbstwertgefühl und sein Privatleben blühten auf; was immer die tiefere Ursache für das Stottern gewesen sein mochte, es brachte ihm nur Vorteile, als er davon kuriert war – keine Defizite, keine anderen Symptome.

Dreißig Jahre nachdem der König sein Stottern verlor, teilte der Psychologe Gordon Paul in einem viel weniger dramatischen, aber gut kontrollierten Experiment Collegestudenten, die Angst davor hatten, in der Öffentlichkeit zu reden, in verschiedene Gruppen ein.[10] In einer Gruppe lernten sie ein Verfahren zur Desensibilisierung, um eine systematische Tiefenentspannung zu erreichen, während sie sich gleichzeitig Situationen vorstellen sollten, die mit Reden in der Öffentlichkeit zusammenhingen. Sie lernten, entspannt zu bleiben, auch wenn die Situationen immer bedrohlicher wurden – vom Lesen über das Halten von Reden, wobei sie allein in ihrem Zimmer waren, über das Anziehen an dem Morgen, an dem sie eine Rede halten sollten, bis zum Halten einer Rede vor Publikum. Eine andere Gruppe erhielt eine kurze einsichtsorientierte Psychotherapie von einem fachkundigen Kliniker, wobei die möglichen Ursachen ihrer Angst erkundet werden sollten. Eine weitere Gruppe bekam Placebos von Tranquilizern, die ihnen angeblich helfen würden, den Stress zu bewältigen. Gemäß allen erhobenen Messgrößen – von subjektiven Einschätzungen ihrer Angst beim Sprechen bis zu physiologischen Anzeichen der Angst – war die Gruppe der klare Gewinner, die das Verfahren der Desensibilisierung lernte. Die Studenten in dieser Versuchsbedingung überwanden nicht nur ihre Angst davor, in der Öffentlichkeit zu reden, sondern verbesserten auch deutlich ihre Studienleistungen im Allgemeinen. Menschen dabei zu helfen, ihre Probleme wie etwa Sprechstörungen, irrationale Ängste oder Gesichtszuckungen – die auch Symptome anderer Probleme sein können – direkt zu überwinden, erzeugt keine größeren Probleme. Wenn es richtig gemacht wird, verbessern sich dadurch ihre Zufriedenheit mit sich selbst und ihre Lebensqualität.

Studien wie diese waren nötig, um endlich – nach vielen Jahrzehnten – die Bedenken früherer Therapeuten über die Symptomverschiebung zu zerstreuen und eine wohlbegründete, preisgünstige und daher wirtschaftliche Behandlungsform zu entwickeln, die Menschen hilft, unangenehme Assoziationen mit Reaktionsmustern des heißen Systems zu überwinden. Kognitive Verhaltenstherapie ist heute weitgehend das therapeutische Standardverfahren in den Vereinigten Staaten. Doch in vielen Teilen der Welt ist sie noch nicht anerkannt oder wird bestenfalls als ungenügend angesehen. Vor Kurzem erzählte ich einer guten Freundin, einer praktizierenden Klinikerin, die mit verhaltensauffälligen Kindern arbeitet, von dem »Engel der Brücke« – ich dachte, die Geschichte könnte ihr vielleicht bei ihrer Arbeit helfen. Sie kicherte, zuckte mit den Schultern und tat die Therapie als oberflächlich ab – eine Symptombehandlung, die genauso verfehlt sei, wie Beruhigungsmittel zur Behandlung von Krebs zu verschreiben. Meine Freundin glaubt, die Brückenangst sei lediglich Ausdruck einer tieferen, grundlegenden Angst. Sie ist überzeugt davon, dass die Brückenangst, wenn sie beseitigt wird, durch schlimmere Symptome ersetzt würde, weil die zugrunde liegende Angst, die sie verursache, infolge von Verdrängung im heißen System vergraben sei. Es bedürfe einer langwierigen Analyse, um ihr auf den Grund zu gehen. Als ich sie fragte, wie sie verfahren würde, wenn Bridgeman ihr Patient wäre, hatte sie sofort eine Antwort parat. Sie sagte, Bridgeman fürchte sich im Grunde davor, ins existenzielle Nichts zu fallen, und die Behandlung müsse diese tiefere Angst und ihre möglichen Ursachen angehen. Ihre überaus poetische Antwort beeindruckte mich, aber ich bezweifele, dass sie Bridgeman helfen würde, die George Washington Bridge zu überqueren.

Bridgemans Dilemma verdeutlicht, wie schwierig es sein kann, die automatischen Assoziationen mit dem heißen System aufzulösen, selbst für jemanden, der normalerweise über eine gute Selbstkontrolle verfügt. Zusammenfassend kann man sagen, dass diese Assoziationen sofort und reflexartig intensive emotionale Reaktionen – insbesondere Angst –, die von der Amygdala ausgelöst werden, mit den Reizen verknüpfen, die vorhanden waren, als das angstauslösende Ereignis eintrat, auch wenn diese Reize zunächst emotional neutral waren.

Um diesen zufällig angerichteten Schaden zu überwinden, muss die Verbindung neu geknüpft werden. Bridgemans Angst davor, die Brücke werde in dem jäh losgebrochenen Sturm einstürzen, musste von Brücken getrennt werden. Weder Bridgeman noch irgendjemand sonst vermag das allein zustande bringen, aber ein erster Schritt besteht darin, zu verstehen, wie sich diese angstauslösenden Assoziationen bilden und wie sie rückgängig gemacht werden können. Bei Bridgemans Problem geht es darum, die Assoziation zwischen Brücken und Angst aufzulösen und Brücken wieder mit dem angenehmen Erlebnis einer sicheren Überquerung zu verknüpfen. Ohne einen Engel und eine Harfe oder auch einen Therapeuten könnte ein Freund die ängstliche Person zunächst über sehr kurze Brücken fahren, die nur ein paar Fuß über einem seichten Gewässer hängen. Anschließend, vielleicht noch am selben Tag, könnte die Fahrt über größere, höhere Brücken gehen, vielleicht während beruhigende Musik aus dem Radio ertönt. Dann könnte sich der Freund neben die ängstliche Person setzen, während diese das Steuer übernimmt und versucht, zunächst über die kleinen Brücken zu fahren, die vorwiegend trockenes Land überspannen, und dann nach und nach, wenn es sich wieder sicher anfühlt, über die größeren, hoch über dem Wasser verlaufenden Bauwerke. Diese Art von Desensibilisierung erlaubt uns, der Kontrolle durch den Stimulus zu entgehen und wieder die Selbstkontrolle zu erlangen. Sie kann den gelähmten Willen befreien.

Der erschöpfte Wille

DAS MÜDE PUBLIKUM wartete beim Empfang im eleganten ungarischen Konsulat in New Yorks Upper East Side auf den Beginn des Unterhaltungsprogramms. Es war spätabends, die meisten geladenen Gäste – sie erinnerten an Kunstmäzene – hatten einen langen Arbeitstag hinter sich; sie waren um die vierzig und manche weit darüber, viele trugen graue oder schwarze Anzüge und sahen zum wiederholten Mal auf ihre Rolex-Uhren und iPhones. Einigen fielen schon die Augen zu. Nach einer langen Wartezeit brach plötzlich ein Höllengetöse los:

Ich will jetzt Scheiße bauen, egal was später passiert!

Die bunt zusammengewürfelte Band auf der Bühne brüllte die Wörter aus vollem Hals; sie spielten wie wild ihre Geigen und Gitarren, schlugen auf Trommeln und Blechkanister, klapperten mit Kastagnetten und Rasseln, trugen kleine alte Fedora-Hüte und Hippieklamotten und flirteten in ziemlich schamloser Weise miteinander und mit dem recht steifen Publikum – das alles zu dem Zweck, für den Ungarn-Tourismus zu werben. Sie elektrisierten die dösende Menge und sorgten für begeisterten Jubel und ein Gebrüll, das man eher von Jugendlichen auf einem Rockkonzert erwartet hätte.

Wenn das Programm stattdessen mit dem erwarteten Film sowie dem Vortrag über die Sehenswürdigkeiten von

Budapest begonnen hätte, hätte es schon bald gezwungene Hustenanfälle gegeben, und die ersten Zuschauer hätten sich heimlich aus dem Raum gestohlen. Bevor die Band sie in Wallung brachte, schienen die Gäste von einer Art schwerer kollektiver Willenserschöpfung befallen zu sein; ein Übermaß an Selbstkontrolle schien sie ermattet zu haben. Permanente Anstrengungen der Willenskraft, nur um einen langen und stressreichen Arbeitstag durchzustehen, können erschöpfend sein. Hier nun konnten sie den Heuschrecken in sich – *jetzt sofort* – ein wenig Spaß gönnen, und sie waren so begeistert, dass sie die Einladung annahmen und sich völlig gehen ließen, Spaß hatten und das heiße System entfesselten. Währenddessen legte das überstrapazierte kalte System eine Pause ein.

Willensmüdigkeit

KÖNNEN WIR SELBSTKONTROLLE und Belohnungsaufschub nur so lange ausüben, bis der Wille erschöpft ist? Das Konzept eines ermüdeten Willens, erschöpft durch seine eigene Überbeanspruchung, liegt einer gegenwärtig einflussreichen wissenschaftlichen Theorie über die Natur der Willenskraft und der Selbstkontrolle zugrunde. Und das Konzept hat einen Einfluss darauf, wie wir unsere Fähigkeit zur Selbstregulation selbst einschätzen.

Roy Baumeister und seine Kollegen halten Willenskraft für eine unverzichtbare, aber begrenzte biologische Ressource, die vorübergehend leicht erschöpft werden kann. Ihr »Stärkemodell der Selbstkontrolle« geht davon aus, dass die Selbstkontrolle von einer inneren Fähigkeit abhängt, die sich auf eine begrenzte Energiemenge stützt.[1] Dies deckt sich weitgehend mit dem traditionellen Konzept »des Willens«, das diesen als eine unveränderliche Größe oder Substanz betrachtet: Manche Menschen haben viel davon, andere sehr wenig. Nach diesem Modell gleicht Selbstkontrolle einem Muskel: Wenn man den Willen aktiv anstrengt, kommt es zu »Ego-Depletion« (Erschöpfung der Selbstregulation), und der Muskel ermüdet bald. Folglich werden unsere Willenskraft und unsere Fähigkeit, impulsives Verhalten zu regulieren, durch vielerlei Aufgaben, die Selbstkontrolle verlangen, zeitweilig verringert. Dies kann sich auf unterschiedlichste Leistungen und Fähigkeiten auswirken: von geistigem und körperlichem Durchhaltevermögen bis zu rationalem Denken und Problemlösen, von Reaktionshemmung und Unterdrückung von Emotionen bis hin zur Entscheidungsfindung.

Angenommen, Sie sind bei der jährlichen Bürofeier wie ausgehungert und ganz versessen auf einen Snack. Wenn es Ihnen gelingt, die verlockenden, frisch gebackenen Schokocookies vor Ihnen links liegen zu lassen und sich stattdessen an das Gemüsetablett zu halten, sagt das Stärkemodell voraus, dass Sie sich unmittelbar danach bei nicht miteinander zusammenhängenden Aufgaben, die weiterhin Selbstkontrolle erfordern, weniger anstrengen werden. Bestätigt wurde diese Auffassung in einem klassischen Experiment, das zum Musterbeispiel für die Erforschung der Ego-Depletion geworden ist. Collegestudenten, die an der Case Western Reserve University in Ohio einen Einführungskurs in Psychologie belegt hatten, mussten im Rahmen dieses Kurses an psychologischen Experimenten teilnehmen. Wer von ihnen das Labor von Professor Baumeister aufsuchte, um einen Schein zu bekommen, musste als Proband am Radieschen-Experiment teilnehmen.[2] Die Studenten trafen hungrig ein, weil man ihnen gesagt hatte, sie sollten vorher nichts essen. Im Labor sollten sie sich dann dazu zwingen, die verlockenden Schokocookies und andere Süßigkeiten zu ignorieren, und stattdessen ein paar Radieschen essen. Unmittelbar danach wurden sie gebeten, an Geometrie-Problemen zu arbeiten, die in Wirklichkeit unlösbar waren. Die Studie zeigte, dass sie viel früher aufgaben als die Studenten, die Kekse und andere Süßigkeiten essen durften.

Über einhundert andere Experimente lieferten ähnliche Ergebnisse: Wenn Probanden zum Zeitpunkt eins Selbstkontrolle ausübten, verminderte dies die Selbstkontrolle zum Zeitpunkt zwei, der unmittelbar auf Zeitpunkt eins folgte. Dies galt unabhängig davon, wie genau die Art der Selbstkontrolle aussah, die die Studenten ausführen sollten.[3] Die Ergebnisse waren immer gleich, ganz egal ob sie ihre emotionalen Reaktionen auf einen sehr aufwühlenden Film über Wildtiere in einer nuklearen Ödnis (*A Dog's World*, der im Original den Titel *Monde cane* trägt) unterdrücken oder Gedanken an weiße Bären vermeiden sollten, auf die sie zuvor geprimet worden waren (versuchen Sie es selbst, wenn es sich leicht anhört), oder ob sie freundlich auf das schlechte Benehmen eines Partners reagieren sollten.

Geist über Muskel

TATSÄCHLICH STRENGTEN SICH Studenten bei vielen Experimenten wie diesen anschließend weniger an, aber spätere Forschungen zeigten, dass die geringeren Anstrengungen wohl nicht auf die Ursachen zurückzuführen waren, die die Forscher zunächst vermutet hatten.[4] In dem Maße, wie die Anforderungen an aufwendige Selbstkontrolle und die Beanspruchung durch langweilige Aufgaben zunahmen, die Anreize dagegen nicht, veränderten sich die Aufmerksamkeit und die Motivation der Studenten. Nicht die »Muskeln« ihrer Willenskraft waren erschöpft, vielmehr hatten sie vermutlich einfach die Nase voll; sie hatten das Gefühl, sich lange genug mit den Aufforderungen des Versuchsleiters beschäftigt und langweilige Aufgaben erledigt zu haben. Bei einer Aufgabe zum Beispiel sollten Studenten, nachdem sie fünf Minuten lang in einem maschinengeschriebenen Text jedes »e« ausgestrichen hatten, das »e« dann *nicht* ausstreichen, wenn ihm ein Vokal folgte. Wenn man Menschen jedoch starke Anreize gibt, selbst an Aufgaben wie diesen dranzubleiben, halten sie länger durch. Mit steigender Motivation zur Ausübung von Selbstkontrolle bleibt die Anstrengungsbereitschaft bestehen.[5] Gemäß dieser Interpretation lässt sich eine verminderte Selbstkontrolle nicht auf einen Verlust von Ressourcen zurückführen, vielmehr spiegeln sich in ihr Veränderungen der Motivation und Aufmerksamkeit wider.

Sich erschöpft zu fühlen und durch anstrengende Arbeit »erledigt zu sein« ist real und alles andere als selten. Aber wir wissen auch, dass wir, wenn wir motiviert genug sind, einfach unbeirrt weitermachen können. Wenn wir verliebt sind, können wir eine Zeit – egal ob einen Tag, eine Woche oder einen Monat – durchhalten, die uns schlaucht und Kraft kostet, bis wir dann endlich den geliebten Menschen treffen. Manche Menschen schalten, wenn sie erschöpft sind, nicht den Fernseher ein, sondern joggen stattdessen zum Fitnessstudio. Gemäß der motivationalen Deutung der Bereitschaft, sich anzustrengen, hängt es von unseren Einstellungen, Selbststandards und Zielen ab, wann uns unsere Anstrengungen anspornen, statt uns zu ermüden, und wann wir uns besser entspannen, ein

Nickerchen machen, uns selbst belohnen und die Heuschrecke in uns herauslassen.

Schützt es Sie vor Willenserschöpfung, wenn Sie glauben, die beharrliche Lösung schwieriger Aufgaben werde Sie eher mit Energie aufladen, als Sie zu ermüden? Vermutlich schon: Wenn Menschen glauben, anspruchsvolle Aufgaben würden sie beleben und nicht auslaugen, schneiden sie bei einer späteren Aufgabe besser ab. Als Probanden zum Beispiel suggeriert wurde, ihre Energien würden gestärkt, wenn sie ihre Mimik kontrollieren (also die Emotionen nicht preisgeben), schnitten sie bei der nächsten Aufgabe, dem Drücken einer Fingerhantel, besser ab. Ihre spätere Leistung wurde durch die vorausgehende Anstrengung nicht beeinträchtigt, und es kam nicht zu einer Ego-Depletion.[6]

Carol Dweck und ihre Kollegen von der Stanford University fanden heraus, dass diejenigen, die glaubten, ihr Durchhaltevermögen werde nach intensiver mentaler Anstrengung von selbst gestärkt, nach einer erschöpfenden Tätigkeit keine verminderte Selbstkontrolle zeigten.[7] Jene, die hingegen glaubten, ihre Energie sei nach dieser Anstrengung aufgebraucht, zeigten eine verminderte Selbstkontrolle und mussten sich ausruhen, um wieder zu Kräften zu kommen.

Als Nächstes erfasste Dwecks Gruppe die Leistungsfähigkeit von Collegestudenten zu drei verschiedenen Zeitpunkten, wobei der letzte die Vorbereitungsphase auf ihre Abschlussprüfung war, die eine starke Selbstregulation verlangt. Studenten mit einer impliziten Theorie der Willenskraft als unbegrenzter Ressource schnitten während der stressreichen Examensperiode viel besser ab als jene, die von der Begrenztheit dieser Ressource überzeugt waren. Letztere berichteten, sie würden mehr ungesunde Nahrung essen, Dinge eher auf die lange Bank schieben und sich nicht effektiv und gut selbstreguliert auf ihre Prüfungen vorbereiten. Diese Erkenntnisse unterstreichen, dass es wichtig ist, wie wir über uns und unsere Kontrollfähigkeit denken. Und sie widerlegen die Annahme, unsere Fähigkeit zu zielstrebiger Anstrengung sei ein unveränderlicher, biologisch geprägter Prozess.[8]

Wenn wir die Leckereien selbst kontrollieren:
Maßstäbe der Selbstbelohnung

MAN BRAUCHT keine Experimente oder Philosophen, um zu wissen, dass ein Übermaß an Willensstärke genauso kontraproduktiv sein kann wie ihr Mangel. Die Belohnungen immer aufzuschieben, unentwegt zu arbeiten und auf mehr Marshmallows zu warten kann eine unkluge Entscheidung sein. Wenn in der Welt galoppierende Inflation, Bankenpleiten und falsche Versprechungen für zukünftige Erträge dominieren, dann gibt es gute objektive Gründe dafür, die Glocke zu läuten und nicht länger zu warten. Aber die subjektiven Gründe sind genauso triftig. Im Extremfall führt Belohnungsaufschub zu einem trübseligen, sterilen Leben mit permanent aufgeschobenen Freuden, verpassten Zerstreuungen, nie erlebten Emotionen und vielleicht sogar zum Gefühl, sein Leben nicht gelebt zu haben. Wir alle sind sowohl Ameisen als auch Heuschrecken. Wenn wir das heiße emotionale System verlieren und nur noch vom kühlen kognitiven System beherrscht werden, das ständig an die Zukunft denkt, kann unser Leben auch sehr unbefriedigend sein.

Wann gönnen wir uns das Recht, uns mehr wie Heuschrecken und weniger wie zukunftsfixierte Ameisen zu verhalten, die immerzu emsig arbeiten? Wann erlauben wir uns selbst, zu entspannen, das heiße System ans Ruder zu lassen, uns mit heiß begehrten Marshmallows unserer Wahl zu belohnen und die unbeantworteten E-Mails und die To-do-Liste für morgen zu vergessen? Was bestimmt unsere Bereitschaft, uns das Vergnügen des Nichtstuns zu gönnen, das unverplante Wochenende am Strand, den Abstecher in die Großstadt oder einfach nur eine Auszeit zu Hause, um das Leben zu feiern? Wir müssen uns nicht unbedingt so dumm anstellen wie einige der prominenten gefallenen Helden, aber wir alle scheinen impliziten Regeln zu folgen, wann wir unsere Selbstkontrolle außer Kraft setzen und uns *jetzt* ein Vergnügen gönnen – genauso wie wir wissen, wann wir diese Genüsse aufschieben und uns weiterhin tüchtig anstrengen, um uns mit größeren Erfolgen in der Zukunft zu belohnen. Wie entwickeln wir diese Regeln? Antworten auf diese Fragen haben unmittelbar Einfluss darauf, wie wir unsere Kinder erziehen und wie wir mit uns selbst umgehen.

Heute leben amerikanische Eltern der oberen Mittelschicht angeblich ein auf Kinder ausgerichtetes Leben; sie hetzen von der Arbeit nach Hause, um möglichst viele »intensive Stunden« mit ihren Kindern zu verbringen, um sie mit Zuneigung und Belohnungen zu überschütten und überhaupt die Kinder entscheiden zu lassen, wo es langgeht. Man kann sie oft beobachten, wie sie ihre Kinder Schreikrämpfe ausleben lassen, weil es ein paar Minuten dauert, bis ihre Hamburger bei McDonald's fertig sind. Französische Eltern dagegen erziehen ihre Vorschulkinder so, dass man sie in elegante Pariser Restaurants mitnehmen kann, wo sie offenbar still sitzen und geduldig auf ihr Entrecote mit grünen Erbsen warten, während die Eltern einen Aperitif genießen.[9] Eine chinesisch-amerikanische Mutter listet all das auf, was verboten werden sollte, wenn man Kinder perfekt erziehen will – etwa Pyjamapartys, Verabredungen zum Spielen, Fernsehen, Computerspiele und sämtliche Noten schlechter als Eins. Dies ist die Formel, die Amy Chua 2011 in ihrem Buch *Die Mutter des Erfolgs* empfahl, um dafür zu sorgen, dass das Kind mit hoher Wahrscheinlichkeit hervorragend Geige oder Klavier spielen und die Nummer eins in jedem Schulfach sein wird (vielleicht mit Ausnahme von Sport).[10]

Gut zehn Jahre zuvor behauptete Judith Rich Harris, elterliches Erziehungsverhalten spiele sowieso keine große Rolle, weil die Sozialisation durch Gleichaltrige und genetische Einflüsse die beiden Schlüsselfaktoren seien, die die kindliche Entwicklung maßgeblich prägten.[11] Um über Anekdoten und Mutmaßungen hinauszugehen, müsste es Experimente geben, die detailliert untersuchen, was unter verschiedenen Erziehungsbedingungen im wirklichen Leben geschieht – aber solche Studien sind nicht machbar. Wir können jedoch wichtige Fragen zu bestimmten Erziehungspraktiken beantworten, indem wir zeitlich begrenzte Experimente mit Erwachsenen durchführen, und zwar unter realistischen Bedingungen, die für Kinder von Bedeutung sind.

Mein Interesse auf diesem Gebiet begann, als meine Kinder die Grundschule besuchten. Sie brachten damals ihre ersten Werke mit nach Hause, auf die sie besonders stolz waren, meine jüngste Tochter zum Beispiel einen blau-schwarzen Flipflop aus gebranntem Ton. Dies regte eine Reihe von Studien an, mit denen ich erforschen wollte, wie wir von früher Kindheit an Maßstäbe für unsere Leistungen festlegen und wie wir uns selbst belohnen, wenn wir sie erfüllen. Die Fragen lauteten: Welche Sozialisationserfahrungen und impliziten

Regeln prägen diese Form der Selbstbelohnung und Selbstregulation? Wann entwickeln Kinder Willenserschöpfung und entscheiden, dass jetzt der richtige Moment ist, sich selbst zu loben, sich ein bisschen zu verwöhnen und zu belohnen? Wann strengen sie sich weiter an und schieben die Belohnung auf, bis sie höhere Anforderungen erfüllen? Oder wird die permanente Anstrengung sogar selbst zum Vergnügen?

Selbstanforderungen entwickeln

DA VORBILDER einen großen Einfluss auf die Entwicklung unserer eigenen Persönlichkeit haben, wollte ich unbedingt herausfinden, wie sie die Maßstäbe unserer Selbstbeurteilung und -regulation mitgestalten, die wir schon als Kinder entwickeln. Die Persönlichkeitsmerkmale und Verhaltensweisen erwachsener Vorbilder beeinflussen das, was kleine Kinder lernen, nachahmen und anderen übermitteln.[12] Zur selben Zeit wie die Marshmallow-Studien begannen meine Studenten und ich in Stanford zu untersuchen, wie Kinder ihre Selbstanforderungen entwickelten. Bei diesen Studien variierten wir die Merkmale und das Selbstbelohnungsverhalten des Vorbilds, um zu sehen, wie diese Faktoren beeinflussten, was kleine Kinder in ihre eigenen Maßstäbe aufnahmen, wenn die erwachsene Person den Raum verließ.[13]

Mein Student Robert Liebert und ich wählten Viertklässler – zumeist im Alter von zehn Jahren – aus lokalen Grundschulen in der Umgebung von Stanford aus. In Einzelsitzungen machten wir jedes Kind mit einer jungen Frau (dem Vorbild) bekannt, die ihm »eine Art Bowlingspiel« zeigte, das angeblich von einem Spielzeughersteller getestet wurde, um zu sehen, wie gut es Kindern gefiel. Es war eine etwa 90 Zentimeter lange Miniaturausgabe einer Bowlingbahn, mit Signallampen am Ende, die bei jedem Durchgang die Punktzahl anzeigten. Der Zielbereich war abgeschirmt, sodass der Spieler nicht sehen konnte, wo der Ball traf. Er war also auf die Punktzahl angewiesen, die die Signallampe zurückmeldete. Diese Punktzahlen waren voreingestellt und hatten nichts mit der tatsächlichen Leistung zu tun, aber in gewisser Weise wurden sie erst dadurch besonders glaubwürdig.

In Reichweite der beiden Spieler stand eine große Schüssel mit Spielmarken – bunten Pokerchips –, mit denen sich das Kind und das Vorbild für ihre Leistung selbst belohnen konnten. Ihnen wurde gesagt, die Chips könnten am Schluss gegen wertvolle Preise eingetauscht werden, und je mehr Chips sie hätten, umso wertvoller sei der Preis. Die verlockend eingepackten Preise standen gut sichtbar in dem Raum, wurden jedoch nicht näher kommentiert.

Tue, was ich sage, oder tue, was ich tue?

BEIM SPIEL WECHSELTEN sich das Vorbild und das Kind nach jeweils einem Durchgang ab. Um verschiedene elterliche Erziehungsstile zu simulieren, schufen wir drei unterschiedliche Szenarien dafür, wie das Vorbild seine Leistung belohnte und wie es das Kind anleitete, seine eigene Leistung zu beurteilen und zu belohnen. Jedes Kind wurde nur einer dieser drei Versuchsbedingungen zugeteilt.

Bei dem Szenario »Hohe Anforderungen« war das Vorbild streng zu sich selbst und genauso streng zu dem Kind. Der Erwachsene nahm sich nur dann eine Spielmarke, wenn er eine sehr hohe Punktzahl (zwanzig Punkte) erreichte; dabei lobte er sich selbst mit Äußerungen wie »Das ist eine gute Punktzahl, das verdient einen Chip!« oder »Ich kann stolz auf diese Punktzahl sein, ich sollte mir dafür etwas gönnen!«. Wenn das Vorbild weniger als zwanzig Punkte erreichte, nahm es sich keine Spielmarke und kritisierte sich selbst mit einer Äußerung wie: »Das ist keine gute Punktzahl, dafür verdiene ich keinen Chip.« Die Leistung des Kindes beurteilte das Vorbild in exakt der gleichen Weise: Es lobte hohe Punktzahlen, niedrige wurden getadelt. Im Szenario »Streng zum Vorbild, nachsichtig gegenüber dem Kind« beurteilte die erwachsene Person ihre eigene Leistung sehr rigoros, die des Kindes hingegen eher milde – und brachte das Kind so dazu, sich schon für niedrige Punktzahlen selbst zu belohnen. In dem Szenario »Nachsichtig beim Vorbild, streng zum Kind« behandelte sich das Modell selbst nachsichtig, während es an die Leistung des Kindes einen strengen Maßstab anlegte und nur für die höchste Punktzahl eine Selbstbelohnung zuließ.

Nachdem jedes Kind an einem dieser Szenarien teilnahm, beobachteten wir unauffällig ihr spontanes Selbstbelohnungsverhalten, wenn sie nach der Testphase, als die Spielmarken frei verfügbar blieben, allein Bowling spielten. Kinder übernahmen die strengsten Maßstäbe der Selbstbelohnung, wenn ihr Vorbild streng zu sich und genauso streng gegen sie gewesen war. Dieses Vorbild ermunterte sie, sich nur für die besten Punktzahlen selbst zu belohnen. Wenn die vom Vorbild auferlegten Maßstäbe konsistent waren, wurden sie von den Kindern übernommen, ohne in Abwesenheit des Vorbilds ein einziges Mal davon abzuweichen – selbst wenn das Kriterium sehr streng und die Belohnungen sehr begehrt waren. Die Studie zeigte auch, dass diese Effekte besonders stark waren, wenn

Kinder das Vorbild für einflussreich hielten und glaubten, es habe Verfügungsgewalt über viele heiß begehrte Leckereien und Belohnungen. Kinder, die ermuntert wurden, gegen sich selbst nachsichtig zu sein, blieben dies auch nach der Testphase, wenn sie sich selbst überlassen wurden, auch wenn sie ein Vorbild beobachtet hatten, das streng gegen sich gewesen war. Unter den Kindern, die während der Übungsphase einem strengen Maßstab der Selbstbelohnung ausgesetzt waren, die jedoch von einem Vorbild gelernt hatten, das nachsichtig mit sich selbst war, behielt rund die Hälfte die strengeren Maßstäbe, die ihnen beigebracht worden waren. Die andere Hälfte nutzte jedoch die großzügigeren Maßstäbe – die Kinder hatten gesehen, wie das Vorbild sie bei sich selbst angelegt hatte.[14]

Wenn Sie wollen, dass Ihre Kinder sich strenge Maßstäbe der Selbstbelohnung zu eigen machen, dann sollten Sie ihnen diese Maßstäbe nicht nur beibringen, sondern sie auch in Ihrem eigenen Verhalten vorleben – so das Fazit dieser Studie.[15] Wenn Sie widersprüchlich sind – das heißt streng gegen Ihre Kinder, aber nachsichtig mit sich selbst –, dann ist es ziemlich wahrscheinlich, dass Ihre Kinder die von Ihnen vorgelebten Selbstbelohnungsmaßstäbe verinnerlichen, und nicht jene, die Sie ihnen auferlegt haben.

TEIL III

Vom Labor ins Leben

ICH BEGANN im ersten Teil mit der Geschichte des Marshmallow-Tests und der Experimente, die demonstrierten, mit welchen Strategien sich Kinder im Vorschulalter selbst kontrollieren. Der zweite Teil zeigte, dass die gleichen Strategien auch Erwachsenen zum Beispiel dabei helfen können, Vergnügungen aufzuschieben, um für das Alter vorzusorgen. Ich habe dort auch gezeigt, dass dieselben Mechanismen, die erfolgreichen Kontrollstrategien zugrunde liegen, Menschen helfen können, Liebeskummer zu überwinden, oder all jenen, die Angst vor Zurückweisung haben, ermöglichen, ihre Beziehungen nicht aufzugeben.

All diese Erkenntnisse über die Fähigkeit zur Selbstkontrolle führten zu mehreren wichtigen Schlussfolgerungen:

1. Einige Menschen können – das ist wenig überraschend – Verlockungen besser widerstehen und unangenehme Emotionen besser regulieren als andere.

2. Erstaunlicherweise treten diese Unterschiede bereits in den Vorschuljahren zutage; sie sind bei den meisten, wenn auch nicht bei allen Menschen über lange Zeit stabil und geben Aufschluss über äußerst wichtige psychologische und biologische Folgen in späteren Lebensjahren.

3. Die herkömmliche Auffassung, der zufolge Willenskraft ein angeborenes Persönlichkeitsmerkmal sei, das
man entweder in hohem Maße oder gar nicht besitze
(und das sich, so oder so, kaum beeinflussen lasse), ist
falsch. Vielmehr können wir kognitive und emotionale
Kompetenzen der Selbstkontrolle lernen, verbessern
und gezielt nutzen, sodass sie, wenn nötig, automatisch
aktiviert werden können. Dies fällt manchen Menschen
leichter, weil emotional heiße Belohnungen und Verlockungen für sie nicht so heiß sind, und außerdem können sie diese leichter abkühlen. Doch unabhängig davon, wie gut oder schlecht unsere Selbstkontrolle »von
Natur aus« ist, können wir diese Fähigkeit verbessern
und unseren Kindern helfen, das Gleiche zu tun. Andererseits können wir unsere Fähigkeit zur Selbstkontrolle auch brachliegen lassen, und selbst wenn wir sie
reichlich besitzen, fehlen uns vielleicht die Ziele, die
Werte und die nötige Unterstützung des sozialen Um-
felds, um sie konstruktiv zu nutzen.

4. Wir müssen nicht zu Opfern unserer sozialen
und biologischen Vorgeschichten werden. Die Fähigkeit zur Selbstkontrolle kann uns vor unseren Verwundbarkeiten schützen; vielleicht beseitigt sie diese
Schwachstellen nicht vollständig, aber sie kann uns
helfen, besser damit zurechtzukommen. So kann ein
Mensch, der Angst vor Zurückweisung hat und der
gleichzeitig eine gute Selbstkontrolle besitzt, die Beziehungen, die er zu verlieren fürchtet, besser schützen.

5. Selbstkontrolle umfasst mehr als nur Entschlossenheit; sie erfordert Strategien und Einsichten sowie Ziele und Motivation, damit Willenskraft leichter aufgebaut werden kann und Beharrlichkeit an sich als Belohnung empfunden wird.

Im dritten Teil trete ich aus dem Labor ins Leben und befasse mich zunächst mit der Frage, welche direkten Folgen sich aus diesen Erkenntnissen für die politische Gestaltung unseres Gemeinwesens ergeben. Danach fasse ich die Kernstrategien zusammen, mit denen die Anwendung von Willenskraft im täglichen Leben weniger anstrengend wird – und selbstverständlicher für unsere Kinder und uns selbst. Im Schlusskapitel – »Die Natur des Menschen« – gehe ich der Frage nach, wie die Erforschung der Selbstkontrolle und der Formbarkeit des Gehirns unser Menschenbild verändert.

18

Marshmallows und Politik

ALS ICH VOR VIELEN JAHREN am City College von
New York klinische Psychologie studierte, arbeitete ich neben-
her freiwillig als Sozialarbeiter mit Gruppen von Kindern und
Erwachsenen aus armen Verhältnissen. Ich traf mich mit ihnen im Henry Street Settlement, einer Wohlfahrtseinrichtung
in »den Slums«, wie sie damals genannt wurden, der Lower
East Side von Manhattan. Ich war fasziniert von den Theorien
und Methoden der klassischen klinischen Psychologie, die ich
an der Uni lernte, und wollte sie unbedingt im Rahmen meiner
Sozialarbeit anwenden.

Eines Abends war ich im Henry Street Settlement von
einer Gruppe heranwachsender Jungs umgeben. Sie hörten
mir zu, während ich versuchte, meine neu gewonnenen Erkenntnisse zu nutzen, um die Wut eines besonders feindlich
gesinnten Jungen zu verstehen, dessen älterer Bruder im Todes-
trakt des Staatsgefängnisses auf seine Hinrichtung wartete. Die
Jungs wirkten sehr aufmerksam und lernbegierig, aber schon
bald roch es nach Rauch, und ich merkte, dass einer der Jungen
hinter mir mein Sakko angesengt hatte. Mir wurde klar, dass
die faszinierenden klinischen Methoden und Konzepte aus der
Uni für die jungen Menschen, denen ich helfen sollte, gelinde
gesagt, bedeutungslos waren. Diese Einsicht trug mit dazu bei,
dass ich eine wissenschaftliche Laufbahn einschlug: Ich wollte
bessere Methoden entwickeln, um Jugendlichen wie diesen zu
helfen, das Beste aus ihrem Leben zu machen.[1]

Fünfzig Jahre später hörte ich von Pädagogen, die versuchten, die Forschungsergebnisse zu Selbstkontrolle und Belohnungsaufschub auf die gigantischen Herausforderungen anzuwenden, die sie zu meistern hatten – während in den USA die Kluft zwischen denjenigen an der Spitze der Erfolgsleiter und denen ganz unten immer größer wurde. Auch wenn sich das öffentliche Bildungssystem in vielen Bereichen weiter verschlechtert, ist es immer ermutigend, engagierte und kreative Pädagogen kennenzulernen, die Alternativen entwickeln. Es ist ein Privileg, Einblicke in ihre Aktivitäten zu erhalten, von den Ideen zu erfahren, die sie ausprobieren, und von ihren Erfolgen, Frustrationen und Herausforderungen. Ihr entschlossenes Bemühen, die Fähigkeiten zu fördern, die entscheidend für den Erfolg ihrer Schüler sind, und ihr Bestreben, die Forschungsergebnisse im täglichen Unterricht anzuwenden, haben mich mit dazu bewogen, dieses Buch zu schreiben. In diesem Kapitel beschäftige ich mich mit der Frage, wie die wissenschaftlichen Erkenntnisse über Selbstkontrolle in pädagogische Interventionen einbezogen werden können und welche Folgen sich daraus für die Politik ergeben.

Plastizität: Das formbare menschliche Gehirn

IN DEN LETZTEN ZWANZIG JAHREN, in denen Wissenschaftler immer mehr über die Plastizität des menschlichen Gehirns herausgefunden haben, hat eine stille Revolution des Menschenbildes langsam an Dynamik gewonnen. Ganz unerwartet hat man festgestellt, dass sich die Areale des präfrontalen Kortex, denen die Exekutiven Funktionen zugeordnet werden, durch eine große Formbarkeit auszeichnen.[2] Wie in diesem Buch immer wieder deutlich wurde, erlauben uns diese Mechanismen, unsere impulsiven, heißen Reaktionen im Dienst unserer Ziele und Werte abzukühlen und zu hemmen oder unsere Emotionen je nach Situation zu regulieren.

Die Bedeutung der Exekutiven Funktionen für Wohlbefinden und Erfolg in unserem Leben und vor allem für unsere Fähigkeit, die Stimuluskontrolle durch Selbstkontrolle zu überwinden, steht außer Zweifel. Die sich daraus ergebenden politischen Konsequenzen hängen davon ab, ob wir glauben, dass die Exekutiven Funktionen und die Selbstbeherrschung weitgehend genetisch vorgegeben und unveränderlich sind. Wenn dem so ist, können Interventionen wenig bewirken. Sind sie dagegen veränderbar, hat dies weitreichende politische Konsequenzen. Und pädagogische Anstrengungen sind vonnöten, die auf die möglichst frühzeitige Verbesserung dieser Fähigkeiten abzielen.

Wir wissen heute, dass bei einem Vorschulkind, dem es gelingt, auf zwei Marshmallows zu warten, im sogenannten anterioren cingulären und lateralen präfrontalen Hirnareal eine hohe Aktivität herrscht. Diese Areale sind Schlüsselregionen des kühlen, kognitiven Systems, das ein zum Aufschub fähiges Kind benötigt, um sein heißes, emotionales System zu zähmen. Bildgebende Verfahren wie die fMRT lagen noch weit in der Zukunft, als ich hinter dem Beobachtungsfenster saß und das Verhalten der Kinder studierte, und damals konnte ich nicht ahnen, welche Prozesse in ihrem Gehirn abliefen, als sie vor den Süßigkeiten im »Überraschungszimmer« saßen. Gut kontrollierte Laborstudien haben seither gezeigt, dass die direkte Übung der Exekutiven Funktionen nicht nur die Selbstkontrolle verbessert, sondern auch die entsprechenden neuronalen Funktionsabläufe im Gehirn verändert.

Im Jahr 2005 wollte eine Forschergruppe unter Leitung von Michael Posner herausfinden, wie gezielte Übung und genetische Faktoren gemeinsam die kognitiven Fähigkeiten und die Fähigkeiten der Aufmerksamkeitssteuerung beeinflussen, die es Vorschulkindern ermöglichen, ihr heißes System abzukühlen.[3] Die Forscher unterzogen Jungen und Mädchen im Alter von vier bis sechs Jahren fünf Tage hintereinander einem vierzigminütigen Aufmerksamkeitstraining. Bei diesen Sitzungen beschäftigten sich die Kinder mit unterschiedlichen Computerspielen, die verschiedene Aspekte ihrer Fähigkeit zur Aufmerksamkeitssteuerung beanspruchen und verbessern sollten – besonders die Fähigkeit, sich auf ein Ziel zu konzentrieren und die Aufmerksamkeit zu verlagern, um dieses Ziel, bei gleichzeitiger Hemmung störender Impulse, stetig zu verfolgen. In einem Spiel etwa sollten sie mit einem Joystick eine Comic-Katze auf dem Bildschirm verfolgen. Ihre Aufgabe war es, die Katze zu einer Grasfläche zu bewegen und dabei den schlammigen Flächen auszuweichen, die sich unentwegt weiter ausdehnten. Zugleich schrumpften dabei die Grasflächen, was ihre Aufgabe immer schwieriger machte.

Die Forscher wollten der Frage nachgehen, ob dieses Training beeinflusst, wie die Kinder später bei einem anderen Standardtest der Aufmerksamkeitssteuerung abschneiden. Tatsächlich verbesserte sich, verglichen mit einer Kontrollgruppe, die kein Training erhielt, ihre Aufmerksamkeitssteuerung deutlich – ein hoffnungsvolles Ergebnis angesichts des relativ simplen und kurzen Trainings. Am überraschendsten war, dass selbst diese kurze Trainingsphase zu einer Verbesserung der Punktwerte bei der Messung nichtsprachlicher Intelligenz führte.

Dasselbe Forscherteam fand bei ähnlichen Studien heraus, dass bestimmte Gene, die die Fähigkeit eines Kindes beeinflussen, negative Emotionen abzukühlen und zu kontrollieren sowie Hyperaktivität zu verringern, auch Auswirkungen auf die Aufmerksamkeit und die Fähigkeit zur Selbstkontrolle haben. Vor allem das DAT1-Gen spielt eine Rolle bei verschiedenen Erkrankungen, die von Dopamin beeinflusst werden, etwa ADHS, bipolare Störungen, klinische Depression und Alkoholismus. Für die Politik gibt es eine gute Nachricht: Selbst bei Menschen mit einer nachteiligen genetischen Disposition kann die Steuerung der Aufmerksamkeit durch gezielte Interventionen deutlich verbessert werden – insbesondere durch bessere Erziehungsmethoden während der Entwicklungsphase. Anlage *und* Umwelt greifen nahtlos ineinander und beeinflussen sich gegenseitig.

Wenn man bedenkt, welche Bedeutung die Exekutiven Funktionen für die Entwicklung sozialer sowie kognitiver Kompetenzen und für die Selbstkontrolle haben, stimmen die Forschungsergebnisse zuversichtlich, zu denen Adele Diamond von der University of British Columbia gekommen ist.[4] Sie wollte herausfinden, ob die Exekutiven Funktionen sich tatsächlich mit einfachen erzieherischen Maßnahmen im Kindergarten und in der Vorschule verändern und gezielt stärken lassen. Im Jahr 2007 berichteten Diamond und ihre Kollegen im Wissenschaftsmagazin *Science* über die Ergebnisse einer ihrer größten Studien. Ihr »Tools of the Mind«-Lehrplan, der die Entwicklung der Exekutiven Funktion fördern soll, ließ Kindergartenkinder (Durchschnittsalter: 5,1 Jahre) täglich und intensiv vierzig EF-fördernde Dinge tun. Diese reichten von spielähnlichen Übungen, in denen das Kind sich selbst sagt, was es tun soll, über Rollenspiele, einfache Gedächtnisübungen bis hin zum Lernen, sich zu fokussieren und die Aufmerksamkeit zielgerichtet zu lenken. Diamond untersuchte über zwanzig Vorschulklassen in einkommensschwachen Schulbezirken, und sie verglich die Effekte der »Tools of the Mind« auf EF-Kompetenzen mit den Auswirkungen des gängigen Sprachlehrplans des Schulbezirks, der ähnliche Lerninhalte abdeckte, aber nicht auf die Entwicklung der EF abzielte. Um mögliche Unterschiede in den Fähigkeiten der Lehrer auszugleichen, erhielten alle Klassen die gleichen Ressourcen, und die Lehrer bekamen alle die gleiche Schulung und Unterstützung. Ebenso kamen alle Kinder aus dem gleichen Viertel, und sie wurden nach dem Zufallsprinzip auf die beiden Programme verteilt; auch bei Alter und Herkunft stimmten sie weitgehend überein.

Als die Kinder in ihrem zweiten Kindergartenjahr in beiden Programmen mithilfe der gängigen kognitiven und neuropsychologischen Tests der EF verglichen wurden, war der »Tools of the Mind«-Lehrplan mit deutlichem Abstand der Gewinner. Und er war bei den Vorschulkindern, bei denen die Exekutiven Funktionen anfangs besonders schwach ausgeprägt waren, besonders effektiv. Tatsächlich war der Fortschritt dieser Kinder so eindrucksvoll, dass die Erzieher in einer der Vorschulen forderten, das Experiment abzubrechen, damit die Kinder in der Kontrollgruppe, die nach dem üblichen Sprachlehrplan unterrichtet wurden, ebenfalls an dem neuen Programm teilnehmen könnten.

Die Möglichkeit, die Entwicklung der Exekutiven Funktionen durch Interventionen zu beeinflussen, ist nicht auf die Vorschuljahre begrenzt. Kindern im Alter von elf bis zwölf Jahren, die in der Schule unterdurchschnittliche Leistungen zeigten, wurde in nur wenigen Übungsstunden beigebracht, mithilfe spezifischer *Wenn-dann*-Pläne und -Strategien ihre Schulaufgaben, ihren Notendurchschnitt, ihre Anwesenheit im Unterricht und die Zensuren für ihr Betragen deutlich zu verbessern.[5] In einer anderen Studie wurden Kinder mit ADHS fünf Wochen lang gezielt geschult, um ihr »Arbeitsgedächtnis« zu verbessern – sie mussten sich Informationen kurzzeitig merken, ähnlich wie bei einer siebenstelligen Telefonnummer, die man hört und lange genug zu behalten versucht, um sie dann zu wählen. Das Arbeitsgedächtnis ist ein wichtiger Teil der Exekutiven Funktionen, der uns zielgerichtetes Handeln ermöglicht. Dieses Training verbesserte nicht nur das Arbeitsgedächtnis, sondern schwächte auch die ADHS-Symptome der Kinder und ihre problematischen Verhaltensweisen.[6]

Einfache Meditations- und Achtsamkeitsübungen können die Exekutiven Funktionen ebenfalls erheblich verbessern.[7] Achtsamkeitstraining hilft Menschen dabei, eine gegenwartsbezogene Aufmerksamkeit zu entwickeln: Man registriert jedes Gefühl, jede Empfindung oder jeden Gedanken, der ins Bewusstsein aufsteigt, man akzeptiert und bejaht alles, was man erlebt, ohne es zu bewerten und ohne dem weiter nachzugehen.[8] In einer Gruppe junger Erwachsener, die fünf Tage lang jeweils etwa zwanzig Minuten trainierten, schwächten diese Übungen, begleitet von kurzen Meditationen, negative Affekte, linderten Erschöpfung und verringerten die psychischen und physiologischen Stressreaktionen im Vergleich zu einer Kontrollgruppe, die die gleiche Zeit mit normalem Entspannungstraining verbrachte. Achtsamkeitsübungen reduzierten auch gedankliche Zerstreuung, förderten die Konzentration und verbesserten das Abschneiden von Collegestudenten in Tests wie dem Graduate Record Examination, den Studenten an vielen US-Universitäten ablegen müssen, ehe sie zu einem Aufbaustudium zugelassen werden. Auch das normale erwachsene, alternde Gehirn kann von vergleichsweise simplen Interventionen zur Verbesserung der Exekutiven Funktionen profitieren. Dazu zählen einerseits die körperliche Anstrengung, selbst in Maßen und für kurze Zeit, und andererseits praktisch alles, was Einsamkeit verringert, sozialen Rückhalt und die Verbundenheit mit anderen Menschen stärkt.[9]

Was die Politik tun sollte:
Wissenschaftliche Handlungsempfehlungen

ES HAT SICH ALSO GEZEIGT, dass es effektive Maßnahmen zur Stärkung der Exekutiven Funktionen gibt. Laut dem National Scientific Council on the Developing Child sind die politischen Konsequenzen genauso klar. Dieses Gremium besteht aus einer Gruppe anerkannter Wissenschaftler, die die schädlichen Effekte von chronischem Stress untersucht haben; typischerweise prägt er die Lebensbedingungen von Kindern, die in extremer Armut leben. Die Forscher haben auch die Interventionen, die darauf abzielen, diesen Stress erheblich zu verringern, einer kritischen Bewertung unterzogen. Im Jahr 2011 gelangten sie zu einem eindeutigen Konsens: Starke Exekutive Funktionen sind eine wesentliche Voraussetzung dafür, dass sich Kinder optimal entwickeln und später ihr Potenzial voll ausschöpfen können. Angesichts der rasch steigenden Zahl von Belegen dafür, »dass sich diese Fähigkeiten durch frühe, gezielte Förderprogramme verbessern lassen, verdienen Bemühungen zur Unterstützung der Entwicklung dieser Kompetenzen eine viel größere Beachtung bei der Konzipierung früher Betreuungs- und Erziehungsprogramme«.[10]

Für ein wissenschaftliches Gremium ist dies ein geradezu leidenschaftlich formuliertes Plädoyer, das zum schnellen Handeln auffordert. Seine Empfehlungen orientieren sich eng an den Daten der besten Studien und vermeiden dabei jegliche Emotionalität – was möglicherweise der Grund dafür ist, dass solche Ratschläge häufig in den Forschungsarchiven verschwinden.

Andere Wissenschaftler nicken vielleicht anerkennend, und der eine oder andere Kommentator in den Medien mag Beifall klatschen. Leitartikel bringen eine gewisse Leidenschaft in die Diskussion und weisen zutreffend darauf hin, dass das krasse Leistungsgefälle und die Unterschiede in Sachen Lebenserfolg die Existenz derjenigen bedrohen, die am unteren Ende der Stufenleiter stehen und »Gegenstand« dieser Forschung sind.

Es gibt viele Kinder im Vorschulalter, die den Unterschied zwischen dem vorderen und dem hinteren Deckel eines Buches nicht kennen, wie es ein Experte formuliert, denen keine Geschichten erzählt werden und deren Fantasie nicht angeregt wird, mit denen sich Erwachsene kaum unterhalten, die hungrig über gefährliche Straßen zu heruntergekommenen Schulen gehen und die in Wohnungen zurückkehren, wo Fernseher dröhnen oder sich die Eltern ständig anschreien.[11] Diese Kinder leiden chronisch unter hohem Stress.

Engagierte Menschen, die das ganze Ausmaß dieser Realität erkennen, bemühen sich darum, die Botschaften und Empfehlungen der Wissenschaftler in die Tat umzusetzen. Viele versuchen, die Ergebnisse der Studien über Selbstkontrolle und Hirnentwicklung in Lehrpläne zu integrieren.

Einige dieser Bemühungen führen dazu, dass Pädagogen ihre Programme mit ganz neuen Augen betrachten und wirksamere Methoden für die Erziehung zu Selbstdisziplin und emotionalem Wohlbefinden erarbeiten. Wobei sie bei Kindern im Vorschulalter beginnen.

Das Krümelmonster bändigen

ZU DEN BEKANNTESTEN PROJEKTEN auf dem Gebiet der frühkindlichen Erziehung zählt die *Sesamstraße*, die weltweit ausgestrahlte pädagogische Fernsehserie für Kinder im Vorschulalter, die vom Sesame Workshop produziert wird. Ich hatte kürzlich das Privileg und die Freude, das hervorragende Bildungs- und Forschungsteam des Sesame Workshop bei der Frage zu beraten, wie man den Kindern die Fähigkeit zur Selbstkontrolle modellhaft veranschaulicht, indem man versucht, das Krümelmonster zu bändigen. Ich betone: *versucht*, es zu bändigen, weil das Krümelmonster ohne Zweifel seinen eigenen Kopf hat. Es verkörpert ungezähmtes instinktives Verlangen, besonders nach Keksen, vorzugsweise nach Schokoladenkeksen.

Es wird von einem heißen System angetrieben, das nur lose mit einem noch primitiven präfrontalen Kortex verknüpft ist, der offenbar vor allem damit beschäftigt zu sein scheint, ihm bei seiner Suche nach mehr Keksen zu helfen, während er kaum daran interessiert ist, es bei der Hemmung seiner sehr heißen keksspezifischen Impulse zu unterstützen. Diese impulsive Figur mit blauem Fell und großen Augen hat eine undisziplinierte, durchsetzungsstarke, extrovertierte Persönlichkeit. Laut und stolz verkündet das Monster: »Ich will Kekse! Ich mag Kekse!«, woraufhin es jeden Keks verschlingt, den es zu fassen bekommt. In der 43. und 44. Staffel der *Sesamstraße* wurde das Krümelmonster vor eine Herausforderung gestellt: Es soll seine ungezügelten Impulse kontrollieren, indem es sein heißes System abkühlt, damit es in den exklusiven Cookie Connaisseurs Club (Klub der Kekskenner) aufgenommen wird.[12] Kinder im Vorschulalter lernen, indem sie dem Krümelmonster zusehen, eine erzieherische Lektion. Das zeigt, wie die Ergebnisse der Forschung über Selbstkontrolle in die inhaltliche Gestaltung und den Erziehungsauftrag von Vorschulprogrammen einfließen können.

In einer Folge erscheint das Krümelmonster als Kandidat einer Quizsendung. Im Hintergrund singt eine Art karibische Limbo-Band: »Wer warten kann, wird reich belohnt.« Der sympathische, aber bestimmt auftretende Quizmaster fragt das Krümelmonster, ob es bereit sei, das Wartespiel zu spielen.

KRÜMELMONSTER: Wartespiel?! Auweia! Stell dir vor, ich hätte Glück! Ich darf das Wartespiel spielen! Was für ein Wartespiel?

QUIZMASTER: Das Spiel, bei dem wir dir einen Keks geben! (Ein Keks auf einer Staffelei kommt ins Bild.)

KRÜMELMONSTER: Auweia! Ich mag das Spiel. Keks! Hmm! (Das Krümelmonster stürzt sich darauf, um ihn zu verschlingen, aber der Quizmaster schnappt ihm den Keks weg.)

QUIZMASTER: Warte!

KRÜMELMONSTER: Warten, um den Keks zu essen? Das ist Blödsinn! Warum soll ich warten?

QUIZMASTER: Weil dies das Wartespiel ist, und wenn du den Keks nicht isst, bis ich zurückkomme, bekommst du zwei Kekse!

Die Lektion geht weiter, während der Moderator die Regeln geduldig aufs Neue erklärt: »Wenn du auf den Keks wartest, bis ich zurückkomme, kriegst du zwei Kekse!« Etwa eine Sekunde lang hält das Krümelmonster dies für eine gute Idee: »Dann wart ich halt.« Der Moderator wünscht ihm viel Glück, aber das Krümelmonster hat plötzlich eine heiße Einsicht: »Ach, das war nur Spaß, ich kann nicht warten! Ich möchte den Keks jetzt!« – und stürzt sich darauf, wird aber von den »Wartespielsängern« abgefangen, die plötzlich auftauchen und singen: »Wer warten kann, wird reich belohnt.«

Die Sänger erklären, Singen sei eine gute Strategie, wenn es wirklich schwer sei, auf etwas zu warten. Krümelmonster versucht es, schafft es aber nicht und will es auch nicht: »Vergiss es, ich ess ihn einfach!« Wieder greifen die Sänger ein: »Nein, du musst dich ändern. Erinnere dich: Wer warten kann, der wird reich belohnt. Ja, wer warten kann, der wird reich belohnt.«

Die Lektion geht weiter, und das Krümelmonster lernt, so zu tun, als wären die Kekse eingerahmt. Es zeichnet mit den Fingern einen mentalen Rahmen darum, es holt einen echten Bilderrahmen hervor und rahmt den Keks damit ein, es dreht Däumchen, summt *Dammdidamm*, aber schon bald gerät es wieder in Versuchung. Das Krümelmonster erhält weiterhin Unterstützung, während es Schritt für Schritt neue Strategien lernt, und voller Erstaunen entdeckt es einige sogar selbst: »Ich muss mich ändern. Oh, ich hab's verstanden. Ich denk nicht mehr an den Keks, wenn ich mit diesem Spielzeug spiele.« Es holt einen Stoffhund hervor und beginnt, sich selbst etwas vorzusingen und damit zu spielen, bis es langweilig wird, dann erfindet es einen neuen Trick, um durchzuhalten: »Ich tu so, als wäre der leckere Keks ein stinkender Fisch!« Der Keks auf der Staffelei verwandelt sich in einen Fisch, und das Krümelmonster wartet, während es in der Luft umherwedelt, als würde es einen widerlichen Gestank vertreiben. Nach einiger Zeit, sehr viel Zeit, nach viel Anstrengung und mit zunehmendem Durchhaltevermögen gewinnt es das Wartespiel und stimmt triumphierend in den Gesang ein: »Wer warten kann, wird reich belohnt!«

Diese Episode ist eine von vielen, die der Sesame Workshop der Selbstregulation widmete. Die *Sesamstraße*-Staffeln der Jahre 2013 und 2014 führen unterschiedliche Formen der Selbstregulation vor, die in den Eskapaden und Abenteuern ihrer bezaubernden und heiß geliebten Figuren thematisiert werden, vom Krümelmonster bis hin zu Oscar aus der Mülltonne. Sie fesseln Kinder im Vorschulalter mit witzigen Kurzgeschichten, während sie ihnen einige der zentralen Aspekte der Selbstkontrolle und viele weitere Strategien und Fähigkeiten vermitteln, die Vorschulkinder brauchen, um die Exekutiven Funktionen, Selbstbeherrschung und emotionale Regulationskompetenz zu entwickeln.

Die Bildungsforscher der *Sesamstraße* haben große Anstrengungen unternommen, um die Auswirkungen ihrer Sendungen objektiv abzuschätzen. Sie haben im Lauf der Jahre auch Daten zusammengetragen, die belegen, dass die von ihnen gemachte Sendung für viele Kinder positive Ergebnisse gebracht hat, zum Beispiel eine größere Schulreife und bessere Schulerfolge.[13] Obwohl Kinder, die sich häufiger *Sesamstraße* anschauen, bessere schulische Leistungen erbringen, können wir nicht wissen, worauf das zurückzuführen ist. Vermittelt ihnen das Programm bestimmte Lektionen? Oder liegt es daran, dass ihre Eltern im Fernsehen eher Bildungssendungen für Kinder einschalten? Wahrscheinlich tragen beide Faktoren dazu bei, dass diese Programme positive Wirkungen haben –

und zwar nicht nur dadurch, dass sie Kinder auf unterhalt-same Weise beschäftigen, sondern auch dadurch, dass sie ihnen helfen, Fähigkeiten zu entwickeln und wichtige soziale, morali-sche und kognitive Lektionen fürs Leben zu lernen.

Vom Krümelmonster zu KIPP-Schulen

FÜHRENDE WISSENSCHAFTLER, die besorgt sind wegen der Auswirkungen von toxischem Stress auf das früh-kindliche Gehirn und der daraus resultierenden erhöhten An-fälligkeit für psychische und körperliche Krankheiten, weisen auf einen interessanten Zusammenhang hin: Menschen mit dem niedrigsten sozioökonomischen Status haben ein höheres Risiko für zahlreiche Krankheiten und eine höhere Sterblich-keit und leiden unter dem, was »biologische Benachteiligung« genannt wird – den physiologischen und psychischen Folgen von chronischem Stress, der bereits im Mutterleib beginnt.[14] Für Erzieher, die mit diesen Menschen arbeiten, besteht die Herausforderung darin, Kindern, Eltern und Betreuungsperso-nen zu helfen, die Benachteiligung zu überwinden. Am aus-sichtsreichsten ist es dabei, ihnen möglichst früh im Leben Zu-gang zu Bildung zu verschaffen, was ihnen wiederum helfen kann, die sozioökonomische Stufenleiter hinaufzuklettern. Aber mit welcher Art von Bildung und mit welchen Methoden?

Der deprimierende Zustand des öffentlichen Schulwesens in den USA, vor allem in sozial schwachen Gebieten, hat breite Beachtung gefunden. Aber trotz dieses insgesamt betrüblichen Bildes gibt es eine erfreuliche Nachricht: In den vergangenen zehn Jahren und mit zunehmendem Tempo wurden verschie-dene innovative pädagogische Ansätze entwickelt, die dabei helfen sollen, die neuesten Erkenntnisse über Gehirnentwicklung, Belohnungsaufschub, Selbstkontrolle und Selbstdisziplin in Lehrpläne einzubinden. Viele dieser Projekte zielen darauf ab, den Unterricht unter verschiedenen schulischen Rahmenbedingungen effektiver zu machen, insbesondere in solchen Schulen, die von Kindern mit einer »biologischen Benachteiligung« besucht werden.

Hier konzentriere ich mich auf ein vielversprechendes Projekt, bei dem die neuesten psychologischen Forschungsergebnisse unmittelbar in die Unterrichtsgestaltung einfließen: die KIP-Programme in New York City, die George Ramirez halfen, seinen Weg zu finden. Im Herbst 2012 besuchte ich vier der neun KIPP-Academy-Schulen, die es damals in New York City gab (eine zehnte befindet sich im Bau). Dass »KIPP« für das »Knowledge Is Power Program« steht, wird stolz auf Schildern überall in den KIPP-Schulen verkündet. Ich wollte mir einen Eindruck davon verschaffen, wie sich das Unterrichtsprogramm in der Praxis bewährte, ein Programm, das sich an Kinder in einigen der ärmsten, soziökonomisch schwächsten Gegenden des Landes richtete. Was kann dieser Schultyp tatsächlich leisten?

KIPP wird zu einem Vorbild für verschiedene Arten von Projekten, die das öffentliche Bildungswesen in den USA von Grund auf verändern wollen.[15] Dave Levin, ein rund vierzigjähriger Mann von schier unerschöpflicher Energie und die treibende Kraft hinter der KIPP-Gruppe von Charter-Schulen, gab mir eine Einführung. Die KIPP-Schulen wollen Kinder vom Kindergarten an auf das College vorbereiten, und entsprechend sind die Wände der Klassenzimmer mit Collegebannern überzogen. Über 86 Prozent der Schüler kommen aus armen Familien von sozialen Minderheiten, die in den innerstädtischen Wohngebieten leben.[16] Ihr Schultag beginnt um 7:30 Uhr und endet um 16:30 oder 17 Uhr, und im Sommer gibt es zwei bis drei Stunden zusätzlichen Unterricht. Bei vielen Programmen wird ausdrücklich die Beteiligung der Eltern gefördert. Die Plätze werden verlost, da es nicht annähernd genug Aufnahmemöglichkeiten für die vielen gibt, die sich eine Chance wünschen und verdienen. Vorbild für die New Yorker KIPP-Schulen ist ein Programm, das Dave Levin und Mike Feinberg 1994 in einer fünften Klasse in Houston, Texas, initiierten. Zwanzig Jahre später gibt es landesweit 141 KIPP-Schulen mit insgesamt etwa 50 000 Schülern.

Die KIPP Infinity Elementary School ist eine der Schulen, die ich besuchte. Sie liegt im überwiegend hispano- und afroamerikanischen Viertel Harlem in Manhattan, ein paar Straßenzüge nördlich der Columbia University und südlich des City College of New York. Diese KIPP-Schule eröffnete im Jahr 2010 und hat etwa 300 Schüler, von der Vorschule bis zur vierten Klasse, von denen über 90 Prozent Afroamerikaner oder Hispanics sind. Ungefähr der gleiche Prozentsatz hat Anspruch auf ein kostenloses oder verbilligtes Mittagessen, das, gemäß den Statuten, Kindern aus Familien mit niedrigem Einkommen zusteht. Das Schulgebäude ist besonders ansprechend gestaltet, blitzsauber und hell erleuchtet; es ist mit bequemen, modernen Möbeln und anderen Einrichtungsgegenständen ausgestattet. Da ich selbst als Kind auf öffentliche Schulen in New York City gegangen war und sie in den letzten Jahren im Rahmen von Forschungsarbeiten besuchte, war für mich allein schon der Kontrast im äußeren Erscheinungsbild eine angenehme Überraschung.

Als ich ein Klassenzimmer für Erstklässler betrat, sah ich Kinder, die aufmerksam zuhörten, während ihr junger Lehrer ruhig mit ihnen sprach. Sofort kam Malcolm auf mich zu, ein kleiner Junge mit sanfter Stimme und freundlichem Wesen, der sich höflich vorstellte und mich begrüßte. Während er seine Hand zu einem herzlichen Händedruck ausstreckte, fragte Malcolm nach meinem Namen und hieß mich in der Klasse, bei den Columbia University Lions, willkommen. Während er mich hineinführte, brachen laute Trommelwirbel und Jubelrufe los – der Lehrer gab gerade bekannt, wer an diesem Morgen für den »Namenstag« ausgewählt worden war – nicht wegen eines Geburtstags, sondern weil man jeden Tag ein anderes Kind hochleben ließ.

Jedes Klassenzimmer ist nach einem anderen College benannt, und an den Wänden hängen Banner mit inspirierenden Themen, die im Unterricht behandelt werden. UNITE zum Beispiel ist (im Englischen) das Akronym für »Understand« (Verstehe), »Never give up« (Gib niemals auf), »Imagine« (Nutze deine Fantasie), »Take a risk« (Geh ein Risiko ein) und »Explore« (Erkunde). Ein »Erholungs-« beziehungsweise »Denkstuhl« steht etwas abseits im Klassenzimmer. Er ist nicht dafür da, jemanden zu bestrafen, indem er wie früher in der Ecke sitzen muss, sondern soll Schülern helfen, sich zu beruhigen, wenn sie das Gefühl haben, gleich auszurasten – oder wenn der Lehrer glaubt, dies könne jeden Moment geschehen. In der Nähe des Stuhls befindet sich auch eine Sanduhr, daneben an der Wand hängen kleine Schilder mit Ratschlägen, die dem Kind helfen sollen, sich selbst zu beruhigen: Lass Wut und Ärger nicht an dich ran, atme tief, zähle rückwärts, stell dir vor, Wut und Ärger fliegen in Luftballons davon. Daneben werden andere Strategien gezeigt, die Kinder befähigen sollen, sich zu beruhigen, sich wieder zu beherrschen und, statt von heißen Gefühlen aufgewühlt zu werden, nachzudenken, sodass das Kind den Stuhl verlassen und in den Kreis der anderen Schüler zurückkehren kann.

Die zehnjährige Madeline besuchte die fünfte Klasse, und als ich sie kennenlernte, näherte sich das Ende ihres ersten Jahres auf der KIPP-Schule.[17] Sie hatte von der öffentlichen Schule auf der anderen Seite des Gebäudes hinüber zur KIPP-Schule gewechselt. »Dort war es kälter«, sagte Madeline über die öffentliche Schule, »und hier sind die Lehrer strenger, sie haben höhere Ansprüche.« Ihre Begeisterung schien grenzenlos: »Ich glaube, ich lerne anders – die Lehrer sind klarer. Jeden Tag lernen wir etwas Neues und wiederholen das Alte. Hier nehmen wir den Unterricht ernster. Mehr Hausaufgaben, mehr Korrekturen, mehr Berichte darüber, wie gut wir sind. Zwischenzeugnisse – da hat man immer noch die Chance, etwas zu verändern, wenn man immer anwesend ist, sich besser benimmt. Auf dem Zeugnis gibt es nur eine Gesamtnote.«

Was wird sie tun, wenn sie zwanzig ist? Sie werde Ärztin, Tierärztin oder Lehrerin sein, sagt sie. Wie will sie das schaffen? Ihre Antwort ist bedächtig, langsam, sie nennt viele Details und gibt Beispiele, angefangen von »Je mehr ich zuhöre, umso mehr lerne ich« über das dreistündige Erledigen der Hausaufgaben jeden Abend, das Nachdenken über sich selbst und wie sie sich verändert: »Ich lerne mehr, ich strenge mich mehr an ... Wir haben immer Doppelstunden von neunzig Minuten und lernen jeden Tag etwas Neues.«

»Was ist soziale Intelligenz?«, frage ich sie. Ihre Antwort: »Zum Beispiel wenn etwas hinfällt und du hebst es auf, bevor es dir gesagt wird. Wenn sich jemand im Unterricht danebenbenimmt, hörst du ihm nicht zu.« Was ist Selbstkontrolle? »Es ist so ähnlich wie soziale Intelligenz. Auch wenn jemand im Unterricht etwas tut, was komisch ist, lachst du nicht – du musst dich beherrschen. Wenn du etwas, das dir gefällt, nehmen willst, musst du dich beherrschen und darfst es nicht tun.« Was sie sagt, erinnert mich an die Antwort eines gleichaltrigen Jungen, der sich um bessere Selbstkontrolle bemühte: »Man muss überlegen, bevor man etwas tut.«

Als Wissenschaftler weiß ich, dass ich von einer kleinen Stichprobe aus nicht verallgemeinern kann; mir ist klar, dass ich darauf achten muss, aus vereinzelten Beobachtungen nicht übereilte Rückschlüsse zu ziehen, und meine Eindrücke relativieren muss. Aber seitdem ich durch die KIPP-Klassenzimmer gewandert, diesen Kindern begegnet bin und, wenn auch nur flüchtig, gesehen habe, wie sie zuhören und sich ausdrücken und wie die Lehrer sie unterrichten, bin ich viel zuversichtlicher, was die Zukunft von Kindern aus schwierigen Verhältnissen betrifft.

Ich hatte ein mehr als warmes Gefühl. Mein kühles System registrierte, dass die im Labor gewonnenen Erkenntnisse, wenn sie von engagierten Lehrern in einem geeigneten schulischen Umfeld klug in die Praxis umgesetzt werden, diesen Kindern die Chance geben können, ihr Leben zu ändern, eigene Ziele zu definieren und diese hartnäckig zu verfolgen. KIPP steht beispielhaft für eine pädagogische Philosophie und für ein Schulsystem, das Forschungsergebnisse in seinen täglichen Lehrplan und das gesamte Lernumfeld integriert. Es beweist, dass es möglich ist, Selbstkontrolle zu stärken, das Setzen von Zielen zu fördern, realistische Ziele zu erreichen, Neugier anzuregen und Beharrlichkeit zu belohnen, bis das Durchhaltevermögen selbst zu einer Art von Belohnung wird.

Ich fragte Dave Levin, ob KIPP-Schulen wirklich »Leben retten«, um den Ausdruck von George Ramirez zu verwenden. Dave beteuerte, dass sie *niemandes* Leben retteten. Er erklärte:

»Wir feuern die Kinder an, aber sie spielen das Spiel. Den Hauptteil erledigen sie. Wir legen die Bedingungen fest – aber die mühsame Arbeit muss jeder Einzelne selbst leisten.« KIPP habe sich selbst zum Ziel gesetzt, Kindern dabei zu helfen, ein Leben zu führen, das ihnen viele Möglichkeiten eröffne. Optionen zu haben, das bedeutet aber nicht, dass es für alle nur den einen bestimmten Weg gibt – es bedeutet nicht unbedingt, ein Ivy-League-College oder überhaupt ein College zu besuchen. Bei der Wahlfreiheit geht es darum, Kindern echte Optionen für ihre Lebensgestaltung zu eröffnen, und zwar unabhängig von ihrer sozialen Herkunft.

Charakterstärke entwickeln

DAVE UND ICH unterhalten uns oft darüber, wie sich KIPP weiterentwickeln sollte, um noch effektiver zu werden, und wie sich das Programm mit der Zeit verändert. Als das KIP-Programm in den Neunzigerjahren auf den Weg gebracht wurde, schienen das College und der Erwerb der Kompetenzen, die für die Aufnahme eines Studiums notwendig sind, *der* Schlüssel zu sein, um sich aus Armut zu befreien und Zugang zu einer Welt von Chancen und Wahlmöglichkeiten zu bekommen. Daher war – und bleibt – das übergeordnete Ziel des KIP-Programms, alles zu tun, um seine Schüler zu einem erfolgreichen Collegeabschluss zu bringen. Dave erklärte mir, dass im Jahr 2013 etwa 3200 KIPP-Absolventen an einem College studierten, wobei bislang insgesamt nur 40 Prozent ihr Collegestudium erfolgreich abgeschlossen haben – gegenüber einer Quote von 8 bis 10 Prozent für Kinder aus ähnlichen sozioökonomischen Verhältnissen, die nicht an KIP-Program-

men teilgenommen haben, und einer durchschnittlichen natio-
nalen College-Abschlussquote von 32 Prozent.[18]

Dave glaubt, dass sich in dieser Erfolgsquote die Tatsache
widerspiegelt, dass KIPP-Schüler nicht nur die für das Collegestudium erforderlichen fachlichen Kompetenzen erwerben. Ihnen werden auch die charakterlichen Fähigkeiten beigebracht,
die notwendig sind, um im Studium und darüber hinaus erfolgreich zu bestehen. Für ihn ist die Frage, wie sich die »Charakterbildung« am besten in den KIPP-Lehrplan integrieren lässt,
eine ständige Herausforderung. Als er zum ersten Mal von
»Charakter« sprach, war ich skeptisch, weil das Wort so oft
für angeborene Persönlichkeitsmerkmale verwendet wird, aber
in diesen Schulen meint es etwas anderes. Hier versteht man
unter »Charakter« sämtliche Kompetenzen, spezifischen Verhaltensweisen und Einstellungen, die Schülern beigebracht
werden können   es geht dabei vor allem um Selbstkontrolle,
aber auch um solche Eigenschaften wie Durchhaltevermögen,
Optimismus, Neugierde und Begeisterungsfähigkeit. KIPP-
Schulen versuchen, sich beim Thema Charakterbildung nicht
damit zu begnügen, Spruchbänder mit inspirierenden Slogans
in Klassenzimmern aufzuhängen und Schuldirektoren bei der
wöchentlichen Schulversammlung hochtrabende Moralpredig-
ten halten zu lassen. Vielmehr versuchen sie, die Charakterbildung zu einem integralen Bestandteil der täglichen Lernerfah-
rungen all ihrer Schüler und auch ihrer Lehrer und Mentoren
zu machen.

Dave sieht den Schlüssel zur Charakterbildung im Unterricht darin, Schülern die Gelegenheit zu geben, in der Schule
jene Verhaltensweisen zu üben, die Selbstkontrolle, Durchhaltevermögen und ähnliche Fähigkeiten fördern. In seinen
Worten: »Wenn man will, dass Schüler lernen, rasch über

Frustrationen hinwegzukommen, sich von Misserfolgen nicht unterkriegen zu lassen und konzentriert eigenständig zu arbeiten, muss man ihnen die Chance geben, diese Dinge in der Schule auszuprobieren. Und die Lehrer müssen ihren Unterricht so strukturieren, dass Zeit dafür bleibt.«[19] Deshalb sieht der Lehrplan viele Übungsstunden vor, in denen die Schüler mit einem Partner oder in einer kleinen Gruppe eigenständig – also unabhängig von ihrem Lehrer – an anspruchsvollen Projekten arbeiten, die Konzentration und die Bereitschaft zur Anstrengung erfordern. »Der Schlüssel liegt darin, dass der Lehrer nicht länger frontal vor der Klasse steht und doziert, sondern die Schüler dazu zwingt, sich aktiv einzubringen und das meiste durch eigene Anstrengung zu erreichen.«

Um ihre Fortschritte bei der Charaktererziehung zu überprüfen, beurteilen sich die Schüler mehrmals im Jahr selbst, und zwar immer vor der Zeugnisvergabe. Sie schätzen ein, wie oft (von »fast nie« bis »fast immer«) sie erfolgreich eine Reihe von Verhaltensweisen geübt haben, die bestimmte Charakterfähigkeiten definieren – vor allem Selbstkontrolle, Durchhaltevermögen, Optimismus, Begeisterungsfähigkeit, soziale Intelligenz, Neugierde und Dankbarkeit. Jede Fähigkeit ist mit den sie definierenden Verhaltensweisen verknüpft, und zwar über Sätze wie »Ich bin motiviert geblieben, auch wenn die Dinge nicht so gut liefen« für Optimismus und »Ich habe alles, was ich angepackt habe, zu Ende geführt« für Durchhaltevermögen. Selbstkontrolle wird in zwei Arten von Selbstdisziplin unterteilt: die Fähigkeit, Ziele konsequent zu verfolgen und bei der Arbeit konzentriert zu bleiben (»Ich war aufmerksam und widerstand Ablenkungen«), und die Fähigkeit, in schwierigen zwischenmenschlichen Situationen Wut und Frustration im Zaum zu halten (»Ich blieb ruhig, selbst wenn ich kritisiert oder in anderer Weise provoziert wurde«). Die Verhaltensmerkmale für »Begeisterungsfähigkeit« drücken sich in Sätzen aus wie: »Ich gehe voller Elan und Tatkraft an neue Situationen heran.« Und soziale Intelligenz wird definiert durch Verhaltensweisen wie: »Ich habe Respekt vor den Gefühlen anderer gezeigt.« Die Lehrer sollen nicht nur den Fortschritt ihrer Schüler, sondern auch den eigenen mit ähnlichen messbaren Kriterien der Charakterentwicklung beobachten und einschätzen, um den Fortschritt der gesamten Schulgemeinschaft zu beurteilen und möglichen Rückschritten vorzubeugen. Diese Bemühungen zur Stärkung von Charakterfähigkeiten wurden bislang noch nicht systematisch bewertet, aber die Kinder und Lehrer in diesen Programmen beginnen zumindest, auf diese Art und Weise über die Frage nachzudenken, ob sie die gewünschten Charakterfähigkeiten erfolgreich entwickeln.

Als ich von den charakterlichen Fähigkeiten hörte, deren Entwicklung das KIP-Programm bei seinen Schülern nachhaltig fördert, war ich verblüfft, wie ähnlich sie den Eigenschaften sind, die Vorschulkinder, die beim Marshmallow-Test warten konnten, von denjenigen unterscheiden, die schnell die Glocke läuteten, als wir sie zehn Jahre später als Heranwachsende psychologisch testeten. Nehmen wir zum Beispiel »Durchhaltevermögen«, das in Angela Duckworths »Grit Scale« mithilfe von Aussagen wie »Rückschläge entmutigen mich nicht« gemessen wird. Diese Aussage deckt sich fast wörtlich mit den Äußerungen, mit denen Eltern diejenigen heranwachsenden Kinder charakterisierten, die im Vorschulalter beim Marshmallow-Test länger gewartet hatten.[20] Es stimmt optimistisch, wenn man sieht, dass sich die Verhaltensweisen und Einstellungen, die »hoch aufschubfähige« Kinder im Jugendalter auszeichnen, mit den charakterlichen Fähigkeiten überschneiden, die KIPP bei seinen Schülern zu fördern versucht, um ihre Chancen auf eine erfolgreiche Zukunft zu verbessern.

Aus vielen Gründen setzen Schulen wie KIPP oftmals erst im Kindergarten ein und nicht schon in den früheren Vorschuljahren, wenn Kinder (psychisch) äußerst verletzlich sind und die »biologische Benachteiligung« zu greifen beginnt.[21] Das Vorschulalter ist auch die Zeit, in der Kinder am ehesten Strategien lernen, die ihnen helfen können, Stress zu bewältigen und kognitive Kompetenzen zu entwickeln, die für den schulischen Erfolg unerlässlich sind. Um die immer größer werdende Kluft zwischen den Vermögenden und den Armen zu schließen, forderte Präsident Obama in seiner Rede zur Lage der Nation 2013 die flächendeckende Einführung der Vorschulerziehung in den USA. Wenn dieser Aufruf zum Handeln in die Tat umgesetzt wird, wird der Erfolg auch davon abhängen, wie effektiv Vorschulen wissenschaftliche Erkenntnisse in ihre Arbeit einfließen lassen. Und auch wenn Vorschulen wichtige Voraussetzungen schaffen können, hängen langfristige Erfolge davon ab, wie Vorschulen, Schulen und Familien zusammenarbeiten, um Kindern zu helfen, Fähigkeiten zu nutzen und weiterzuentwickeln, die gewissenhaftes Verhalten, Selbstkontrolle, Verantwortungsbewusstsein und das Streben nach sinnvollen Lebenszielen fördern. Man muss abwarten, was aus Obamas Plädoyer werden wird. Aber es steht fest, dass ein besserer Zugang zu vorschulischen Erziehungseinrichtungen, wie immer er erreicht werden kann, dringend erforderlich ist. Und vermutlich werden diese Einrichtungen, wenn sie verfügbar sind, Kleinkindern helfen, die charakterlichen Fähigkeiten und die Motivation zu entwickeln, die sie benötigen, um die Chancen zu bekommen, die sie verdienen.

Strategien der Selbstkontrolle

DIE IN DIESEM KAPITEL vorgestellten Konzepte und Strategien der Selbstkontrolle dürften für Sie nicht neu sein, da ich in diesem Buch immer wieder über entsprechende Forschungsergebnisse berichtet habe. Hier stelle ich sie zusammen und zeige, wie sie miteinander verknüpft sind. Außerdem gebe ich einen Überblick über die wichtigsten Punkte und konzentriere mich darauf, wie wir sie im Alltag anwenden können, wenn wir unsere Selbstkontrolle stärken wollen. Sie können es jederzeit selbst ausprobieren.

Zunächst können wir Verlockungen deshalb nur schwer widerstehen, weil das heiße System stark gegenwartsbezogen ist: Während es sämtliche sofortigen Belohnungen beachtet, lässt es die außer Betracht, die in der Zukunft liegen. Psychologen haben dieses »Diskontieren von Zukunft« bei Menschen und Tieren nachgewiesen,[1] und Ökonomen haben es in einem einfachen mathematischen Modell formalisiert.[2] Der Wirtschaftsprofessor David Laibson von der Harvard University, mit dem ich bei verschiedenen Projekten zusammenarbeite, hat damit erklärt, weshalb er es nur selten ins Fitnessstudio schafft, trotz bester Vorsätze. Das Ausmaß, in dem wir die Zukunft diskontieren – den Gegenwartswert eines zukünftigen Nutzens bestimmen –, ist von Mensch zu Mensch verschieden, und Laibson benutzt in seinem Beispiel einen »Diskontierungssatz«, der den Wert der aufgeschobenen Belohnungen halbiert. Für die meisten Menschen ist dieser Abwertungssatz sogar noch größer. Um die Diskontierung in einem mathematischen Modell abbilden zu können, schreibt Laibson jeder Aktivität einen Zahlenwert zu, der angibt, wie viel unangenehme Anstrengung mit der Aktivität verbunden ist (negative Zahl) beziehungsweise wie hoch ihr Belohnungswert ist (positive Zahl). Für ihn ist die körperliche Anstrengung heute mit Kosten von −6 verbunden, und der langfristige gesundheitliche Nutzen der Anstrengung hat einen positiven Wert von +8. Natürlich hängen diese Zahlen immer davon ab, welche Werte die Person zuweist, die eine Entscheidung trifft.

So erklärt Laibson seine Neigung, ständig alles aufzuschieben: Er kann heute Sport treiben (seine Anstrengungskosten betragen −6), um einen aufgeschobenen gesundheitlichen Nutzen zu erhalten (für ihn ein Zukunftswert von +8). Der Nettonutzen körperlicher Anstrengung für jemanden mit seiner Gegenwartsgewichtung beträgt dann ($-6 + ½ [8] = -2$). In dieser Gleichung wurde der Zukunftswert von +8 wegen der automatischen Diskontierung (Abwertung) der Zukunft halbiert, sodass der Nettonutzen seines heutigen Trainings −2 beträgt. Dagegen hat das Trainieren morgen aufgeschobene Anstrengungskosten von −6 und einen aufgeschobenen Nutzen von +8, die beide halbiert werden, weil sie in der Zukunft liegen ($½ [-6 + 8] = +1$). Für Laibson ergibt sich daraus ein Nettowert für das Aufschieben des Besuchs im Fitnessstudio von +1, was besser ist als der Nettowert heutigen Sporttreibens von −2. Folglich geht er nur selten ins Fitnessstudio. Diese Gewichtungen schwanken nicht nur zwischen einzelnen Personen sehr stark, sondern auch bei jedem von uns bei verschiedenen Aktivitäten: Vielleicht gehen Sie sehr regelmäßig ins Fitnessstudio, aber vermeiden es konsequent, Ihre Toilette zu säubern.

Die emotionale Tendenz des Gehirns, unmittelbare Belohnungen überzubewerten und den Wert aufgeschobener Belohnungen stark herabzusetzen, zeigt uns, was wir tun müssen, wenn wir das Heft in die Hand nehmen wollen: Wir müssen den Prozess umkehren, indem wir die Gegenwart abkühlen und die Zukunft erhitzen. Die erfolgreichen Vorschulkinder zeigten, wie man das macht. Sie kühlten ihre unmittelbare Belohnung ab, indem sie sich physisch davon distanzierten. Sie schoben sie an die Kante des Tischs, wandten ihren Blick ab, und sie dachten sich fantasievolle Tricks aus, um sich absichtlich abzulenken. Bei alldem behielten sie ihr Ziel – die beiden Marshmallows – fest im Auge. Wir legten ihnen verschiedene Abkühlungsstrategien nahe, um ihnen das Warten auf die größeren Belohnungen zu erleichtern. Sie kühlten die unmittelbare Versuchung dadurch ab, dass sie sie kognitiv umwandelten, sie abstrakter machten und sich psychisch von ihr distanzierten. Das erleichterte für sie die Selbstkontrolle erheblich und befähigte sie dazu, sogar länger zu warten, als wir es selbst mitansehen konnten.

Das Grundprinzip: Das »Jetzt« abkühlen,
das »Später« erhitzen

UNABHÄNGIG VOM ALTER besteht die Kernstrategie zur Stärkung der Selbstkontrolle darin, das »Jetzt« abzukühlen und das »Später« zu erhitzen – schieben Sie die unmittelbare Versuchung vor Ihnen räumlich und zeitlich möglichst weit weg und holen Sie die fernen Konsequenzen im Geiste näher heran. Meine Kollegen und ich haben dies in den Experimenten mit Tabak und Heißhunger nachgewiesen, die in

Kapitel 10 beschrieben wurden. Wenn wir Probanden dazu anhielten, sich auf das »Später« und die langfristigen Folgen des Essens (»Ich werde vielleicht zu fett«) zu konzentrieren, verminderte sich ihr Heißhunger, sowohl ihrem subjektiven Gefühl nach als auch objektiv, wie Messungen ihrer Hirnaktivität zeigten. In ähnlicher Weise schwand das Verlangen nach Tabak, wenn sich starke Raucher auf das »Später« und die langfristigen Folgen des Rauchens (»Ich bekomme vielleicht Lungenkrebs«) konzentrierten. Dagegen hatte die Fokussierung auf das »Jetzt« und die unmittelbaren, kurzfristigen Folgen (»Ich werde mich gut fühlen«) genau den umgekehrten Effekt: Das Verlangen wurde schier übermächtig.

Wenn sich unser heißes System außerhalb des Labors auf die gerade gegenwärtige Versuchung konzentriert, gibt es niemanden, der uns dazu anhält, die künftigen Konsequenzen zu erhitzen und die unmittelbaren Belohnungen abzukühlen. Um Selbstkontrolle zu lernen, müssen wir uns selbst anleiten. Und das geschieht nicht automatisch, denn wenn wir Verlockungen ausgesetzt sind, dominiert das heiße System: Es wertet die zukünftigen Konsequenzen ab, es kommt schneller in Fahrt als das kühle System, und in demselben Maße wird das kühle System schwächer. Diese Dominanz des heißen Systems mag unseren Vorfahren in der Wildnis durchaus geholfen haben, aber sie löst auch den unwillkürlichen Reflex in uns aus, Verlockungen nachzugeben, sodass sich selbst intelligente Leute schnell mal unklug verhalten. Wenn wir das stete Versagen unserer Selbstkontrolle bereuen, so wird es vermutlich eine flüchtige Reue sein. Denn unser psychisches Immunsystem schützt und verteidigt uns sehr gut, indem es versucht, unsere mangelnde Selbstkontrolle rational zu erklären (»Ich hatte einen schlechten Tag«, »Sie war schuld«), und auf diese Weise verhindert, dass wir uns allzu lange Selbstvorwürfe machen. Dadurch wird es noch unwahrscheinlicher, dass wir lernen, uns in der Zukunft anders zu verhalten.

Wenn-dann-*Pläne automatisieren die Selbstkontrolle*

WIE KÖNNEN WIR dieses Problem umgehen? Wenn wir Selbstkontrolle ausüben wollen, müssen wir Wege finden, um das kühle System automatisch zu aktivieren, wenn wir es brauchen – aber gerade dann ist dies am schwierigsten, es sei denn, wir sind darauf vorbereitet. Erinnern wir uns daran, wie die Kinder der Clown-Box widerstanden, die sie unentwegt drängte, jetzt gleich mit ihr zu sprechen und zu spielen, statt weiterzuarbeiten und später zu spielen (Kapitel 5). Sie bereiteten sich auf die Begegnung vor, indem sie zunächst *Wenn-dann*-Umsetzungspläne einübten. Zum Beispiel: »Wenn die Clown-Box ›psst‹ macht und dich auffordert, sie anzusehen und mit ihr zu spielen, dann kannst du einfach deine Arbeit betrachten, nicht sie, und sagen: ›Nein, ich kann nicht. Ich arbeite.‹« Solche *Wenn-dann*-Pläne halfen den Kindern, an ihren Zielen festzuhalten, ihre Arbeit konsequent zu Ende zu bringen und den Verlockungen der Clown-Box zu widerstehen.[3]

Im alltäglichen Leben haben *Wenn-dann*-Umsetzungspläne Erwachsenen und Kindern geholfen, ihr Verhalten besser zu kontrollieren, als sie es selbst für möglich hielten. Wenn wir diese Pläne gut eingeübt haben, wird die Reaktion der Selbstkontrolle automatisch durch den Reiz ausgelöst, mit dem sie verknüpft ist: »*Wenn* ich mich dem Kühlschrank nähere, *dann* werde ich die Tür nicht aufmachen«, »*Wenn* ich eine Bar sehe, *dann* werde ich auf die andere Straßenseite wechseln«, »*Wenn* mein Wecker um 7 Uhr läutet, *dann* gehe ich ins Fitnessstudio«. Je öfter wir Umsetzungspläne auswendig lernen und einüben, desto stärker automatisiert werden sie, sodass die Kontrolle uns nicht mehr so anstrengt.

Das Wenn *für* Wenn-dann-*Pläne finden*

WENN WIR einen *Wenn-dann*-Plan erstellen möchten, müssen wir zunächst die Hotspots (situative Auslösereize) erkennen, die zu den impulsiven Reaktionen führen, die wir in den Griff bekommen wollen. Bei den Wediko-Sommercamp-Studien (Kapitel 15) untersuchten die Forscher nicht nur, wie viel Aggression die Kinder zeigten, sondern auch die Situationen, in denen sie dies taten oder nicht taten. Problematische Verhaltensweisen traten nicht durchweg in vielen verschiedenen Situationen auf, sondern sie waren im höchten Maße kontextgebunden und von dem spezifischen Situationstyp abhängig. Obwohl sich zum Beispiel Anthony und Jimmy insgesamt beide durchschnittlich aggressiv verhielten, waren die Hotspots, die ihre jeweiligen Ausbrüche auslösten, völlig unterschiedlich. Anthony war explosiv, *wenn* er sich mit Gleichaltrigen beschäftigte, auch wenn diese nett zu ihm waren, während Jimmy die Kontrolle verlor, *wenn* er sich mit Erwachsenen auseinandersetzte. Das geschah hingegen nicht mit Gleichaltrigen, selbst wenn sie Jimmy aufzogen und provozierten.

Man kann seine Hotspots beispielsweise dadurch herausfinden, dass man ein Tagebuch führt und die Momente festhält, in denen man die Kontrolle verlor, vergleichbar mit der in Kapitel 15 beschriebenen Selbstüberwachung zur Erfassung von Stressreaktionen. Teilnehmer protokollierten die spezifischen psychologischen Ereignisse, die im Alltag Stressreaktionen bei ihnen auslösten; sie identifizierten jede Stresssituation und notierten die Stressintensität. Ihre Hotspots waren meistens spezifischer, als sie es erwartet hatten. Erinnern wir uns daran, dass Jenny herausfand, dass sie in den meisten Situationen keinen übermäßig starken Stress erlebte, ja dass ihr Stressniveau oftmals sogar unterdurchschnittlich war. Nur in Situationen, in denen sie sich ausgeschlossen fühlte, war sie extrem angespannt. Voller Wut auf andere und auf sich selbst, verlor sie in diesen Momenten ihre Fassung. Sobald wir unsere Hotspots – stressauslösende Situationen – identifiziert haben, zum Beispiel indem wir sie sofort protokollieren, wenn sie ausgelöst wurden, können wir beginnen, spezielle *Wenn-dann*-Pläne zu erstellen und einzuüben, um anders mit diesen Situationen umzugehen.

Für Bill (wir haben ihn in Kapitel 12 kennengelernt), der sehr empfindlich auf Zurückweisungen reagiert, war es eine besonders belastende, Wut auslösende Situation, wenn sich seine Frau beim Frühstück auf die Zeitung statt auf ihn konzentrierte. Er könnte sich Pläne für dieses Szenario zurechtlegen, sodass er, wenn sie sich wieder einmal den Schlagzeilen zuwendet, automatisch eine Abkühlungsstrategie aktivieren kann, um sich selbst abzulenken. Er könnte etwa still von hundert rückwärts zählen, bis er sich beruhigt hat, um den drohenden destruktiven Wutanfall zu hemmen. Anschließend könnte er eine konstruktive Alternative (»Bitte reich mir den Wirtschaftsteil«) an dessen Stelle setzen und so sich selbst, Schritt für Schritt, helfen, die Beziehung aufrechtzuerhalten, die er zu verlieren fürchtete. Es hört sich ziemlich simpel an, aber es kann in der Praxis erstaunlich effektiv sein, wie Peter Gollwitzer und Gabriele Oettingen in ihren Studien mehrfach nachgewiesen haben. Schwierig daran ist, die Veränderung langfristig zu verankern;[4] das gilt für die meisten Bemühungen, die Selbstkontrolle zu stärken, vom Durchhalten bei Diäten bis zum Aufgeben des Rauchens. Doch wenn wir beharrlich bleiben, wird die Belohnung, die unser neues Verhalten erzeugt, dabei helfen, es beizubehalten: Das neue Verhalten selbst wird anerkannt, es ist nicht länger eine Last, sondern eine Quelle von Zufriedenheit und Selbstvertrauen. Wie bei allen Bemühungen, langjährige Verhaltensmuster zu ändern und neue zu lernen, ob es um Klavierspielen oder um Selbstbeherrschung geht (damit wir Menschen, die wir lieben, nicht verletzen), lautet das Rezept »Üben, üben und nochmals üben«, bis das neue Verhalten für sich genommen zur neuen Belohnung wird.

Pläne, die ganz bestimmt scheitern

WENN MENSCHEN VORHERSEHEN, dass sie es nicht schaffen werden, sich zu kontrollieren, versuchen sie oft, durch vorbeugende Maßnahmen die Verlockungen in ihrer Umgebung zu minimieren: Sie entfernen kurzerhand jegliches Essen, das schlecht für sie ist, aus dem Haus, sie beseitigen alle Spirituosen, oder sie werfen ihre Zigarettenvorräte weg und beschließen, all diese Dinge nicht mehr zu kaufen – und wenn sie diese doch kaufen, tun sie es in kleineren, teureren Mengen, in der Hoffnung, sie könnten es sich dann nicht mehr leisten. Solche Strategien der Selbstbindung – von speziellen Sparkonten für den Kauf von Weihnachtsgeschenken bis hin zu Versicherungspolicen und Rentenplänen – können eine relativ kostengünstige Methode sein, die erhebliche Vorteile mit sich bringt.[5] Aber wenn diese Strategien ohne bindende Selbstverpflichtung ausprobiert werden, ohne einen spezifischen *Wenn-dann*-Plan, wird sie dasselbe Schicksal ereilen wie die guten Vorsätze zu Neujahr. Wir sind unglaublich kreativ, wenn es darum geht, halbherzige Selbstverpflichtungen einzugehen und sich dann jede Menge Kniffe auszudenken, um uns diesen zu entziehen.

Ich habe dies selbst bei einem Freund und Kollegen erlebt, der längst verstorben ist. Er war ein renommierter Psychologe, der halbherzig versuchte, sein Kettenrauchen zu bekämpfen, indem er keine Zigaretten mehr kaufte. Stattdessen schnorrte er sie von jedem Raucher, der sich in seiner Nähe aufhielt. In der Weihnachtszeit waren die Büros an der Columbia University größtenteils verwaist, was seiner Schnorrerei Grenzen setzte; aber in seiner Verzweiflung begann er, auf den Gehwegen Manhattans nach Zigarettenstummeln zu suchen. Er schilderte mir den Moment, an dem er vor Scham am liebsten im Boden versunken wäre: Er hatte endlich eine verlockend aussehende Kippe auf dem Broadway ausgemacht und bückte sich danach. Als er sich mit dem Stummel in der Hand wieder aufrichtete, sah er den Ausdruck auf dem Gesicht des Obdachlosen, der immer an dieser Ecke stand. Der Obdachlose hatte sich nach derselben Kippe gebückt, aber er war nicht schnell genug und schrie meinen Freund an: »Ich glaub's nicht!«

Das Beispiel meines Freundes zeigt, wie man sich selbst ein Versprechen gibt, das man garantiert nicht halten kann – und er war intelligent genug, das zu begreifen. Statt andere Menschen einzubinden und sie zu bitten, ihm bei der Verfolgung seines Ziels zu helfen, ihnen zu sagen, sie sollten ihm keine Zigaretten geben, wie sehr er auch darum bettelte, trugen ihre höflichen Reaktionen auf seine Schnorrerei zu seinem Scheitern bei. Er war sich vollauf bewusst, dass er, um der Verlockung des Rauchens zu widerstehen, die Kosten dafür, dass er gegen seine Selbstverpflichtung verstoßen hatte, viel größer machen musste als den Genusswert der Zigarette, die sein heißes System jetzt sofort haben wollte (was die meiste Zeit der Fall war). Unabhängig von ihrer Ausrichtung und ihren Behandlungsmethoden erklären Psychotherapeuten ihren Klienten regelmäßig, dass sie den Willen zur Veränderung haben müssen, wobei die Betonung auf dem *Willen* liegt.

Strategien der Selbstbindung, die erfolgreich sein können

SELBSTBINDUNGSSTRATEGIEN können dann funktionieren, wenn man sie zu *Wenn-dann*-Plänen werden lässt. In der kognitiven Verhaltenstherapie finden sich viele Beispiele dafür. Mein Freund hätte sich in seiner Situation dadurch selbst binden müssen, dass er sehr hohe Schecks für Projekte und Anliegen ausstellte, die ihm besonders verhasst waren (davon gab es viele). Und er hätte einen bindenden Vertrag unterzeichnen sollen, der seinen Therapeuten ermächtigt hätte, jedes Mal, wenn er eine Zigarette schnorrte oder rauchte, einen Scheck zu versenden. Wenn Sie diese Strategie ohne einen Therapeuten ausprobieren wollen, können Sie einen Buchhalter, einen Anwalt, Ihren Lieblingsfeind oder besten Freund bitten, Ihre Schecks zu versenden.[6]

Die drastische Abwertung zukünftiger Belohnungen behindert leider viele Maßnahmen, die genau darauf ausgerichtet sind – angefangen von der Gesundheits- bis hin zur Rentenvorsorge. Millionen von Amerikanern zum Beispiel sind entsetzt, wenn sie erfahren, wie wenig sie gespart haben, sobald ihr fernes zukünftiges Selbst mit 65 Jahren zu ihrem gegenwärtigen Selbst wird (wie wir in Kapitel 9 gesehen haben). Manche Forscher haben die Tragweite dieses Problems erkannt und Arbeitgebern geholfen, die Begrenztheit menschlicher Selbstkontrolle zu überwinden, indem sie bei der Neueinstellung von Mitarbeitern die Teilnahme an Rentensparplänen zum Standard in Arbeitsverträgen machten. In einem großen Unternehmen lag die Teilnahmerate an Altersvorsorgeplänen nach einem Jahr Betriebszugehörigkeit bei 40 Prozent, als in den Arbeitsverträgen die Standardoption war, nicht daran teilzunehmen; war hingegen die Aufnahme in den Sparplan die Regel oder musste man etwas unternehmen, um auszusteigen, lag sie bei 90 Prozent.[7]

Wenn wir keine so vorausschauenden Arbeitgeber haben, können wir an unseren guten Tagen versuchen, uns enger mit unserem zukünftigen Selbst kurzzuschließen, um immer daran zu denken, wer und was wir werden wollen, um eine Lebensperspektive zu entwerfen, die Kontinuität und Orientierung und langfristige Ziele beinhaltet – Ziele, die nicht nur im Rückblick, sondern auch mit Blick auf die Zukunft sichtbar werden. Auf konkreter Handlungsebene können wir uns mit Umsetzungsplänen selbst anschubsen und uns bei der Unterzeichnung eines neuen Arbeitsvertrags für den Altersvorsorgeplan mit der höchsten Sparquote entscheiden, die wir uns leisten können. Und wenn wir noch auf unserer alten Stelle hocken, können wir den Plan umsetzen, gleich am Montagmorgen kurz bei der Personalabteilung vorbeizuschauen, um sicherzustellen, dass wir den richtigen Rentensparplan haben und die Beiträge dafür automatisch einbehalten werden. Solche Strategien können uns helfen, die Diskontierungsgleichung zu umgehen – vorausgesetzt, der Rentensparplan gerät nicht in Verzug, wenn wir ihn benötigen, und wir sind noch am Leben, um die Früchte zu ernten.

Kognitive Neubewertung:
Es ist keine Leckerei, es ist Gift!

IM ERSTEN TEIL SAHEN WIR, dass die Art und Weise, wie Vorschulkinder Verlockungen mental repräsentierten, bestimmte, wie gut sie sich selbst kontrollieren konnten. Wenn sie ihre heißen Versuchungen umdeuteten, um sie abzukühlen, konnten sie auf die aufgeschobenen Belohnungen warten. Zwanzig Jahre später hatte ich ein Aha-Erlebnis, als mir plötzlich die Bedeutung dieser Ergebnisse in meinem eigenen Leben aufging. Das war 1985, aber ich erinnere mich noch so lebhaft daran, als wäre es gestern gewesen. Ich hatte einen heftig juckenden Ausschlag an meinen beiden Ellbogen, und es tat so weh, als wären sie in Säure getaucht worden. Der Ausschlag breitete sich immer weiter aus und verschlimmerte sich, und nachdem ich ein Jahr lang Höllenqualen durchgestanden hatte, fand ich einen bekannten Dermatologen, der erklärte, die Hauterscheinungen seien auf eine Variante der Zöliakie zurückzuführen. Er verschrieb mir ein Medikament, das mir helfen würde, die Krankheit in den Griff zu bekommen, und ich müsste es dauerhaft einnehmen. Er wies mich darauf hin, dass häufige Bluttests notwendig seien, um mögliche schwerwiegende Nebenwirkungen des Medikaments rechtzeitig zu erkennen. Die Symptome wurden rasch besser, aber ein leichter Hautausschlag blieb bestehen. Nach vielen Monaten las ich in der Bibliothek der medizinischen Fakultät (dies war vor

Google und der Möglichkeit, rasch im Internet zu recherchieren), dass die damals noch kaum erforschte Zöliakie auf eine Autoimmunreaktion auf das in Weizen, Gerste und Roggen enthaltene Gluten zurückzuführen war. Die Erkrankung ließ sich nur durch eine glutenfreie Diät kurieren; obwohl das von meinem Arzt verschriebene Medikament die Symptome lindern konnte, würde es die langfristigen negativen Auswirkungen der Erkrankung nicht verhindern.

Ich fragte meinen Dermatologen, warum er mir nicht gesagt habe, ich solle mich glutenfrei ernähren. Niemand sei so selbstbeherrscht, dass er es schaffe, sich in einer Welt, in der Gluten allgegenwärtig sei, glutenfrei zu ernähren, antwortete er. Daher bringe es auch nichts, darüber zu sprechen. 25 Jahre später zeigt sich, dass weltweit sehr viele Menschen an Zöliakie leiden – und vielen von ihnen, mich eingeschlossen, gelingt es, sich vollständig glutenfrei zu ernähren. Dies lässt sich nicht darauf zurückführen, dass sie sich besonders gut selbst beherrschen können, sondern vielmehr auf die Nachricht, Gluten sei für ihren Körper wie Gift, wodurch sich die Belohnungswerte in ihrer »Diskontierungsgleichung« verändert haben. Vormals unwiderstehliche Versuchungen wie Schokoladenkuchen, französische Baguettes und Pasta Alfredo wurden für sie plötzlich zu Giften.

Die Tatsache, dass schon das bloße Probieren eines glutenhaltigen Nahrungsmittels für Zöliakiekranke sehr schnell schmerzhafte Folgen nach sich zieht, erleichtert die Umstellung ungemein – macht sie fast mühelos. Wenn es um das Aufhören mit dem Rauchen geht, um Diäten, das Beherrschen der eigenen Gefühle oder um Rentenpläne, stellen sich die negativen Folgen nicht sofort und mit hundertprozentiger Sicherheit, sondern in der fernen Zukunft und nur mit einer gewissen Wahrscheinlichkeit ein. Anders als ein schmerzhaftes, brennendes Jucken oder Magen-Darm-Beschwerden sind sie abstrakt. Daher muss man sie umdeuten, um sie konkret zu machen (malen Sie sich Ihre von Metastasen durchsetzte Lunge auf einem Röntgenbild aus, das Ihnen der Arzt zeigt, während er Ihnen die Diagnose Krebs eröffnet). Und stellen Sie sich die Zukunft so vor, als wäre sie die Gegenwart.

Selbstdistanzierung:
Aus dem Selbst heraustreten

UNGEACHTET der besten Selbstkontrollpläne sind Wut, Angst, schmerzhafte Zurückweisungen und andere negative Emotionen ein fester Bestandteil des Lebens. Nehmen wir den großen Kummer von Menschen, die, nachdem sie viele Jahre lang in einer innigen, vertrauensvollen Beziehung gelebt haben, von ihrem Lebensgefährten verlassen werden (Kapitel 11). Viele Menschen, die solchen Schmerz erlitten haben, durchleben diese schrecklichen Erfahrungen immer wieder und mit ihnen Gefühle von Traurigkeit, Wut und Groll, was sie wiederum noch stärker deprimiert. Mit zunehmendem Stress wird ihr heißes System noch dominanter; es deaktiviert das kalte System und setzt dadurch einen Teufelskreis in Gang:

zunehmender Stress → Dominanz des heißen Systems → negative Emotionen → langfristige starke seelische Belastung → sich vertiefende Depression → Kontrollverlust → zunehmend toxische psychische und biologische Konsequenzen → zunehmender Stress

Um sich aus diesem Teufelskreis zu befreien, kann es helfen, vorübergehend die übliche selbstzentrierte Sichtweise außer Kraft zu setzen. Man betrachtet die schmerzliche Erfahrung erneut – nicht mit den eigenen Augen, sondern so, als würde man sie, wie eine Fliege an der Wand, aus der Distanz beobachten. Als würde man zusehen, was einem anderen Menschen widerfahren ist. Dieser Wechsel der Perspektive erlaubt es, die Erfahrung anders zu bewerten und zu deuten.[8] Die psychologische Distanz zum Ereignis zu erhöhen wirkt stressabbauend und kühlt das heiße System. Sie können das Geschehen jetzt mithilfe des präfrontalen Kortex neu bewerten, sodass Sie es sinnvoll einordnen, damit abschließen und es hinter sich lassen können.

Die Mechanismen, die diese Veränderungen ermöglichen, sind noch nicht endgültig erforscht, aber der Wechsel von Selbstzentrierung zu Selbstdistanzierung mindert erheblich den psychischen wie auch biologischen Stress und ermöglicht uns eine bessere Kontrolle unserer Gedanken und Gefühle. Deshalb ist die mentale Akrobatik, die man vollbringen muss, um die beobachtende Fliege an der Wand zu werden, durchaus einen Versuch wert.

Es ist nicht leicht, dies ohne Hilfe zu schaffen, aber die kognitive Verhaltenstherapie wendet viele der in diesem Buch gezeigten Prinzipien und Forschungsergebnisse an, um Menschen bei ihren größten Problemen zu helfen.[9] Diese Art von Therapie kann vor allem dann sehr nützlich sein, wenn das Bemühen um Selbstkontrolle scheitert, wie etwa in John Cheevers Kurzgeschichte »Der Engel der Brücke«. Wenn das heiße System starke angsterregende Assoziationen gebildet hat, die automatisch ausgelöst werden, erzeugt es eine lähmende Panik. Ohne Hilfe können diese negativen Assoziationen selbst den besten Bemühungen um Selbstkontrolle so lange widerstehen, bis wir das Glück haben, unserem Engel zu begegnen.

Was können Eltern tun?

WENN ICH IN EINER SCHULE einen Vortrag halte und erklärt habe, dass Selbstkontrolle keineswegs komplett genetisch vorprogrammiert ist, werde ich im Anschluss oft von Eltern gefragt: »Was können wir tun, um unseren Kindern zu helfen?« Sofern genügend Zeit bleibt, sage ich ihnen zunächst, dass es besonders wichtig ist, das Stressniveau während der Schwangerschaft und in den ersten Lebensjahren des Kindes niedrig zu halten. Es ist bekannt, dass extremer, anhaltender Stress in früher Kindheit äußerst negative Folgen nach sich ziehen kann. Erstaunlicher ist der Befund, dass Kinder, die in ihrem ersten Lebensjahr scheinbar leichtem chronischem Stress ausgesetzt sind – etwa permanenten, wenn auch nicht gewalttätigen Konflikten zwischen den Eltern –, selbst dann schon erhöhte Stressreaktionen im Gehirn zeigen, wenn sie im Schlaf wütende Stimmen hören.[10] Ein erster Schritt für Eltern, um das Stressniveau ihrer Kleinkinder niedrig zu halten, kann darin bestehen, ihren eigenen Stress abzubauen, vor allem wenn man bedenkt, dass dieser oftmals steigt, wenn Neugeborene in ihr Leben treten. Dieselben Strategien, die Reaktionen des heißen Systems auf Impulse, Verlockungen und Zurückweisungserfahrungen abkühlen und kontrollieren, lassen sich im Umgang mit Neugeborenen anwenden, die nachts alle paar Stunden schreien und intensive Zuwendung fordern, besonders gern, wenn Sie selbst erschöpft sind.

Schon im ersten Lebensjahr können Bezugspersonen Strategien anwenden, um die Aufmerksamkeit des Kindes von negativen Stressgefühlen auf ablenkende Reize und Aktivitäten zu lenken. Mit der Zeit lernt das kleine Kind, seine Aufmerksamkeit zu kontrollieren, um durch Selbstablenkung seinen Stress zu verringern. Das ist ein fundamentaler Schritt für die Entwicklung der Exekutiven Funktionen. Eltern können diesen Übergang fördern. Bruce, ein Schriftsteller, der zu Hause arbeitete, verbrachte einen Großteil seiner Zeit damit, sich um seinen vierjährigen Sohn zu kümmern. Einmal, als der Junge auf seine Lieblingssendung im Fernsehen wartete und sie nicht auf dem Bildschirm erschien, als er es wollte, bekam er einen Wutanfall. Da Bruce von der Marshmallow-Forschung und davon gehört hatte, dass Selbstablenkung Kindern hilft, auf ihre Leckereien zu warten, beschloss er, es bei seinem Sohn auszuprobieren. Er beruhigte ihn und sagte, er könne sich das Warten durch einen Trick erheblich erleichtern: »Lenk dich ab und beschäftige dich einfach mit anderen Dingen, die dir Spaß machen, entweder in deiner Fantasie oder in echt, bis die Sendung anfängt.« Sein Sohn hob daraufhin eines seiner Lieblingsspielzeuge auf, ging vom Fernseher weg und spielte, bis die Sendung begann. Bruce war überrascht, wie leicht das war, und er freute sich, als er sah, dass sein Sohn aus dieser Erfahrung gelernt zu haben schien – und die Selbstablenkung auch in anderen Situationen einsetzte, um sich den Befriedigungsaufschub zu erleichtern.

Die Ablenkung funktioniert nicht, wenn sich Kleinkinder gegenseitig verletzen, insbesondere wenn keine Bezugspersonen mehr in der Nähe sind. Elizabeth ist eine niedergelassene Therapeutin und Beraterin, die eine Ausbildung in kognitiver Verhaltenstherapie gemacht hat und oft mit Kindern arbeitet, die Schwierigkeiten mit ihrer Selbstkontrolle und mit ihren Eltern haben. Ich fragte sie danach, welche Strategien sie einsetze, um Vorschulkindern zu helfen, ihr aggressives Verhalten zu kontrollieren. Ausgehend von ihren Bemühungen, ihrem eigenen, damals dreijährigen Sohn zu helfen, gab sie mir einige Tipps. Sie sagte:

Er hat manchmal im Kindergarten bis zu drei Kinder am Tag gebissen. Nachdem ich viele Strategien ausprobiert hatte, klappte es schließlich mit der sehr einfachen Regel »Jungs, die beißen, bekommen keinen Nachtisch«. Also habe ich ihn in der Kita abgeholt und wollte erfahren, ob er gebissen hatte; wenn ja, dann bekam er abends keinen Nachtisch. Wir haben vorher darüber gesprochen, es auf dem Weg zur Kita noch einmal wiederholt, und am ersten Tag hat er gehört, wie ich seinen Betreuern, ehe ich ging, die Regel mitteilte. Als ich ihn wieder abholte, hatte es kurz vor dem Ende der Betreuungszeit einen Vorfall gegeben, bei dem er ein anderes Kind biss. Ich sagte zu ihm: »Na schön, dann gibt's heute Abend eben keinen Nachtisch.« Er sagte: »In Ordnung, Mama«, und wir umarmten uns. Als wir nach Hause kamen, zeigte ich ihm die Nachspeise, die ich zubereitet hatte. Ich sagte ihm, wenn er am nächsten Tag niemanden beiße, könne er morgen Abend etwas davon haben. Er begriff. Jedes Mal, wenn es einen Vorfall gab, überlegten wir gemeinsam alternative Strategien und dachten darüber nach, was er, statt zu beißen, tun könne. Wir haben es auf dem Weg zur Kita geübt. Jedes Mal, wenn er eine andere Strategie einsetzte (»Ich hab

Wörter benutzt, Mama!«), lobte ich ihn für die gute Entscheidung. Innerhalb von drei oder vier Tagen hat er nicht mehr gebissen, und seither gab es keine weiteren Vorfälle.[11]

Elizabeths Beispiel unterstreicht, wie wichtig es ist, Kindern frühzeitig zu helfen, damit sie lernen, dass sie zwischen verschiedenen Handlungsoptionen wählen können und dass jede Wahl Konsequenzen hat. Es zeigt auch, dass Belohnungen mit Bedacht dazu benutzt werden können, angemessene Entscheidungen zu fördern. Was für Belohnungen es sein sollten, hängt von den Wertvorstellungen der Eltern ab und davon, was bei ihrem Kind wirkt. Eltern, die zum Beispiel keine Lebensmittel als Belohnungen verwenden wollen, finden leicht andere Möglichkeiten. Die Strategien zur Selbstkontrolle, die Kinder entwickeln, werden von Anfang an ganz wesentlich durch ihre Bindungserfahrungen beeinflusst. Wenn Eltern ihre Kinder so großziehen möchten, dass sie eine enge Bindung zu ihnen behalten, aber adaptive Selbstkontrollfähigkeiten entwickeln, können sie durch ihr eigenes Verhalten die Chancen dafür verbessern. Wenn sie feinfühlig auf die Bedürfnisse ihrer Kleinkinder reagieren, ihnen immer dann, wenn sie es wollen, Zuwendung und Hilfe geben, werden sie bessere Chancen haben als Eltern, die ihre Kinder überkontrollieren oder stärker auf ihre eigenen Bedürfnisse als auf die ihrer Kinder achten (Kapitel 4). Wir sollten unseren Kindern dabei helfen, ein Unabhängigkeits- und Verantwortungsbewusstsein zu erlangen, indem wir sie fördern. Sie können schon in frühen Jahren erkennen, dass sie Wahlmöglichkeiten haben, zwischen denen sie sich entscheiden müssen, und dass jede Wahl Konsequenzen nach sich zieht:

gute Entscheidungen → gute Konsequenzen
schlechte Entscheidungen → schlechte Konsequenzen

Erinnern wir uns an George Ramirez, der sich in seinem chaotischen Leben als kleines Kind in der South Bronx verloren und haltlos fühlte und später erfolgreich an der Yale University studierte. Für ihn selbst begann sein eigenes »gerettetes Leben« zu jenem Zeitpunkt in seinem neunten Lebensjahr, als er seine erste Lektion über den kausalen Zusammenhang zwischen seinen Entscheidungen und ihren Konsequenzen lernte. Am ersten Tag auf der KIPP-Schule begann George zu erkennen, dass er tatsächlich Wahlmöglichkeiten hatte, dass er eine Entscheidung treffen musste und dass es in seiner Verantwortung lag, mit ihren Konsequenzen zurechtzukommen. Es oblag den Lehrern, dafür zu sorgen, dass seine Entscheidungen auch die Konsequenzen hatten, die sie verdienten. Es war die gleiche *Wenn-dann*-Lektion, die Elizabeth ihrem kleinen Sohn über das Beißen anderer Kinder beibrachte: Kinder, die beißen, bekommen keinen Nachtisch. Georges Lektion war, dass Drittklässler, die nicht zuhören, nicht lernen, und »Wenn ich höflich zu anderen bin, sind sie höflich zu mir« (Kapitel 8).

Eltern können viel tun, um Bedingungen zu schaffen, unter denen ihre Kinder viele Erfolgserlebnisse haben. Eine wichtige Strategie besteht darin, mit ihnen an unterhaltsamen, aber stetig anspruchsvolleren Aufgaben zu arbeiten – ob es nun darum geht, Klavierspielen zu lernen, mit Klötzchen und Legosteinen zu bauen oder auf einem Spielturm herumzuklettern. Für die Eltern ist es eine entscheidende Herausforderung, die Unterstützung zu geben, die ihr Kind braucht und haben möchte, und es dann auf sich gestellt arbeiten zu lassen, ohne die Sache in die Hand zu nehmen und sie für das Kind zu erledigen. Frühe Erfolgserlebnisse helfen kleinen Kindern, optimistische und zugleich realistische Erfolgs- und Kompetenzerwartungen zu entwickeln, und bereiten sie darauf vor, für sich selbst derartige Aktivitäten zu entdecken, die letztlich für sie befriedigend werden (Kapitel 8).

Wir können Kindern auch helfen, eine innere Einstellung des »stufenweisen Wachstums« zu entwickeln. Das heißt, wir sollten ihre Begabungen und Fähigkeiten, ihre Intelligenz und ihr Sozialverhalten nicht als Ausdruck unveränderlicher, angeborener Eigenschaften ihrer Persönlichkeit betrachten, sondern als Fähigkeiten und Kompetenzen, die sie verbessern können, wenn sie sich anstrengen. Statt gute Noten zu erhoffen und Kinder dafür zu loben, dass sie »so schlau« sind, sollten wir sie dafür würdigen, dass sie sich die größte Mühe geben. Wie die Studien von Carol Dweck zeigten (sie waren ein Thema in Kapitel 8), sind Kinder, denen beigebracht wurde, ihre Fähigkeiten und ihre Intelligenz als etwas Veränderbares zu betrachten, motiviert, sich anzustrengen, um ihre Leistung zu verbessern. Genauso wichtig ist etwas anderes: Wir sollten ihnen helfen, zu verstehen und zu akzeptieren, dass Misserfolge zum Leben und Lernen dazugehören. Und wir sollten sie dazu ermuntern, konstruktiv mit solchen Rückschlägen umzugehen, damit sie sich weiterhin beharrlich bemühen, statt ängstlich zu sein und Problemen aus dem Weg zu gehen. Wenn wir wollen, dass sie die Befriedigung aufschieben, sobald wir ihnen aufgeschobene Belohnungen versprechen, sollten wir sorgfältig darauf achten, unsere Versprechen auch zu halten.[12]

Aber die wohl beste Antwort auf die Frage, was wir tun können, um unseren Kindern zu helfen, lautet: Wir sollten ihnen das vorleben, was wir von ihnen erwarten. Wie sich

Eltern und andere wichtige Bezugspersonen im Leben eines Kindes selbst beherrschen oder eben nicht beherrschen – wie sie mit Stress, Frustrationen und Emotionen umgehen; die Maßstäbe, die sie an ihre eigenen Leistungen anlegen, ihre Empathie und ihre Sensibilität für die Gefühle anderer Menschen, ihre Einstellungen, Ziele und Werte, ihre Strategien für Disziplin, ihre mangelnde Selbstdisziplin –, all das hat einen großen Einfluss auf das Kind. Eltern leben Kindern ein immenses Repertoire an möglichen Reaktionen auf endlose Herausforderungen vor, aus dem Kinder das auswählen und sich aneignen, was im Lauf ihrer eigenen Entwicklung besonders gut zu ihnen passt und sich für sie selbst bewährt.

Viele Studien haben gezeigt, wie stark der Einfluss von Vorbildern selbst bei Experimenten von kurzer Dauer ist – angefangen vom Umgang mit aggressiven Gefühlen im Kindergarten über die Überwindung der Angst vor Hunden bis zur Rekonvaleszenz nach Herzoperationen und zur Vermeidung von ungeschütztem Geschlechtsverkehr. Als sich zum Beispiel freundliche erwachsene Modellpersonen an Vorschulexperimenten in der Bing Nursery School der Stanford University beteiligten und eine Plastikpuppe namens Bobo ausschimpften und schlugen, ahmten die Vorschulkinder, die dies mit angesehen hatten, ihr aggressives Verhalten später, als sie allein mit der Puppe spielen sollten, bis ins kleinste Detail nach und schmückten dies sogar noch eigens aus.[13] Und wenn Vorbilder ihre eigene Leistung beim Bowling nur dann belohnten, wenn sie sehr hohe Punktwerte erzielten und den mitspielenden Kindern signalisierten, es ihnen gleichzutun, beeinflussten sie nachhaltig die Selbstbelohnungsmuster und Leistungsstandards, die die Kinder später für sich selbst übernahmen, wenn sie in Abwesenheit der Vorbilder Bowling spielten.

Geschichten darüber, was Kinderfiguren in Märchen widerfährt – geliebten Tieren wie Bärenbabys und kuscheligen Tigern sowie belebten Lokomotiven, die alle möglichen konstruktiven und destruktiven Dinge tun, die zu unterschiedlichen Konsequenzen führen –, lehren kleine Kinder Lektionen über gutes und schlechtes Betragen, die sie immer und immer wieder hören wollen. Vorschulkinder wissen nicht, dass diese Gutenachtgeschichten und die Bildungssendungen im Fernsehen die Entwicklung ihrer Exekutiven Funktionen fördern. Verschiedene Figuren einer Erzählung vermitteln durch ihre jeweiligen Handlungsweisen positive soziale und emotionale Werte: Zum Beispiel zeigen sie, wie man Traurigkeit überwindet, wie man Wut mithilfe von Wörtern bewältigen kann, statt sie auszuleben, was es heißt, ein guter Freund zu sein, wie man Dankbarkeit zum Ausdruck bringt und Belohnungen aufschiebt. Diese Geschichten und Sendungen können kleinen Kindern helfen, Stress und soziale Konflikte zu bewältigen und ihre Exekutiven Funktionen zu entwickeln – und dies alles auf eine Weise, die Spaß macht.

Unabhängig davon, wie diese Strategien erlernt werden, können sich jene Kinder glücklich schätzen, die im Alter von vier oder fünf Jahren hilfreiche Methoden kennen und anwenden. Zum Beispiel solche, die es ihnen immer leichter machen, ihr heißes System bei Bedarf abzukühlen und diese Abkühlung zunehmend zu automatisieren – egal ob sie fröhlich mit sich selbst spielen oder beim Marshmallow-Test auf die größeren Leckereien warten.

Bei alldem komme ich nicht daran vorbei, einen Punkt zu wiederholen: Ein Leben, das mit zu viel Belohnungsaufschub gelebt wird, kann genauso trist sein wie eines mit zu wenig. Die größte Herausforderung für uns alle – nicht nur für

Kinder – besteht wohl darin, dass wir herausfinden müssen, wann wir auf weitere Marshmallows warten und wann wir die Glocke läuten und sie einfach genießen sollten. Aber über diese Wahlfreiheit verfügen wir erst dann, wenn wir zu warten gelernt haben.

Die Natur des Menschen

»IHRE ZUKUNFT in einem Marshmallow.« Als ich diese
Schlagzeile über meine Forschungen im Internet entdeckte,
gab sie den Anstoß dazu, dieses Buch zu schreiben. Später, als
ich mit dem Schlusskapitel begann, googelte ich den Satz noch
mal und stieß auf folgende Zeilen: »Unser Schicksal mag nicht
in den Sternen stehen, aber was ist, wenn es in unseren Genen
steht?«[1]

Dieses Buch erzählt eine Geschichte, die zu völlig anderen
Schlussfolgerungen führt. Es geht darum, wie wir unsere eigene Selbstkontrolle und die unserer Kinder – fördern können, um das kühle System zu aktivieren und das heiße System
zu regulieren. Dies gibt uns echte Wahlfreiheit – und wir werden nicht länger von den Impulsen und Launen des Moments
herumgeschubst. Zu den wichtigen Erkenntnissen der modernen Wissenschaft zählt, dass die Architektur unseres Gehirns
keineswegs durch die DNA und die Entwicklung im Mutterleib vorherbestimmt ist – vielmehr ist sie stärker formbar, als
man lange Zeit glaubte. Wir können also durch die Art, wie
wir leben, unser Schicksal maßgeblich beeinflussen.[2]

Die meisten Vorschulkinder, die beim Marshmallow-Test
beharrlich warten konnten, waren auch in den folgenden Jahrzehnten imstande, sich selbst gut zu kontrollieren, bei manchen von ihnen aber nahm die Selbstkontrolle stetig ab. Andere
wiederum, die die Glocke nach kurzer Zeit läuteten, zeigten
im Lauf der Jahre das entgegengesetzte Muster und waren

zunehmend besser in der Lage, sich selbst zu kontrollieren. Mein Buch versucht, diese Unterschiede in ihrer Komplexität zu erklären.

Und es zeigt auch, dass einige Weichenstellungen den späteren Lebensweg eines Menschen entscheidend beeinflussen können.

Exekutive Funktionen und ersehnte Ziele

DIE KINDER, die beim Marshmallow-Test die Belohnung aufschoben, hätten dies nicht ohne ihre gut entwickelten Exekutiven Funktionen geschafft. Eine zweite entscheidende Voraussetzung für ihren Erfolg war der Durchhaltewille. Für eine bestimmte Zeit, die ihnen wie eine Ewigkeit vorgekommen sein muss, haben sie ihre geistigen Kräfte und ihre Fantasie angespornt, ihre Aufmerksamkeit verschoben und auf die Rückkehr des Erwachsenen gewartet, ohne die Glocke zu läuten. Zwei Marshmallows – oder Kekse oder was immer sie wollten – wurden ihr heiß begehrtes Ziel, es war für sie so verlockend, dass sie das Gefühl hatten, es sei ihre heroischen Anstrengungen wert. Außerhalb des »Überraschungszimmers« hoffen wir für die Menschen, die wir lieben, dass sie eigene Ziele, für die sie brennen, entdecken, vielleicht über sie stolpern oder sie gar selbst erfinden, damit sie das Leben so leben können, wie sie es sich wünschen.

Bruce Springsteen entdeckte sein Ziel, als er sich selbst zum ersten Mal mit seiner neuen Gitarre im Spiegel sah. George Ramirez sagt, sein Ziel im Leben sei ihm am ersten Tag auf der KIPP-Schule klar geworden. Und Dave Levin erzählt, als er zu unterrichten begann, habe er im Grunde gewusst, was seine Bestimmung war. Wir alle haben unsere eigene Geschichte, und wir können sie selbst gestalten – dabei blicken wir zurück und fragen uns, was diese Ziele einst gewesen sein müssen, als wir von ihrer Existenz noch gar nichts wussten; oder wir schauen in die Zukunft, um herauszufinden, was auf uns zukommen mag.

Als ich noch zur Schule ging, arbeitete einer meiner Onkel – ich mochte ihn von allen am wenigsten – erfolgreich in der Regenschirmbranche, und er wollte unbedingt, dass ich in seine Firma eintrat. Er quälte mich ständig mit Fragen darüber, was ich später einmal werden wolle. Er hoffte wohl, ich würde sagen: so wie er. Aber mir wurde dabei erst richtig klar, was ich gerade *nicht* sein wollte; und ich begann darüber nachzudenken, was aus mir werden sollte. Ein Kollege, der zum lebenslangen Freund wurde und der eine der erfolgreichsten Karrieren in der Geschichte der Psychologie hingelegt hat, führt sein heiß ersehntes Ziel auf seinen Vater zurück. Während der Großen Depression in den Dreißigerjahren beschloss sein Vater, auf seine eigenen Ambitionen, auf höhere Bildung und sozialen Aufstieg zu verzichten, um unermüdlich zu arbeiten, damit es seiner Familie gut ginge. Mein Freund führt seinen Erfolg auf den Antrieb zurück, genau das Leben zu führen, auf das sein Vater verzichtet hatte – um seinem Vater auf diese Weise seine Dankbarkeit zu zeigen. Es wurde zu seiner Lebensaufgabe.

Die Fähigkeit zur Selbstkontrolle ist gewiss von entscheidender Bedeutung, wenn wir unsere Ziele verfolgen, aber es sind die Ziele selbst, die uns motivieren und die uns leiten. Und sie bestimmen maßgeblich, ob wir mit unserem Leben glücklich und zufrieden sind. Unsere frühen Ziele wirken sich dabei auch auf die späteren aus.[3]

Selbstkontrolle – das mag sich, besonders wenn von »aufwendiger Kontrolle« die Rede ist, so anhören, als verlange sie eine eiserne Bereitschaft zu Plackerei und Fron, einen freiwilligen Übertritt in ein Leben voller Selbstkasteiung, stur auf die Zukunft gerichtet und ohne jegliche Freuden des Augenblicks. Ein Bekannter erzählte mir unlängst von einem gemeinsamen Abendessen mit Freunden in Manhattan, bei dem das Gespräch auf den Marshmallow-Test kam. Einer seiner Freunde, ein Schriftsteller, der in Greenwich Village lebt, verglich sein Leben mit dem seines Bruders, der ein wohlhabender und erfolgreicher Investmentbanker war und ein Leben in Nadelstreifenanzug und Hermès-Krawatte führte. Der Bruder war seit Langem verheiratet und hatte Kinder, die alle erfolgreich waren. Der Schriftsteller hatte fünf Romane veröffentlicht, die kaum Resonanz fanden und sich schlecht verkauften. Er sagte über sich selbst, es gehe ihm trotzdem blendend, er schreibe tagsüber und genieße abends sein Junggesellenleben, mit vielen rasch wechselnden Beziehungen. Er äußerte die Vermutung, sein puritanischer Bruder hätte vermutlich ewig auf die Marshmallows gewartet, während er selbst wohl schon nach kurzer Zeit die Glocke geläutet hätte.

Tatsächlich hätte auch der Schriftsteller ohne die Fähigkeit zur Selbstkontrolle diese fünf Bücher niemals schreiben und veröffentlichen können, und sie helfen ihm, seine Spaßbeziehungen zu balancieren und sich gleichzeitig nicht zu binden. Vermutlich wäre er auch niemals imstande gewesen, ein Elitecollege, auf dem kreatives Schreiben einen hohen Stellenwert hat, erfolgreich zu absolvieren. Exekutive Funktionen sind für ein kreatives Leben ebenso nötig wie für eine erfolgreiche Karriere in jedem anderen Metier – nur die Ziele unterscheiden sich. Ohne Exekutive Funktionen haben wir keine

Chance, unsere Ziele zu formulieren und zu verfolgen – dieses Schicksal blüht etwa den Kindern in der South Bronx, die bei der KIPP-Lotterie zu den Verlierern zählen. Aber ohne begehrte Ziele und starken Antrieb sind selbst unsere gut ausgebildeten Exekutiven Funktionen nutzlos.

Alternative Sichtweisen der menschlichen Natur

WIE SIE die wissenschaftlichen Erkenntnisse über die Formbarkeit des Gehirns und die Veränderbarkeit von Verhalten in diesem Buch bewerten, hängt davon ab, wie sehr Sie davon überzeugt sind, dass wir Menschen tatsächlich beeinflussen können, was aus uns wird – und wie sehr wir imstande sind, uns zu verändern. Man kann das, was uns diese Erkenntnisse über die großen Fragen – Wer sind wir? Was können wir sein? – verraten, auf zwei gegensätzliche Weisen interpretieren. Es lohnt sich, wenn Sie mithilfe Ihres kühlen Systems darüber nachdenken, was die Ergebnisse für Sie bedeuten, ehe Sie zu Schlussfolgerungen gelangen, die Ihr heißes System vermutlich bereits gezogen hat. Die Antwort auf die Frage, ob die menschliche Natur im Kern veränderlich oder unveränderlich ist, beschäftigt nicht nur Wissenschaftler, sondern, wichtiger noch, jeden Einzelnen von uns im Alltag immer wieder.[4] Einige Menschen glauben, die Fähigkeit zur Selbstkontrolle, Willenskraft, Intelligenz und andere Merkmale der Persönlichkeit seien von Geburt an festgeschrieben und unveränderlich. Die experimentellen Befunde, wonach sich die Exekutiven Funktionen und die Selbstkontrolle nach pädagogischen Interventionen verbessern, werden dann als kurzfristige Effekte gedeutet, die auf lange Sicht vermutlich nichts bewirken – es seien schlicht kleine Tricks, die angeborene Merkmale der Persönlichkeit nicht veränderten. Andere dagegen sehen in den Ergebnissen die Ansicht bestätigt, dass wir wandlungsfähig sind, unser Denken und Verhalten verändern und unser Leben nach unseren Vorstellungen gestalten können, statt nur Gewinner oder Verlierer in der DNA-Lotterie zu sein.

Wenn wir uns auf die wissenschaftlichen Erkenntnisse einlassen, dann zeigt uns die Entdeckung der Formbarkeit des Gehirns, dass die menschliche Natur flexibler und wandlungsfähiger ist, als man es lange Zeit glaubte. Wir kommen nicht mit einem Bündel fester, stabiler Merkmale auf die Welt, die bestimmen, wer wir werden. Wir entwickeln uns in ständigen Interaktionen mit unserem sozialen und biologischen Umfeld weiter. Diese Interaktionen prägen unsere Erwartungen, die Ziele und Wertvorstellungen, die uns antreiben, die Art, wie wir Reize und Erfahrungen interpretieren, und unsere Lebensentwürfe.[5]

Erinnern wir uns an die Anlage-Umwelt-Diskussion (Kapitel 7) und daran, was Kaufer und Francis geschrieben haben: »Umgebungen können genauso deterministisch sein, wie wir es früher nur bei Genen vermuteten […] das Genom kann so formbar sein, wie wir es früher nur von Umgebungen glaubten.«[6] Und dieses Buch macht deutlich: Vieles spricht dafür, dass wir diese Interaktionen aktiv mitgestalten können. So entsteht ein Bild der menschlichen Natur, das uns potenziell mehr Freiheit und Verantwortung zugesteht als die rein deterministischen wissenschaftlichen Theorien des 20. Jahrhunderts. Diese Theorien schrieben die Ursachen unseres Verhaltens der Umwelt, der DNA, dem Unbewussten, schlechten Eltern, der Evolution oder dem Zufall zu. Die Geschichte, die mein Buch erzählt, erkennt all diese Quellen als Einflüsse an.

Aber letztlich, am Ende der Kausalkette, ist es der einzelne Mensch, der handelt und beschließt, die Glocke zu läuten.

Wenn man mich bittet, die wissenschaftlichen Erkenntnisse zur Selbstkontrolle in einem Satz zusammenzufassen, fällt mir Descartes' berühmter Ausspruch ein: »Cogito ergo sum« – »Ich denke, daher bin ich«.[7] Die neuen Einsichten über Geist, Gehirn und Selbstkontrolle lassen uns diesen Lehrsatz etwas umformulieren: »Ich denke, daher kann ich *verändern*, was ich bin.« Denn dadurch, dass wir unser Denken verändern, können wir auch verändern, was wir fühlen, wie wir uns verhalten und was wir werden. Wenn das zu der Frage führt: »Aber kann ich mich *wirklich* verändern?«, antworte ich mit dem Therapeuten George Kelly, der seinen Patienten, die ihn immer wieder fragten, ob sie ihr Leben wirklich in den Griff bekämen, fest in die Augen sah und sagte: »Wollen Sie es denn?«

ANHANG

Dank

ICH MÖCHTE vor allem meinen Töchtern Judy Mischel, Rebecca Mischel und Linda Mischel Eisner danken, denen dieses Buch gewidmet ist. Als Kinder waren sie die Inspiration für meine Forschung und zugleich meine ersten »Versuchspersonen«; als Erwachsene haben sie mir großzügig geholfen, diese Geschichte zu erzählen. Meine Partnerin, Michele Tolela Myers, hat mit klugen Ratschlägen, sorgfältiger, kreativer Redaktion und unerschöpflicher Unterstützung, Toleranz und Ermunterung dafür gesorgt, dass ich am Ball geblieben bin. Mein Neffe, Paul Mischel, hat mir vom Anfang bis zum Ende mit seinem wissenschaftlichen Sachverstand und seiner Klugheit, seinen scharfen Augen und seiner fürsorglichen Aufmerksamkeit hilfreich zur Seite gestanden. Ran Hassin war nicht nur ein Anfeuerer, sondern auch ein kreativer Lektor und Berater in vielen Phasen der Entstehung des Manuskripts. Bert Moore, mein Student, der gemeinsam mit mir die ersten Experimente an der Stanford University durchführte und mit dem ich noch immer befreundet bin, hat das Manuskript mehrmals geduldig und sorgfältig durchgelesen und kommentiert. Ich danke meinen vielen Kollegen und Freunden (glücklicherweise zu vielen, um sie einzeln aufzuführen) dafür, dass sie das Manuskript, oft mehrfach, ganz oder in Teilen, gelesen und konstruktive Anmerkungen dazu gemacht haben.

Mein Agent, John Brockman, glaubte an dieses Buch und hat maßgeblich dazu beigetragen, dass es zustande gekommen ist. Tracy Behar, meine Lektorin bei Little, Brown and Company, hat jeden Satz gründlich bearbeitet, um ihn so klar wie möglich zu machen, und Sarah Murphy half ihr bei dieser Aufgabe. Amy Cole, meine Assistentin und rechte Hand, hat jede – kleine und große – Aufgabe, die anfiel, bravourös bewältigt und mehrere Manuskriptfassungen gelesen und kommentiert. Sie arbeitete eng mit Brooke Burrows zusammen, und unter Verwendung meiner Notizen erstellten sie gemeinsam den Anmerkungsapparat.

Schließlich möchte ich den Kindern und Familien danken, deren Beiträge und uneingeschränkte Kooperationsbereitschaft, oft über viele Jahre hinweg, die Ergebnisse möglich machten, auf denen dieses Buch größtenteils basiert. In gleicher Weise stehe ich tief in der Schuld jener Studenten und Kollegen, die ich im Text namentlich genannt habe und die im Lauf mehrerer Jahrzehnte jene Forschungsarbeiten durchführten, die dieses Buch ermöglichten. Die Forschungen selbst wurden vom National Institute of Mental Health und der National Science Foundation großzügig und kontinuierlich finanziell gefördert.

Anmerkungen

Einleitung

1 S. M. Carlson, P. D. Zelazo und S. Faja: »Executive Function«, in: *Oxford Handbook of Developmental Psychology*, hg. v. P. D. Zelazo, New York 2013: S. 706 – 743.

2 Um die Anonymität und Privatsphäre der Personen zu schützen, habe ich ihre Vornamen geändert.

3 W. Mischel, Y. Shoda und M. L. Rodriguez: »Delay of Gratification in Children«, *Science* 244, Nr. 4907, 1989: S. 933 – 938.

4 D. Goleman: *Emotionale Intelligenz (Emotional Intelligence: Why It Can Matter More Than IQ)*, München 2001: S. 106 – 126.

5 D. Brooks: »Marshmallows and Public Policy«, *New York Times*, 7. Mai 2006.

6 W. Mischel und D. Brooks: »The News from Psychological Science: A Conversation between David Brooks and Walter Mischel«, *Perspectives on Psychological Science* 6, Nr. 6, 2011: S. 515 – 520.

7 J. Lehrer: »Don't: The Secret of Self-Control«, *The New Yorker*, 18. Mai 2009.

8 S. Benartzi und R. Lewin: *Save More Tomorrow: Practical Behavioral Finance Solutions to Improve 401(k) Plans*, New York 2012.

9 J. Metcalfe und W. Mischel: »A Hot/Cool System Analysis of Delay of Gratification: Dynamics of Willpower«, *Psychological Review* 106, Nr. 1, 1999: S. 3 – 19.

Kapitel 1

1 T. C. Schelling: *Choice and Consequence: Perspectives of an Errant Economist*, Cambridge 1984: S. 59.

2 L. J. Borstelmann: »Children before Psychology«, in: *Handbook of Child Psychology: Vol I: History, Theory, and Methods*, 4. Aufl., hg. v. P. H. Mussen und W. Kessen, New York 1983: S. 3 – 40.

3 W. Mischel: »Father Absence and Delay of Gratification: Cross-Cultural Comparisons«, *Journal of Abnormal and Social Psychology*

63, Nr. 1, 1961: S. 116 – 124; W. Mischel und E. Staub: »Effects of Expectancy on Working and Waiting for Larger Rewards«, *Journal of Personality and Social Psychology* 2, Nr. 5, 1965: S. 625 – 633; W. Mischel und J. Grusec: »Waiting for Rewards and Punishments: Effects of Time and Probability on Choice«, *Journal of Personality and Social Psychology* 5, Nr. 1, 1967: S. 24 – 31.

4 W. Mischel: *Personality and Assessment*, New York 1968; M. Lewis: »Models of Development«, in: *Advances in Personality Science*, hg. v. D. Cervone und W. Mischel, New York 2002: S. 153 – 176.

5 W. Mischel, Y. Shoda und P. K. Peake: »The Nature of Adolescent Competencies Predicted by Preschool Delay of Gratification«, *Journal of Personality and Social Psychology* 54, Nr. 4, 1988: S. 687 bis 699; W. Mischel, Y. Shoda und M. L. Rodriguez: »Delay of Gratification in Children«, *Science* 244, Nr. 4907, 1989: S. 933 – 938; Y. Shoda, W. Mischel und P. K. Peake: »Predicting Adolescent Cognitive and Social Competence from Preschool Delay of Gratification: Identifying Diagnostic Conditions«, *Developmental Psychology* 26, Nr. 6, 1990: S. 978 – 986.

6 Ebd. Für Zusammenhänge zwischen Selbstkontrolle und Intelligenz vgl. auch A. L. Duckworth und M. E. Seligman: »Self-Discipline Outdoes IQ in Predicting Academic Performance of Adolescents«, *Psychological Science* 16, Nr. 12, 2005: S. 939 – 944; T. E. Moffitt et al.: »A Gradient of Childhood Self-Control Predicts Health, Wealth, and Public Safety«, *Proceedings of the National Academy of Sciences* 108, Nr. 7, 2011: S. 2693 – 2698.

7 Persönliche Mitteilung von Phil Peake, Smith College, 9. April 2012, und laut D. Goleman, *Emotionale Intelligenz*, München 2001: S. 111.

8 O. Ayduk et al.: »Regulating the Interpersonal Self: Strategic Self-Regulation for Coping with Rejection Sensitivity«, *Journal of Personality and Social Psychology* 79, Nr. 5, 2000: S. 776 – 792; T. R. Schlam et al.: »Preschoolers' Delay of Gratification Predicts Their Body Mass 30 Years Later«, *Journal of Pediatrics* 162, Nr. 1, 2013: S. 90 – 93.

9 Ayduk: »Regulating the Interpersonal Self«.

10 B. J. Casey et al.: »Behavioral and Neural Correlates of Delay of Gratification 40 Years Later«, *Proceedings of the National Academy of Sciences* 108, Nr. 36, 2011: S. 14998 – 15003.

Kapitel 2

1 S. Freud: »Formulierungen über die zwei Prinzipien des psychischen Geschehens«, 1911, in: ders.: *Gesammelte Werke*, Bd. 8, S. Fischer 1945: S. 230–238.

2 D. Rapaport: »Some Metapsychological Considerations Concerning Activity and Passivity«, in: *The Collected Papers of David Rapaport*, New York 1967: S. 530–568.

3 W. Mischel und E. B. Ebbesen: »Attention in Delay of Gratification«, *Journal of Personality and Social Psychology* 16, Nr. 2, 1970: S. 329.

4 W. Mischel, E. B. Ebbesen und A. R. Zeiss: »Cognitive and Attentional Mechanisms in Delay of Gratification«, *Journal of Personality and Social Psychology* 21, Nr. 2, 1972: S. 204–218.

5 W. Mischel und B. Moore: »Effects of Attention to Symbolically Presented Rewards on Self-Control«, *Journal of Personality and Social Psychology* 28, Nr. 2, 1973: S. 172–179.

6 B. Moore, W. Mischel und A. Zeiss: »Comparative Effects of the Reward Stimulus and Its Cognitive Representation in Voluntary Delay«, *Journal of Personality and Social Psychology* 34, Nr. 3, 1976: S. 419–424.

7 D. Berlyne: *Conflict, Arousal and Curiosity*, New York 1980.

8 W. Mischel und N. Baker: »Cognitive Appraisals and Transformations in Delay Behavior«, *Journal of Personality and Social Psychology* 31, Nr. 2, 1975: S. 254.

9 Mischel, Ebbesen und Zeiss: »Cognitive and Attentional Mechanisms in Delay of Gratification«.

10 G. Seeman und J. C. Schwarz: »Affective State and Preference for Immediate versus Delayed Reward«, *Journal of Research in Personality* 7, Nr. 4, 1974: S. 384–394; vgl. auch: B. S. Moore, A. Clyburn und B. Underwood: »The Role of Affect in Delay of Gratification«, *Child Development* 47, Nr. 1, 1976: S. 273–276.

11 J. R. Gray: »A Bias toward Short-Term Thinking in Threat-Related Negative Emotional States«, *Personality and Social Psychology Bulletin* 25, Nr. 1, 1999: S. 65–75.

12 E. H. Wertheim und J. C. Schwarz: »Depression, Guilt, and Self-Management of Pleasant and Unpleasant Events«, *Journal of Personality and Social Psychology* 45, Nr. 4, 1983: S. 884–889.

13 A. Koriat und M. Nisan: »Delay of Gratification as a Function of Exchange Values and Appetitive Values of the Rewards«, *Motivation and Emotion* 2, Nr. 4, 1978: S. 375 – 390.

14 W. Shakespeare: *Hamlet, Prinz von Dänemark*, 2. Akt, 2. Szene, Vers 249 – 250, in der Übersetzung von A. W. Schlegel, vgl.: http://www.zeno.org/Literatur/M/Shakespeare,+William/Trag%C3%B6dien/Hamlet.+Prinz+von+D%C3%A4nemark/Zweiter+Aufzug/Zweite+Szene

15 W. Mischel und R. Metzner: »Preference for Delayed Reward as a Function of Age, Intelligence, and Length of Delay Interval«, *Journal of Abnormal and Social Psychology* 64, Nr. 6, 1962: S. 425 – 431.

16 B. T. Yates und W. Mischel: »Young Children's Preferred Attentional Strategies for Delaying Gratification«, *Journal of Personality and Social Psychology* 37, Nr. 2, 1979: S. 286 – 300; H. N. Mischel und W. Mischel: »The Development of Children's Knowledge of Self-Control Strategies«, *Child Development* 54, Nr. 3, 1983: S. 603 – 619.

17 Mischel und Mischel: »The Development of Children's Knowledge of Self-Control Strategies«.

18 M. L. Rodriguez, W. Mischel und Y. Shoda: »Cognitive Person Variables in the Delay of Gratification of Older Children at Risk«, *Journal of Personality and Social Psychology* 57, Nr. 2, 1989: S. 358 – 367.

Kapitel 3

1 Für die Funktionsweise des heißen und des kühlen Systems vgl. J. Metcalfe und W. Mischel: »A Hot/Cool System Analysis of Delay of Gratification: Dynamics of Willpower«, *Psychological Review* 106, Nr. 1, 1999: S. 3 – 19.

2 A. Gray: *The Psychology of Fear and Stress*, 2. Aufl., New York 1987; J. LeDoux: *Das Netz der Gefühle (The Emotional Brain)*, München 2004; J. Metcalfe und W. J. Jacobs: »A ›Hot-System/Cool-System‹ View of Memory under Stress«, *PTSD Research Quarterly* 7, Nr. 2, 1996: S. 1 – 3.

3 Vgl. zum Beispiel S. Freud: *Das Ich und das Es*, 1923, in: *Studienausgabe*, Bd. III: *Psychologie des Unbewußten*, Frankfurt a. M. 1975.

4 Auch wenn es hilfreich ist, von »zwei« Systemen zu sprechen und diese gesondert zu betrachten, sind sie doch in eng miteinander ver-

bundenen Hirnregionen verortet, und ihre neuronalen Schaltkreise kommunizieren und interagieren fortwährend miteinander.

5 A. F. Arnsten: »Stress Signaling Pathways That Impair Prefrontal Cortex Structure and Function«, *Nature Reviews Neuroscience* 10, Nr. 6, 2009: S. 410 – 422.

6 H. N. Mischel und W. Mischel: »The Development of Children's Knowledge of Self-Control Strategies«, *Child Development* 54, Nr. 3, 1983: S. 603–619. Für neuere Arbeiten, die den Marshmallow-Test für den Einsatz bei jüngeren Kindern anpassen, vgl. P. D. Zelazo und S. M. Carlson: »Hot and Cool Executive Function in Childhood and Adolescence: Development and Plasticity«, *Child Development Perspectives* 6, Nr. 4, 2012: S. 354 – 360.

7 O. Ayduk et al.: »Regulating the Interpersonal Self: Strategic Self-Regulation for Coping with Rejection Sensitivity«, *Journal of Personality and Social Psychology* 79, Nr. 5, 2000: S. 776 – 792.

8 A. L. Duckworth und M. E. Seligman: »Self-Discipline Gives Girls the Edge: Gender in Self-Discipline, Grades, and Achievement Test Scores«, *Journal of Educational Psychology* 98, Nr. 1, 2006: S. 198 – 208.

9 G. Kochanska, K. C. Coy und K. T. Murray: »The Development of Self-Regulation in the First Four Years of Life«, *Child Development* 72, Nr. 4, 2001: S. 1091 – 1111.

10 Duckworth und Seligman: »Self-Discipline Gives Girls the Edge«.

11 I. W. Silverman: »Gender Differences in Delay of Gratification: A Meta-Analysis«, *Sex Roles* 49, Nr. 9/10, 2003: S. 451 – 463.

12 A. Prencipe und P. D. Zelazo: »Development of Affective Decision Making for Self and Other Evidence for the Integration of First- and Third-Person Perspectives«, *Psychological Science* 16, Nr. 7, 2005: S. 501 – 505.

13 B. S. McEwen: »Protective and Damaging Effects of Stress Mediators: Central Role of the Brain«, *Dialogues in Clinical Neuroscience* 8, Nr. 4, 2006: S. 283 – 297.

14 Arnsten: »Stress Signaling Pathways«, S. 410; R. M. Sapolsky: »Why Stress Is Bad for Your Brain«, *Science* 273, Nr. 5276, 1996: S. 749 – 750.

15 B. S. McEwen und P. J. Gianaros: »Stress and Allostasis-Induced Brain Plasticity«, *Annual Review of Medicine* 62, 2011: S. 431 – 445.

16 Vgl. W. Shakespeare: *Hamlet: The New Variorum Edition*, hg. v. H. H. Furness, Toronto 2000.

Kapitel 4

1 M. D. S. Ainsworth et al.: *Patterns of Attachment: A Psychological Study of the Strange Situation*, Hillsdale 1978.

2 A. Sethi et al.: »The Role of Strategic Attention Deployment in Development of Self-Regulation: Predicting Preschoolers' Delay of Gratification from Mother-Toddler Interactions«, *Developmental Psychology* 36, Nr. 6, 2000: S. 767.

3 G. Kochanska, K. T. Murray und E. T. Harlan: »Effortful Control in Early Childhood: Continuity and Change, Antecedents, and Implications for Social Development«, *Developmental Psychology* 36, Nr. 2, 2000: S. 220 – 232; N. Eisenberg et al.: »Contemporaneous and Longitudinal Prediction of Children's Social Functioning from Regulation and Emotionality«, *Child Development* 68, Nr. 4, 1997: S. 642 – 664.

4 Dies ist gewissermaßen das menschliche Gegenstück zu dem, was Rattenmütter tun, wenn sie ihre Jungen lecken und putzen. Die Rattenjungen von Müttern mit starkem Putzverhalten schnitten bei kognitiven Aufgaben besser ab und zeigten bei akutem Stress eine geringere physiologische Erregung als diejenigen von Müttern mit geringem Putzverhalten. (M. J. Meaney: »Maternal Care, Gene Expression, and the Transmission of Individual Differences in Stress Reactivity across Generations«, *Annual Review of Neuroscience* 24, 2001: S. 1161 – 1192.)

5 C. Harman, M. K. Rothbart und M. I. Posner: »Distress and Attention Interactions in Early Infancy«, *Motivation and Emotion* 21, Nr. 1, 1997: S. 27 – 44; M. I. Posner und M. K. Rothbart: *Educating the Human Brain*, Human Brain Development Series, Washington, D. C., 2007.

6 L. A. Sroufe: »Attachment and Development: A Prospective, Longitudinal Study from Birth to Adulthood«, *Attachment and Human Development* 7, Nr. 4, 2005: S. 349 – 367; M. Mikulincer und P. R. Shaver: *Attachment Patterns in Adulthood: Structure, Dynamics, and Change*, New York 2007.

7 A. M. Graham, P. A. Fisher und J. H. Pfeifer: »What Sleeping Babies Hear: A Functional MRI Study of Interparental Conflict and Infants' Emotion Processing«, *Psychological Science* 24, Nr. 5, 2013: S. 782 – 789.

8 Center on the Developing Child an der Harvard University: *Building the Brain's ›Air Traffic Control‹ System: How Early Experiences Shape the Development of Executive Function: Working Paper No. 11,* 2011.

9 Posner und Rothbart: *Educating the Human Brain.*

10 Ebd.: S. 79.

11 P. D. Zelazo: »The Dimensional Change Card Sort (DCCS): A Method of Assessing Executive Function in Children«, *Nature: Protocols* 1, Nr. 1, 2006: S. 297 – 301.

12 Center on the Developing Child: *Building the Brain's ›Air Traffic Control‹ System.*

13 P. D. Zelazo und S. M. Carlson: »Hot and Cool Executive Function in Childhood and Adolescence: Development and Plasticity«, *Child Development Perspectives* 6, Nr. 4, 2012: S. 354 – 360.

14 P. Roth: *Portnoys Beschwerden (Portnoy's complaint),* Reinbek b. Hamburg 2011.

15 Ebd.: S. 22.

16 M. L. Rodriguez et al.: »A Contextual Approach to the Development of Self-Regulatory Competencies: The Role of Maternal Unresponsivity and Toddlers' Negative Affect in Stressful Situations«, *Social Development* 14, Nr. 1, 2005: S. 136 – 157.

17 A. Bernier, S. M. Carlson und N. Whipple: »From External Regulation to Self-Regulation: Early Parenting Precursors of Young Children's Executive Functioning«, *Child Development* 81, Nr. 1, 2010: S. 326 – 339.

18 Sroufe: »Attachment and Development«; A. A. Hane und N. A. Fox: »Ordinary Variations in Maternal Caregiving Influence Human Infants' Stress Reactivity«, *Psychological Science* 17, Nr. 6, 2006: S. 550 – 556.

Kapitel 5

1 Homer: *Odyssee*, 12. Gesang, V. 163 – 164, in der Übertragung von Johann Heinrich Voß, Frankfurt a. M. 1990: www.gutenberg.spiegel.de/buch/odyssee-1822/32

2 W. Mischel: »Processes in Delay of Gratification«, in: *Advances in Experimental Social Psychology*, hg. v. L. Berkowitz, Bd. 7, New York 1974: S. 249 – 292.

3 W. Mischel und C. J. Patterson: »Substantive and Structural Elements of Effective Plans for Self-Control«, *Journal of Personality and Social Psychology* 34, Nr. 5, 1976: S. 942 – 950; C. J. Patterson und W. Mischel: »Effects of Temptation-Inhibiting And Task-Facilitating Plans on Self-Control«, *Journal of Personality and Social Psychology* 33, Nr. 2, 1976: S. 209 – 217.

4 Für Beispiele von *Wenn-dann*-Umsetzungsplänen vgl. P. M. Gollwitzer: »Implementation Intentions: Strong Effects of Simple Plans«, *American Psychologist* 54, Nr. 7, 1999: S. 493 – 503; P. M. Gollwitzer, C. Gawrilow und G. Oettingen: »The Power of Planning: Self-Control by Effective Goal-Striving«, in: *Self Control in Society, Mind, and Brain*, hg. von R. R. Hassin et al., New York 2010, S. 279 – 296; G. Stadler, G. Oettingen und P. Gollwitzer: »Intervention Effects of Information and Self-Regulation on Eating Fruits and Vegetables Over Two Years«, *Health Psychology* 29, Nr. 3, 2010: S. 274 – 283.

5 P. M. Gollwitzer: »Goal Achievement: The Role of Intentions«, *European Review of Social Psychology* 4, Nr. 1, 1993: S. 141 – 185; P. M. Gollwitzer und V. Brandstätter: »Implementation Intentions and Effective Goal Pursuit«, *Journal of Personality and Social Psychology* 73, Nr. 1, 1997: S. 186 – 199.

6 Vgl. für das Konzept von zwei Systemen, einem, das »schnell denkt« und einem anderen, das »langsam denkt« und anstrengend wie auch »faul« ist: D. Kahneman, *Schnelles Denken, langsames Denken (Thinking, Fast and Slow)*, München 2012.

7 C. Gawrilow, P. M. Gollwitzer und G. Oettingen: »If-Then Plans Benefit Executive Functions in Children with ADHD«, *Journal of Social and Clinical Psychology* 30, Nr. 6, 2011: S. 616 – 646; C. Gawrilow und P. M. Gollwitzer: »Implementation Intentions Facilitate Response Inhibition in Children with ADHD«, *Cognitive Therapy and Research* 32, Nr. 2, 2008: S. 261 – 280.

Kapitel 6

1 W. Mischel: »Father Absence and Delay of Gratification: Cross-Cultural Comparisons«, *Journal of Abnormal and Social Psychology* 63, Nr. 1, 1961: S. 116 – 124.

2 Die Entscheidung von Kleinkindern bei der Marshmallow-Aufgabe wird davon beeinflusst, wie überzeugt sie von der Zuverlässigkeit des Umfeldes sind. Ebd.; W. Mischel und E. Staub: »Effects of Expectancy on Working and Waiting for Larger Rewards«, *Journal of Personality and Social Psychology* 2, Nr. 5, 1965: S. 625 – 633; W. Mischel und J. C. Masters: »Effects of Probability of Reward Attainment on Responses to Frustration«, *Journal of Personality and Social Psychology* 3, Nr. 4, 1966: S. 390 – 396; W. Mischel und J. Grusec: »Waiting for Rewards and Punishments: Effects of Time and Probability on Choice«, *Journal of Personality and Social Psychology* 5, Nr. 1, 1967: S. 24 – 31; C. Kidd, H. Palmieri und R. N. Aslin: »Rational Snacking: Young Children's Decision-Making on the Marshmallow Task Is Moderated by Beliefs about Environmental Reliability«, *Cognition* 126, Nr. 1, 2012: S. 109 – 114.

3 D. Lattin: *The Harvard Psychedelic Club: How Timothy Leary, Ram Dass, Huston Smith, and Andrew Weil Killed the Fifties and Ushered In a New Age for America*, New York 2011.

4 W. Mischel und C. Gilligan: »Delay of Gratification, Motivation for the Prohibited Gratification, and Resistance to Temptation«, *Journal of Abnormal and Social Psychology* 69, Nr. 4, 1964: S. 411 – 417.

5 Dies war ein früher Hinweis darauf, dass solche Wahlpräferenzen folgenschwere Verhaltensweisen wie Gewichtszunahme, überzogene Risikobereitschaft, Drogengebrauch usw. vorhersagen können. Forscher benutzen heute solche Wahloptionen oftmals als eine einfache Alternative, wenn sie den Marshmallow-Test nicht anwenden können.

6 Vgl. S. M. McClure et al.: »Separate Neural Systems Value Immediate and Delayed Monetary Rewards«, *Science* 306, Nr. 5695, 2004: S. 503 – 507.

7 B. Figner et al.: »Lateral Prefrontal Cortex and Self-Control in Intertemporal Choice«, *Nature Neuroscience* 13, Nr. 5, 2010: S. 538 bis 539.

8 Für eine alternative Interpretation dieser Ergebnisse vgl. J. W. Kable und P. W. Glimcher: »An ›As Soon as Possible‹ Effect in Human Intertemporal Decision Making: Behavioral Evidence and Neural Mechanisms«, *Journal of Neurophysiology* 103, Nr. 5, 2010: S. 2513–2531.

9 McClure: »Separate Neural Systems«: S. 506.

10 E. Tsukayama und A. L. Duckworth: »Domain-Specific Temporal Discounting and Temptation«, *Judgment and Decision Making* 5, Nr. 2, 2010: S. 72–82.

11 O. Wilde: *Der Fächer der Lady Windermere: Ein Schauspiel über eine gute Frau (Lady Windermere's fan)*, 1892: 1. Akt, übers. von David Brink, vgl. www.gutenberg.spiegel.de/buch/der-facher-der-lady-windermere-1838/2. Für Forschungen über das gleiche Thema vgl. E. Tsukayama, A. L. Duckworth und B. Kim: »Resisting Everything Except Temptation: Evidence and an Explanation for Domain-Specific Impulsivity«, *European Journal of Personality* 26, Nr. 3, 2011: S. 318–334.

Kapitel 7

1 J. D. Watson mit A. Berry: *DNA: The Secret of Life*, New York 2003: S. 361.

2 B. F. Skinner: *Wissenschaft und menschliches Verhalten (Science and human behavior)*, München 1973.

3 S. Pinker: *Das unbeschriebene Blatt. Die moderne Leugnung der menschlichen Natur (The Blank Slate: The Modern Denial of Human Nature)*, Berlin 2003.

4 N. Angier: »Insights from the Youngest Minds«, *New York Times*, 3. Mai 2012; F. Xu, E. S. Spelke und S. Goddard: »Number Sense in Human Infants«, *Developmental Science* 8, Nr. 1, 2005: S. 88–101.

5 M. K. Rothbart, L. K. Ellis und M. I. Posner: »Temperament and Self-Regulation«, in: *Handbook of Self-Regulation: Research, Theory, and Applications*, hg. v. K. D. Vohs und R. F. Baumeister, New York 2011: S. 441–460.

6 A. H. Buss und R. Plomin: *Temperament: Early Developing Personality Traits*, Hillsdale 1984; D. Watson und L. A. Clark: »The PANAS-X: »Manual for the Positive and Negative Affect Schedule – Expanded Form«, University of Iowa, Iowa Research On-

line, 1999; M. K. Rothbart und S. A. Ahadi: »Temperament and the Development of Personality«, *Journal of Abnormal Psychology* 103, Nr. 1, 1994: S. 55 – 66.

7   S. H. Losoya et al.: »Origins of Familial Similarity in Parenting: A Study of Twins and Adoptive Siblings«, *Developmental Psychology* 33, Nr. 6, 1997: S. 1012; R. Plomin: »The Role of Inheritance in Behavior«, *Science* 248, Nr. 4952, 1990: S. 183 – 188.

8   W. Mischel, Y. Shoda und O. Ayduk: *Introduction to Personality: Toward an Integrative Science of the Person*, 8. Aufl., New York 2008.

9   D. Kaufer und D. Francis: »Nurture, Nature, and the Stress That Is Life«, in: *Future Science: Cutting-Edge Essays from the New Generation of Scientists*, hg. v. M. Brockman, New York 2011: S. 56 – 71.

10   Mischel, Shoda und Ayduk: *Introduction to Personality.*

11   F. A. Champagne und R. Mashoodh: »Genes in Context: Gene-Environment Interplay and the Origins of Individual Differences in Behavior«, *Current Directions in Psychological Science* 18, Nr. 3, 2009: S. 127 – 131.

12   K. M. Radtke et al.: »Transgenerational Impact of Intimate Partner Violence on Methylation in the Promoter of the Glucocorticoid Receptor«, *Translational Psychiatry* 1, Nr. 7, 2011: e21.

13   D. D. Francis et al.: »Maternal Care, Gene Expression, and the Development of Individual Differences in Stress Reactivity«, *Annals of the New York Academy of Sciences* 896, Nr. 1, 1999: S. 66 – 84.

14   Ebd.; I. C. Weaver et al.: »Epigenetic Programming by Maternal Behavior«, *Nature Neuroscience* 7, Nr. 8, 2004: S. 847 – 854.

15   L. A. Schmidt und N. A. Fox: »Individual Differences in Childhood Shyness: Origins, Malleability, and Developmental Course«, in: *Advances in Personality Science*, hg. v. D. Cervone und W. Mischel, New York 2002: S. 83 – 105.

16   D. D. Francis et al.: »Epigenetic Sources of Behavioral Differences in Mice«, *Nature Neuroscience* 6, Nr. 5, 2003: S. 445 – 446.

17   R. M. Cooper und J. P. Zubek: »Effects of Enriched and Restricted Early Environments on the Learning Ability of Bright and Dull Rats«, *Canadian Journal of Psychology/Revue Canadienne de Psychologie* 12, Nr. 3, 1958: S. 159 – 164.

18   M. J. Meaney: »Maternal Care, Gene Expression, and the Transmission of Individual Differences in Stress Reactivity across Gene-

rations«, *Annual Review of Neuroscience* 24, Nr. 1, 2001: S. 1161 bis 1192.

19 J. R. Flynn: »The Mean IQ of Americans: Massive Gains 1932 to 1978«, *Psychological Bulletin* 95, Nr. 1, 1984: S. 29–51; J. R. Flynn: »Massive IQ Gains in 14 Nations: What IQ Tests Really Measure«, *Psychological Bulletin* 101, Nr. 2, 1987: S. 171–191.

20 Watson and Berry: *DNA: The Secret of Life*: S. 391.

21 A. Caspi et al.: »Influence of Life Stress on Depression: Moderation by a Polymorphism in the 5-HTT Gene«, *Science* 301, Nr. 5631, 2003: S. 386–389.

22 Mischel, Shoda und Ayduk: *Introduction to Personality*.

23 Kaufer und Francis: »Nurture, Nature, and the Stress That Is Life«: S. 63.

Teil II, Einführung

1 B. K. Payne: »Weapon Bias: Split-Second Decisions and Unintended Stereotyping«, *Current Directions in Psychological Science* 15, Nr. 6, 2006: S. 287–291.

Kapitel 8

1 Quellenmaterial für diesen Abschnitt: Persönliches Interview mit George Ramirez, 14. März 2013, in der KIPP Academy Middle School, South Bronx; G. Ramirez, unveröffentlichte Autobiografie, März 2013, und G. Ramirez, »Changed by the Bell«, *Yale Herald*, 17. Februar 2012.

2 D. Remnick: »*New Yorker* Profiles: ›We Are Alive‹ – Bruce Springsteen at Sixty-Two«, *The New Yorker*, 30. Juli 2012, S. 56.

3 Die »Exekutiven Funktionen« werden manchmal auch »Exekutive Kontrolle« (EK) genannt.

4 E. T. Berkman, E. B. Falk und M. D. Lieberman, »Interactive Effects of Three Core Goal Pursuit Processes on Brain Control Systems: Goal Maintenance, Performance Monitoring, and Response Inhibition«, *PLoS ONE* 7, Nr. 6, 2012: e40334.

5 P. D. Zelazo und S. M. Carlson: »Hot and Cool Executive Function in Childhood and Adolescence: Development and Plasticity«, *Child Development Perspectives* 6, Nr. 4, 2012: S. 354–360; B. J. Casey et al.: »Behavioral and Neural Correlates of Delay of Gratification

40 Years Later«, *Proceedings of the National Academy of Sciences* 108, Nr. 36, 2011: S. 14998 – 15003; M. I. Posner und M. K. Rothbart: *Educating the Human Brain*, Human Brain Development Series, Washington, D. C., 2007.

6   C. Blair: »School Readiness: Integrating Cognition and Emotion in a Neurobiological Conceptualization of Children's Functioning at School Entry«, *American Psychologist* 57, Nr. 2, 2002: S. 111 – 127; R. A. Barkley: »The Executive Functions and Self-Regulation: An Evolutionary Neuropsychological Perspective«, *Neuropsychology Review* 11, Nr. 1, 2001: S. 1 – 29.

7   K. L. Bierman et al.: »Executive Functions and School Readiness Intervention: Impact, Moderation, and Mediation in the Head Start REDI Program«, *Development and Psychopathology* 20, Nr. 3, 2008: S. 821 – 843; M. M. McClelland et al.: »Links between Behavioral Regulation and Preschoolers' Literacy, Vocabulary, and Math Skills«, *Developmental Psychology* 43, Nr. 3, 2007: S. 947 bis 959.

8   Posner und Rothbart: *Educating the Human Brain*.

9   N. Eisenberg et al.: »The Relations of Emotionality and Regulation to Children's Anger-Related Reactions«, *Child Development* 65, Nr. 1, 1994: S. 109 – 128; A. L. Hill et al.: »Profiles of Externalizing Behavior Problems for Boys and Girls across Preschool: The Roles of Emotion Regulation and Inattention«, *Developmental Psychology* 42, Nr. 5, 2006: S. 913 – 928; G. Kochanska, K. Murray und K. C. Coy: »Inhibitory Control as a Contributor to Conscience in Childhood: From Toddler to Early School Age«, *Child Development* 68, Nr. 2, 1997: S. 263 – 277.

10   M. L. Rodriguez, W. Mischel und Y. Shoda: »Cognitive Person Variables in the Delay of Gratification of Older Children at Risk«, *Journal of Personality and Social Psychology* 57, Nr. 2, 1989: S. 358 bis 367; O. Ayduk, W. Mischel und G. Downey: »Attentional Mechanisms Linking Rejection to Hostile Reactivity: The Role of ›Hot‹ versus ›Cool‹ Focus«, *Psychological Science* 13, Nr. 5, 2002: S. 443 bis 448.

11   E. Tsukayama, A. L. Duckworth und B. E. Kim: »Domain-Specific Impulsivity in School-Age Children«, *Developmental Science* 16, Nr. 6, 2013: S. 879 – 893.

12 S. M. Carlson und R. F. White: »Executive Function, Pretend Play, and Imagination«, in: *The Oxford Handbook of the Development of Imagination*, hg. v. M. Taylor, New York 2013.

13 S. M. Carlson und L. J. Moses: »Individual Differences in Inhibitory Control and Children's Theory of Mind«, *Child Development* 72, Nr. 4, 2001: S. 1032–1053.

14 Giacomo Rizzolatti, zitiert in S. Blakeslee: »Cells That Read Minds«, *New York Times*, 10. Januar 2006.

15 S. E. Taylor und A. L. Stanton: »Coping Resources, Coping Processes, and Mental Health«, *Annual Review of Clinical Psychology* 3, 2007: S. 377–401.

16 S. Saphire-Bernstein et al.: »Oxytocin Receptor Gene (OXTR) Is Related to Psychological Resources«, *Proceedings of the National Academy of Sciences* 108, Nr. 37, 2011: S. 15118; B. S. McEwen: »Protective and Damaging Effects of Stress Mediators: Central Role of the Brain«, *Dialogues in Clinical Neuroscience* 8, Nr. 4, 2006: S. 283–297.

17 A. Bandura: *Self-Efficacy: The Exercise of Control*, New York 1997; A. Bandura: »Toward a Psychology of Human Agency«, *Perspectives on Psychological Science* 1, Nr. 2, 2006: S. 164–180.

18 C. Dweck: *Selbstbild – Wie unser Denken Erfolge oder Niederlagen bewirkt (Mindset: The New Psychology of Success)*, Frankfurt a. M. 2007.

19 Ebd.: S. 71.

20 Watty Piper: *Die kleine blaue Lokomotive (The Little Engine That Could)*, Hamburg 1988.

21 W. Mischel, R. Zeiss und A. Zeiss: »Internal-External Control and Persistence: Validation and Implications of the Stanford Preschool Internal-External Scale«, *Journal of Personality and Social Psychology* 29, Nr. 2, 1974: S. 265–278.

22 Bandura: »Toward a Psychology of Human Agency«.

23 M. R. Lepper, D. Greene und R. E. Nisbett: »Undermining Children's Intrinsic Interest with Extrinsic Reward: A Test of the ›Overjustification‹ Hypothesis«, *Journal of Personality and Social Psychology* 28, Nr. 1, 1973: S. 129–137; E. L. Deci, R. Koestner und R. M. Ryan: »A Meta-Analytic Review of Experiments Examining the Effects of Extrinsic Rewards on Intrinsic Motivation«, *Psychological Bulletin* 125, Nr. 6, 1999: S. 627–668.

24 S. E. Taylor und D. A. Armor: »Positive Illusions and Coping with Adversity«, *Journal of Personality* 64, Nr. 4, 1996: S. 873–898; Saphire-Bernstein et al.: »Oxytocin Receptor Gene (OXTR) Is Related to Psychological Resources«; vgl. auch C. S. Carver, M. F. Scheier und S. C. Segerstrom: »Optimism«, *Clinical Psychology Review* 30, Nr. 7, 2010: S. 879–889.

25 M. E. Scheier, J. K. Weintraub und C. S. Carver: »Coping with Stress: Divergent Strategies of Optimists and Pessimists«, *Journal of Personality and Social Psychology* 51, Nr. 6, 1986: S. 1257–1264.

26 W. T. Cox et al.: »Stereotypes, Prejudice, and Depression: The Integrated Perspective«, *Perspectives on Psychological Science* 7, Nr. 5, 2012: S. 427–449.

27 L. Y. Abramson, M. E. Seligman und J. D. Teasdale: »Learned Helplessness in Humans: Critique and Reformulation«, *Journal of Abnormal Psychology* 87, Nr. 1, 1978: S. 49–74.

28 C. Peterson, M. E. Seligman und G. E. Valliant: »Pessimistic Explanatory Style Is a Risk Factor for Physical Illness: A Thirty-Five-Year Longitudinal Study«, *Journal of Personality and Social Psychology* 55, Nr. 1, 1988: S. 23–27.

29 C. Peterson und M. E. Seligman: »Explanatory Style and Illness«, *Journal of Personality* 55, Nr. 2, 1987: S. 237–265.

30 Interview mit Seligman, über das D. Goleman berichtet in: »Research Affirms Power of Positive Thinking«, *New York Times*, 3. Februar 1987. Vgl. auch M. E. Scheier und C. S. Carver: »Dispositional Optimism and Physical Well-Being: The Influence of Generalized Outcome Expectancies on Health«, *Journal of Personality* 55, Nr. 2, 1987: S. 169–210; Carver, Scheier und Segerstrom: »Optimism«.

31 Zitiert in D. Goleman: *Emotionale Intelligenz*, a. a. O.: S. 117.

Kapitel 9

1 William Shakespeare: *Wie es euch gefällt*, 2. Aufzug, 7. Szene. Erstdruck: *Shakspeare's dramatische Werke*. Übersetzt von August Wilhelm Schlegel, Bd. 4, Berlin (Johann Friedrich Unger) 1799. http://gutenberg.spiegel.de/buch/wie-es-euch-gefallt-2187/11

2 H. Ersner-Hershfield et al.: »Don't Stop Thinking about Tomorrow: Individual Differences in Future Self-Continuity Account

for Saving«, *Judgment and Decision Making* 4, Nr. 4, 2009: S. 280 bis 286.

3 Diese Diskussion stützt sich weitgehend auf den Abschnitt »The Face Tool« in S. Benartzi, mit R. Lewin: *Save More Tomorrow: Practical Behavioral Finance Solutions to Improve 401(k) Plans*, New York 2012.

4 H. Ersner-Hershfield, G. E. Wimmer und B. Knutson: »Saving for the Future Self: Neural Measures of Future Self-Continuity Predict Temporal Discounting«, *Social Cognitive and Affective Neuroscience* 4, Nr. 1, 2009: S. 85 – 92.

5 Ersner-Hershfield et al.: »Don't Stop Thinking about Tomorrow«.

6 H. E. Hershfield et al.: »Increasing Saving Behavior through Age-Progressed Renderings of the Future Self«, *Journal of Marketing Research: Special Issue* 48, SPL, 2011: S. 23 – 37.

7 Benartzi: *Save More Tomorrow*, S. 142–158; Hershfield et al.: »Increasing Saving Behavior«; S. M. McClure et al.: »Separate Neural Systems Value Immediate and Delayed Monetary Rewards«, *Science* 306, Nr. 5695, 2004: S. 503 – 507.

8 H. E. Hershfield, T. R. Cohen und L. Thompson: »Short Horizons and Tempting Situations: Lack of Continuity to Our Future Selves Leads to Unethical Decision Making and Behavior«, *Organizational Behavior and Human Decision Processes* 117, Nr. 2, 2012: S. 298 – 310.

Kapitel 10

1 Y. Trope und N. Liberman: »Construal Level Theory«, in *Handbook of Theories of Social Psychology*, Bd. 1, hg. v. P. A. M. Van Lange et al., New York 2012: S. 118 – 134; N. Liberman und Y. Trope: »The Psychology of Transcending the Here and Now«, *Science* 322, Nr. 5905, 2008: S. 1201 – 1205.

2 D. T. Gilbert und T. D. Wilson: »Prospection: Experiencing the Future«, *Science* 317, Nr. 5843, 2007: S. 1351 – 1354.

3 D. T. Gilbert und J. E. Ebert: »Decisions and Revisions: The Affective Forecasting of Changeable Outcomes«, *Journal of Personality and Social Psychology* 82, Nr. 4, 2002: S. 503 – 514; D. Gilbert: *Stumbling on Happiness*, New York 2006; D. Kahneman und J. Snell: »Predicting a Changing Taste: Do People Know What They Will Like?«, *Journal of Behavioral Decision Making* 5, Nr. 3, 1992: S. 187 – 200.

4 D. I. Tamir und J. P. Mitchell: »The Default Network Distinguishes Construals of Proximal versus Distal Events«, *Journal of Cognitive Neuroscience* 23, Nr. 10, 2011: S. 2945–2955.

5 Was Metcalfe und Mischel (»A Hot/Cool System Analysis of Delay of Gratification: Dynamics of Willpower«, *Psychological Review* 106, Nr. 1, 1999: S. 3–19) das »heiße System« nennen, überschneidet sich mit dem, was andere Forscher das »Standardsystem« – *default system* – (Tamir und Mitchell: »The Default Network«) oder das »instinktgesteuerte System« (G. Loewenstein: »Out of Control: Visceral Influences on Behavior«, *Organizational Behavior and Human Decision Processes* 65, Nr. 3, 1996: S. 272–292) oder auch »System 1« nennen (D. Kahneman: *Schnelles Denken, langsames Denken*, München 2012).

6 K. Fujita et al.: »Construal Levels and Self-Control«, *Journal of Personality and Social Psychology* 90, Nr. 3, 2006: S. 351–367.

7 Ebd.; W. Mischel und B. Moore: »Effects of Attention to Symbolically Presented Rewards on Self-Control«, *Journal of Personality and Social Psychology* 28, Nr. 2, 1973: S. 172–179; W. Mischel und N. Baker: »Cognitive Appraisals and Transformations in Delay Behavior«, *Journal of Personality and Social Psychology* 31, Nr. 2, 1975: S. 254.

8 H. Kober et al.: »Prefrontal-Striatal Pathway Underlies Cognitive Regulation of Craving«, *Proceedings of the National Academy of Sciences* 107, Nr. 33, 2010: S. 14811–14816.

9 Für die Regulierung von Substanzverlangen durch kognitive Strategien bei Zigarettenrauchern siehe Kober: »Prefrontal-Striatal Pathway«; R. E. Bliss et al.: »The Influence of Situation and Coping on Relapse Crisis Outcomes after Smoking Cessation«, *Journal of Consulting and Clinical Psychology* 57, Nr. 3, 1989: S. 443–449; S. Shiffman et al.: »First Lapses to Smoking: Within-Subjects Analysis of Real-Time Reports«, *Journal of Consulting and Clinical Psychology* 64, Nr. 2, 1996: S. 366–379.

10 George Loewenstein (»Out of Control«) wies darauf hin, dass Ärzte im Allgemeinen weniger rauchen als die meisten anderen Menschen, aber der Unterschied ist am größten unter denjenigen, die regelmäßig Aufnahmen der rauchgeschwärzten Lungen ihrer kranken Patienten zu sehen bekommen.

11 W. Mischel, Y. Shoda und O. Ayduk: *Introduction to Personality: Toward an Integrative Science of the Person*, 8. Aufl., New York 2008.

12 Dabei habe ich mit Yuichi Shoda zusammengearbeitet.

13 Y. Shoda et al.: »Psychological Interventions and Genetic Testing: Facilitating Informed Decisions about BRCA1/2 Cancer Susceptibility«, *Journal of Clinical Psychology in Medical Settings* 5, Nr. 1, 1998: S. 3 – 17; vgl. auch S. J. Curry und K. M. Emmons: »Theoretical Models for Predicting and Improving Compliance with Breast Cancer Screening«, *Annals of Behavioral Medicine* 16, Nr. 4, 1994: S. 302 – 316.

14 S. M. Miller: »Monitoring and Blunting: Validation of a Questionnaire to Assess Styles of Information Seeking under Threat«, *Journal of Personality and Social Psychology* 52, Nr. 2, 1987: S. 345 – 353.

15 S. M. Miller und C. E. Mangan: »Interacting Effects of Information and Coping Style in Adapting to Gynecologic Stress: Should the Doctor Tell All?«, *Journal of Personality and Social Psychology* 45, Nr. 1, 1983: S. 223 – 236.

16 Miller und Mangan: »Interacting Effects of Information and Coping Style«; S. M. Miller: »Monitoring versus Blunting Styles of Coping with Cancer Influence the Information Patients Want and Need about Their Disease: Implications for Cancer Screening and Management«, *Cancer* 76, Nr. 2, 1995: S. 167 – 177.

Kapitel 11

1 A. Luerssen und O. Ayduk: »The Role of Emotion and Emotion Regulation in the Ability to Delay Gratification«, in: *Handbook of Emotion Regulation*, 2. Aufl., hg. v. J. Gross, 2014; E. Kross und O. Ayduk: »Facilitating Adaptive Emotional Analysis: Distinguishing Distanced-Analysis of Depressive Experiences from Immersed-Analysis and Distraction«, *Personality and Social Psychology Bulletin* 34, Nr. 7, 2008: S. 924 – 938.

2 S. Nolen-Hoeksema: »The Role of Rumination in Depressive Disorders and Mixed Anxiety/Depressive Symptoms«, *Journal of Abnormal Psychology* 109, Nr. 3, 2000: S. 504 – 511; S. Nolen-Hoeksema, B. E. Wisco und S. Lyubomirsky: »Rethinking Rumination«, *Perspectives on Psychological Science* 3, Nr. 5, 2008: S. 400 – 424.

3 E. Kross, O. Ayduk und W. Mischel: »When Asking ›Why‹ Does Not Hurt: Distinguishing Rumination from Reflective Processing of Negative Emotions«, *Psychological Science* 16, Nr. 9, 2005: S. 709 – 715.

4 O. Ayduk und E. Kross: »From a Distance: Implications of Spontaneous Self-Distancing for Adaptive Self-Reflection«, *Journal of Personality and Social Psychology* 98, Nr. 5, 2010: S. 809 – 829.

5 O. Ayduk und E. Kross: »Enhancing the Pace of Recovery: Self-Distanced Analysis of Negative Experiences Reduces Blood Pressure Reactivity«, *Psychological Science* 19, Nr. 3, 2008: S. 229 – 231.

6 Ayduk und Kross: »From a Distance«, Studie 3.

7 J. J. Gross und O. P. John: »Individual Differences in Two Emotion Regulation Processes: Implications for Affect, Relationships, and Well-Being«, *Journal of Personality and Social Psychology* 85, Nr. 2, 2003: S. 348 – 362; K. N. Ochsner und J. J. Gross: »Cognitive Emotion Regulation Insights from Social Cognitive and Affective Neuroscience«, *Current Directions in Psychological Science* 17, Nr. 2, 2008: S. 153 – 158.

8 K. A. Dodge: »Social-Cognitive Mechanisms in the Development of Conduct Disorder and Depression«, *Annual Review of Psychology* 44, Nr. 1, 1993: S. 559 – 584; K. L. Bierman et al.: »School Outcomes of Aggressive-Disruptive Children: Prediction from Kindergarten Risk Factors and Impact of the Fast Track Prevention Program«, *Aggressive Behavior* 39, Nr. 2, 2013: S. 114 – 130.

9 E. Kross et al.: »The Effect of Self-Distancing on Adaptive versus Maladaptive Self-Reflection in Children«, *Emotion-APA* 11, Nr. 5, 2011: S. 1032 – 1039.

10 E. Kross et al.: »Social Rejection Shares Somatosensory Representations with Physical Pain«, *Proceedings of the National Academy of Sciences* 108, Nr. 15, 2011: S. 6270 – 6275.

11 N. I. Eisenberger, M. D. Lieberman und K. D. Williams: »Does Rejection Hurt? An fMRI Study of Social Exclusion«, *Science* 302, Nr. 5643, 2003: S. 290 – 292.

12 E. Selcuk et al.: »Mental Representations of Attachment Figures Facilitate Recovery Following Upsetting Autobiographical Memory Recall«, *Journal of Personality and Social Psychology* 103, Nr. 2, 2012: S. 362 – 378.

Kapitel 12

1 R. Romero-Canyas et al.: »Rejection Sensitivity and the Rejection-Hostility Link in Romantic Relationships«, *Journal of Personality* 78, Nr. 1, 2010: S. 119 – 148; G. Downey et al.: »The Self-Fulfilling Prophecy in Close Relationships: Rejection Sensitivity and Rejection by Romantic Partners«, *Journal of Personality and Social Psychology* 75, Nr. 2, 1998: S. 545 – 560.

2 V. Purdie und G. Downey: »Rejection Sensitivity and Adolescent Girls' Vulnerability to Relationship-Centered Difficulties«, *Child Maltreatment* 5, Nr. 4, 2000: S. 338 – 349.

3 O. Ayduk, W. Mischel und G. Downey: »Attentional Mechanisms Linking Rejection to Hostile Reactivity: The Role of ›Hot‹ versus ›Cool‹ Focus«, *Psychological Science* 13, Nr. 5, 2002: S. 443 – 448; O. Ayduk, G. Downey und M. Kim: »Rejection Sensitivity and Depressive Symptoms in Women«, *Personality and Social Psychology Bulletin* 27, Nr. 7, 2001: S. 868 – 877.

4 G. Bush, P. Luu und M. I. Posner: »Cognitive and Emotional Influences in Anterior Cingulate Cortex«, *Trends in Cognitive Sciences* 4, Nr. 6, 2000: S. 215 – 222; vgl. auch G. M. Slavich et al.: »Neural Sensitivity to Social Rejection Is Associated with Inflammatory Responses to Social Stress«, *Proceedings of the National Academy of Sciences* 107, Nr. 33, 2010: S. 14817 – 14822.

5 R. M. Sapolsky, L. M. Romero und A. U. Munck: »How Do Glucocorticoids Influence Stress Responses? Integrating Permissive, Suppressive, Stimulatory, and Preparative Actions«, *Endocrine Reviews* 21, Nr. 1, 2000: S. 55 – 89.

6 O. Ayduk et al.: »Regulating the Interpersonal Self: Strategic Self-Regulation for Coping with Rejection Sensitivity«, *Journal of Personality and Social Psychology* 79, Nr. 5, 2000: S. 776 – 792.

7 O. Ayduk et al.: »Rejection Sensitivity and Executive Control: Joint Predictors of Borderline Personality Features«, *Journal of Research in Personality* 42, Nr. 1, 2008: S. 151 – 168.

8 O. Ayduk et al.: »Regulating the Interpersonal Self«.

9 Für die Vorteile des Schreibens über emotionale Erfahrungen vgl. J. W. Pennebaker: *Opening Up: The Healing Power of Expressing Emotion*, New York 1997, und J. W. Pennebaker: »Writing about

Emotional Experiences as a Therapeutic Process«, *Psychological Science* 8, Nr. 3, 1997: S. 162 – 166.

10 T. R. Schlam et al.: »Preschoolers' Delay of Gratification Predicts Their Body Mass 30 Years Later«, *Journal of Pediatrics* 162, Nr. 1, 2012: S. 91.

11 T. E. Moffitt et al.: »A Gradient of Childhood Self-Control Predicts Health, Wealth, and Public Safety«, *Proceedings of the National Academy of Sciences* 108, Nr. 7, 2011: S. 2693 – 2698.

Kapitel 13

1 Daniel Gilbert diskutiert in seinem Buch *Ins Glück stolpern (Stumbling on Happiness)*, München 2006, S. 267, sowohl das psychische als auch das physische Immunsystem. Auf welche Weise das psychische Immunsystem auch dazu führt, dass sich das zukünftige Wohlbefinden nur schlecht vorhersagen lässt, analysieren D. T. Gilbert und T. D. Wilson in: »Prospection: Experiencing the Future«, *Science* 317, Nr. 5843, 2007: S. 1351 – 1354, und D. T. Gilbert et al.: »Immune Neglect: A Source of Durability Bias in Affective Forecasting«, *Journal of Personality and Social Psychology* 75, Nr. 3, 1998: S. 617 – 638.

2 C. Tavris und E. Aronson: *Ich habe recht, auch wenn ich mich irre (Mistakes were made [but not by me])*, München 2010.

3 S. E. Taylor und D. A. Armor: »Positive Illusions and Coping with Adversity«, *Journal of Personality* 64, Nr. 4, 1996: S. 873 – 898; S. E. Taylor und P. M. Gollwitzer: »Effects of Mindset on Positive Illusions«, *Journal of Personality and Social Psychology* 69, Nr. 2, 1995: S. 213 – 226.

4 D. G. Myers: »Self-Serving Bias«, in: *This Will Make You Smarter: New Scientific Concepts to Improve Your Thinking*, hg. v. J. Brockman, New York 2012: S. 37 – 38.

5 S. E. Taylor et al.: »Are Self-Enhancing Cognitions Associated with Healthy or Unhealthy Biological Profiles?«, *Journal of Personality and Social Psychology* 85, Nr. 4, 2003: S. 605 – 615.

6 S. E. Taylor et al.: »Psychological Resources, Positive Illusions, and Health«, *American Psychologist* 55, Nr. 1, 2000: S. 99 – 109.

7 D. A. Armor und S. E. Taylor: »When Predictions Fail: The Dilemma of Unrealistic Optimism«, in: *Heuristics and Biases: The Psychology of Intuitive Judgment*, hg. v. T. Gilovich, D. Griffin und D. Kahneman, New York 2002: S. 334–347; S. E. Taylor und J. D. Brown: »Illusion and Well-Being: A Social Psychological Perspective on Mental Health«, *Psychological Bulletin* 103, Nr. 2, 1988: S. 193–210.

8 M. D. Alicke: »Global Self-Evaluation as Determined by the Desirability and Controllability of Trait Adjectives«, *Journal of Personality and Social Psychology* 49, Nr. 6, 1985: S. 1621–1630; G. W. Brown et al.: »Social Support, Self-Esteem and Depression«, *Psychological Medicine* 16, Nr. 4, 1986: S. 813–831.

9 Vgl. Gilbert: *Ins Glück stolpern*: S. 267.

10 A. T. Beck et al.: *Cognitive Therapy of Depression*, New York 1979.

11 P. M. Lewinsohn et al.: »Social Competence and Depression: The Role of Illusory Self-Perceptions«, *Journal of Abnormal Psychology* 89, Nr. 2, 1980: S. 203–212.

12 L. B. Alloy und L. Y. Abramson: »Judgment of Contingency in Depressed and Nondepressed Students: Sadder but Wiser?«, *Journal of Experimental Psychology: General* 108, Nr. 4, 1979: S. 441–485.

13 J. Wright und W. Mischel: »Influence of Affect on Cognitive Social Learning Person Variables«, *Journal of Personality and Social Psychology* 43, Nr. 5, 1982: S. 901–914; vgl. auch A. M. Isen et al.: »Affect, Accessibility of Material in Memory, and Behavior: A Cognitive Loop?«, *Journal of Personality and Social Psychology* 36, Nr. 1, 1978: S. 1–12.

14 Für weiterführende Informationen über die Regulierung und Abkühlung von Angst und anderen negativen Emotionen vgl. J. Gross: »Emotion Regulation: Taking Stock and Moving Forward«, *Emotion* 13, Nr. 3, 2013: S. 359–365; K. N. Ochsner et al.: »Rethinking Feelings: An fMRI Study of the Cognitive Regulation of Emotion«, *Journal of Cognitive Neuroscience* 14, Nr. 8, 2002: S. 1215–1229.

15 S. E. Taylor et al.: »Portrait of the Self-Enhancer: Well Adjusted and Well Liked or Maladjusted and Friendless?«, *Journal of Personality and Social Psychology* 84, Nr. 1, 2003: S. 165–176.

16 S. M. Carlson und L. J. Moses: »Individual Differences in Inhibitory Control and Children's Theory of Mind«, *Child Development* 72, Nr. 4, 2001: S. 1032 – 1053.

17 E. Diener und M. E. Seligman: »Very Happy People«, *Psychological Science* 13, Nr. 1, 2002: S. 81 – 84; E. L. Deci und R. M. Ryan, Hg.: *Handbook of Self-Determination Research*, Rochester 2002.

18 D. Kahneman: *Schnelles Denken, langsames Denken (Thinking, Fast and Slow)*, München 2012.

19 S. Shane und S. G. Stolberg: »A Brilliant Career with a Meteoric Rise and an Abrupt Fall«, *New York Times*, 10. November 2012.

20 M. Konnikova: *The Limits of Self-Control: Self-Control, Illusory Control, and Risky Financial Decision Making*, Dissertation, Columbia University, 2013.

21 Kahneman: *Schnelles Denken, langsames Denken*: S. 316.

22 T. Astebro: »The Return to Independent Invention: Evidence of Unrealistic Optimism, Risk Seeking or Skewness Loving?«, *Economic Journal* 113, Nr. 484, 2003: S. 226 – 239; T. Astebro und S. Elhedhli: »The Effectiveness of Simple Decision Heuristics: Forecasting Commercial Success for Early-Stage Ventures«, *Management Science* 52, Nr. 3, 2006: S. 395 – 409.

23 Berichtet in Kahneman: *Schnelles Denken, langsames Denken*: S. 325, basierend auf E. S. Berner und M. L. Graber: »Overconfidence as a Cause of Diagnostic Error in Medicine«, *American Journal of Medicine* 121, Nr. 5, 2008: S. 2 – 23.

24 W. Mischel: *Personality and Assessment*, New York 1968.

25 Mischel: *Personality and Assessment*; J. J. Lasky et al.: »Post-Hospital Adjustment as Predicted by Psychiatric Patients and by Their Staff«, *Journal of Consulting Psychology* 23, Nr. 3, 1959: S. 213 – 218.

26 W. Mischel: »Predicting the Success of Peace Corps Volunteers in Nigeria«, *Journal of Personality and Social Psychology* 1, Nr. 5, 1965: S. 510 – 517.

27 Kahneman: *Schnelles Denken, langsames Denken*.

28 C. Pogash: »A Self-Improvement Quest That Led to Burned Feet«, *New York Times*, 22. Juli 2012.

Kapitel 14

1 R. V. Burton: »Generality of Honesty Reconsidered«, *Psychological Review* 70, Nr. 6, 1963: S. 481 – 499.

2 J. M. Caher: *King of the Mountain: The Rise, Fall, and Redemption of Chief Judge Sol Wachtler*, Amherst 1998.

3 J. Surowiecki: »Branded a Cheat«, *The New Yorker*, 21. Dezember 2009.

4 D. Gilson: »Only Little People Pay Taxes«, *Mother Jones*, 18. April 2011.

5 W. Mischel: *Personality and Assessment*, New York 1968; W. Mischel, Y. Shoda und O. Ayduk: *Introduction to Personality: Toward an Integrative Science of the Person*, 8. Aufl., New York 2008.

6 D. T. Gilbert und P. S. Malone: »The Correspondence Bias«, *Psychological Bulletin* 117, Nr. 1, 1995: S. 21 – 38; M. D. Lieberman et al.: »Reflexion and Reflection: A Social Cognitive Neuroscience Approach to Attributional Inference«, *Advances in Experimental Social Psychology* 34, 2002: S. 199 – 249; Mischel: *Personality and Assessment*.

7 H. Hartshorne, M. A. May und J. B. Maller: *Studies in the Nature of Character, Vol. II: Studies in Service and Self-Control*, New York 1929; Mischel: *Personality and Assessment*; W. Mischel: »Toward an Integrative Science of the Person (Prefatory Chapter)«, *Annual Review of Psychology* 55, 2004: S. 1 – 22; T. Newcomb: »The Consistency of Certain Extrovert-Introvert Behavior Patterns in Fifty-One Problem Boys«, *Teachers College Record* 31, Nr. 3, 1929: S. 263 – 265; W. Mischel und P. K. Peake: »Beyond Déjà Vu in the Search for Cross-Situational Consistency«, *Psychological Review* 89, Nr. 6, 1982: S. 730 – 755.

8 Mischel: *Personality and Assessment*.

9 J. Block: »Millennial Contrarianism: The Five-Factor Approach to Personality Description 5 Years Later«, *Journal of Research in Personality* 35, Nr. 1, 2001: S. 98 – 107; W. Mischel: »Toward a Cognitive Social Learning Reconceptualization of Personality«, *Psychological Review* 80, Nr. 4, 1973: S. 252 – 283; W. Mischel: »From *Personality and Assessment* (1968) to Personality Science«, *Journal of Research in Personality* 43, Nr. 2, 2009: S. 282 – 290.

10 Van Mechelen: »A Royal Road to Understanding the Mechanisms Underlying Person-in-Context Behavior«, *Journal of Research in Per-*

sonality 43, Nr. 2, 2009: S. 179 – 186; V. Zayas und Y. Shoda: »Three Decades after the Personality Paradox: Understanding Situations«, *Journal of Research in Personality* 43, Nr. 2, 2009: S. 280 – 281.

11 Kahneman: *Schnelles Denken, langsames Denken*; Mischel: *Personality and Assessment*; Van Mechelen: »A Royal Road to Understanding«.

12 J. C. Wright und W. Mischel: »A Conditional Approach to Dispositional Constructs: The Local Predictability of Social Behavior«, *Journal of Personality and Social Psychology* 53, Nr. 6, 1987: S. 1159 bis 1177; W. Mischel und Y. Shoda: »A Cognitive-Affective System Theory of Personality: Reconceptualizing Situations, Dispositions, Dynamics, and Invariance in Personality Structure«, *Psychological Review* 102, Nr. 2, 1995: S. 246 – 268.

Kapitel 15

1 J. C. Wright und W. Mischel: »Conditional Hedges and the Intuitive Psychology of Traits«, *Journal of Personality and Social Psychology* 55, Nr. 3, 1988: S. 454 – 469.

2 Vgl. W. Mischel: *Personality and Assessment*, New York 1968; W. Mischel: »Toward an Integrative Science of the Person (Prefatory Chapter)«, *Annual Review of Psychology* 55, 2004: S. 1 – 22.

3 Die wichtigsten Forschungsergebnisse und -methoden werden beschrieben in Y. Shoda, W. Mischel und J. C. Wright: »Intraindividual Stability in the Organization and Patterning of Behavior: Incorporating Psychological Situations into the Idiographic Analysis of Personality«, *Journal of Personality and Social Psychology* 67, Nr. 4, 1994: S. 674–687; W. Mischel und Y. Shoda: »A Cognitive-Affective System Theory of Personality: Reconceptualizing Situations, Dispositions, Dynamics, and Invariance in Personality Structure«, *Psychological Review* 102, Nr. 2, 1995: S. 246 – 268.

4 A. L. Zakriski, J. C. Wright und M. K. Underwood: »Gender Similarities and Differences in Children's Social Behavior: Finding Personality in Contextualized Patterns of Adaptation«, *Journal of Personality and Social Psychology* 88, Nr. 5, 2006: S. 844 – 855; R. E. Smith et al.: »Behavioral Signatures at the Ballpark: Intraindividual Consistency of Adults' Situation-Behavior Patterns and Their Interpersonal Consequences«, *Journal of Research in Personality* 43, Nr. 2, 2009: S. 187 – 195.

5 M. A. Fournier, D. S. Moskowitz und D. C. Zuroff: »Integrating Dispositions, Signatures, and the Interpersonal Domain«, *Journal of Personality and Social Psychology* 94, Nr. 3, 2008: S. 531–545; I. Van Mechelen: »A Royal Road to Understanding the Mechanisms Underlying Person-in-Context Behavior«, *Journal of Research in Personality* 43, Nr. 2, 2009: S. 179–186; O. Ayduk et al.: »Verbal Intelligence and Self-Regulatory Competencies: Joint Predictors of Boys' Aggression«, *Journal of Research in Personality* 41, Nr. 2, 2007: S. 374–388.

6 Mischel und Shoda: »A Cognitive-Affective System Theory of Personality«.

7 W. Mischel und P. K. Peake: »Beyond Déjà Vu in the Search for Cross-Situational Consistency«, *Psychological Review* 89, Nr. 6, 1982: S. 730–755.

8 Mischel und Shoda: »A Cognitive-Affective System Theory of Personality«.

9 Mischel und Peake: »Beyond Déjà Vu in the Search for Cross-Situational Consistency«.

10 W. Mischel: »Continuity and Change in Personality«, *American Psychologist* 24, Nr. 11, 1969: S. 1012–1018.

11 Y. Shoda et al.: »Cognitive-Affective Processing System Analysis of Intra-Individual Dynamics in Collaborative Therapeutic Assessment: Translating Basic Theory and Research into Clinical Applications«, *Journal of Personality* 81, Nr. 6, 2013: S. 554–568.

12 Diese Zusammenhänge wurden in hohem Maße von der Intelligenz des Kindes beeinflusst. Vgl. Ayduk: »Verbal Intelligence and Self-Regulatory Competencies«.

Kapitel 16

1 J. Cheever: »The Angel of the Bridge«, *The New Yorker*, 21. Oktober 1961.

2 J. LeDoux: *Das Netz der Gefühle*, München 2004; J. LeDoux: »Parallel Memories: Putting Emotions Back into the Brain«, in: *The Mind: Leading Scientists Explore the Brain, Memory, Personality, and Happiness*, hg. v. J. Brockman, New York 2011: S. 31–47.

3 Für eine Diskussion dieser Art von »klassischer Konditionierung« vgl. W. Mischel, Y. Shoda und O. Ayduk: *Introduction to Personality:*

Toward an Integrative Science of the Person, 8. Aufl., New York 2008: Kapitel 10.

4 J. Wolpe: *Reciprocal Inhibition Therapy*, Stanford 1958: S. 71.

5 A. Bandura: *Principles of Behavior Modification*, New York 1969; G. L. Paul: *Insight vs. Desensitization in Psychotherapy*, Stanford 1966; A. T. Beck et al.: *Cognitive Therapy of Depression*, New York 1979.

6 Bandura: *Principles of Behavior Modification*.

7 Ebd.; A. Bandura, J. E. Grusec und F. L. Menlove: »Vicarious Extinction of Avoidance Behavior«, *Journal of Personality and Social Psychology* 5, Nr. 1, 1967: S. 16 – 23; A. Bandura und F. L. Menlove: »Factors Determining Vicarious Extinction of Avoidance Behavior through Symbolic Modeling«, *Journal of Personality and Social Psychology* 8, Nr. 2, 1968: S. 99 – 108.

8 L. Williams: »Guided Mastery Treatment of Agoraphobia: Beyond Stimulus Exposure«, in: *Progress in Behavior Modification*, Bd. 26, hg. v. M. Hersen, R. M. Eisler und P. M. Miller, Newbury Park 1990: S. 89 – 121.

9 A. Bandura: »Albert Bandura«, in: *A History of Psychology in Autobiography*, Bd. 9, hg. v. G. Lindzey und W. M. Runyan, Washington, D. C., 2006: S. 62 – 63.

10 Paul: *Insight vs. Desensitization in Psychotherapy*; G. L. Paul: »Insight versus Desensitization in Psychotherapy Two Years after Termination«, *Journal of Consulting Psychology* 31, Nr. 4, 1967: S. 333 – 348.

Kapitel 17

1 M. Muraven, D. M. Tice und R. F. Baumeister: »Self-Control as Limited Resource: Regulatory Depletion Patterns«, *Journal of Personality and Social Psychology* 74, Nr. 3, 1998: S. 774 – 789.

2 R. F. Baumeister et al.: »Ego Depletion: Is the Active Self a Limited Resource?«, *Journal of Personality and Social Psychology* 74, Nr. 5, 1998: S. 1252 – 1265.

3 R. F. Baumeister und J. Tierney: *Willpower: Rediscovering the Greatest Human Strength*, New York 2011.

4 M. Inzlicht und B. J. Schmeichel: »What Is Ego Depletion? Toward a Mechanistic Revision of the Resource Model of Self-Control«, *Perspectives on Psychological Science* 7, Nr. 5, 2012: S. 450 – 463.

5 M. Muraven und E. Slessareva: »Mechanisms of Self-Control Failure: Motivation and Limited Resources«, *Personality and Social Psychology Bulletin* 29, Nr. 7, 2003: S. 894 – 906.

6 C. Martijn et al.: »Getting a Grip on Ourselves: Challenging Expectancies about Loss of Energy after Self-Control«, *Social Cognition* 20, Nr. 6, 2002: S. 441 – 460.

7 V. Job, C. S. Dweck und G. M. Walton: »Ego Depletion – Is It All in Your Head? Implicit Theories about Willpower Affect Self-Regulation«, *Psychological Science* 21, Nr. 11, 2010: S. 1686 – 1693.

8 Vgl. auch D. C. Molden et al.: »Motivational versus Metabolic Effects of Carbohydrates on Self-Control«, *Psychological Science* 23, Nr. 10, 2012: S. 1137 – 1144.

9 P. Druckerman: *Bringing Up Bebe: One American Mother Discovers the Wisdom of French Parenting*, New York 2012.

10 A. Chua: *Die Mutter des Erfolgs – Wie ich meinen Kindern das Siegen beibrachte (Battle hymn of the tiger mother)*, Zürich 2011.

11 J. R. Harris: *Ist Erziehung sinnlos? – Die Ohnmacht der Eltern (The nurture assumption)*, Reinbek 2000.

12 A. Bandura: »Vicarious Processes: A Case of No-Trial Learning«, in: *Advances in Experimental Social Psychology*, Bd. 2, hg. v. L. Berkowitz, New York 1965, S. 1 – 55.

13 W. Mischel und R. M. Liebert: »Effects of Discrepancies between Observed and Imposed Reward Criteria on Their Acquisition and Transmission«, *Journal of Personality and Social Psychology* 3, Nr. 1, 1966: S. 45 – 53; W. Mischel und R. M. Liebert: »The Role of Power in the Adoption of Self-Reward Patterns«, *Child Development* 38, Nr. 3, 1967: S. 673 – 683.

14 Der Einfluss, den Modelle ausüben, hängt von Merkmalen wie Herzlichkeit, Fürsorglichkeit und Macht ab. Vgl. J. Grusec und W. Mischel: »Model's Characteristics as Determinants of Social Learning«, *Journal of Personality and Social Psychology* 4, Nr. 2, 1966: S. 211 – 215; W. Mischel und J. Grusec: »Determinants of the Rehearsal and Transmission of Neutral and Aversive Behaviors«, *Journal of Personality and Social Psychology* 3, Nr. 2, 1966: S. 197 – 205.

15 Vorbilder beeinflussen auch in erheblichem Ausmaß die Bereitschaft von Kindern, größere aufgeschobene statt kleinere sofortige Belohnungen zu wählen. Vgl. A. Bandura und W. Mischel: »Modi-

fication of Self-Imposed Delay of Reward Through Exposure to Live and Symbolic Models«, *Journal of Personality and Social Psychology* 2, Nr. 5, 1965: S. 698–705.

Kapitel 18

1 W. Mischel: »Walter Mischel«, in: *A History of Psychology in Autobiography*, Bd. 9, hg. v. G. E. Lindzey und W. M. Runyan, Washington, D. C., 2007, S. 229–267.

2 B. S. McEwen und P. J. Gianaros: »Stress- and Allostasis-Induced Brain Plasticity«, *Annual Review of Medicine* 62, 2011: S. 431–445; Center on the Developing Child at Harvard University: *Building the Brain's »Air Traffic Control« System: How Early Experiences Shape the Development of Executive Function: Working Paper No. 11*, 2011; M. I. Posner und M. K. Rothbart: *Educating the Human Brain*, Human Brain Development Series, Washington, D. C., 2007.

3 M. R. Rueda et al.: »Training, Maturation, and Genetic Influences on the Development of Executive Attention«, *Proceedings of the National Academy of Sciences* 102, Nr. 41, 2005: S. 14931–14936.

4 A. Diamond et al.: »Preschool Program Improves Cognitive Control«, *Science* 318, Nr. 5855, 2007: S. 1387–1388; N. R. Riggs et al.: »The Mediational Role of Neurocognition in the Behavioral Outcomes of a Social-Emotional Prevention Program in Elementary School Students: Effects of the PATHS Curriculum«, *Prevention Science* 7, Nr. 1, 2006: S. 91–102.

5 C. Gawrilow, P. M. Gollwitzer und G. Oettingen: »If-Then Plans Benefit Executive Functions in Children with ADHD«, *Journal of Social and Clinical Psychology* 30, Nr. 6, 2011: S. 615–645; C. Gawrilow et al.: »Mental Contrasting with Implementation Intentions Enhances Self-Regulation of Goal Pursuit in Schoolchildren at Risk for ADHD«, *Motivation and Emotion* 37, Nr. 1, 2013: S. 134–145.

6 T. Klingberg et al.: »Computerized Training of Working Memory in Children with ADHD – a Randomized, Controlled Trial«, *Journal of the American Academy of Child and Adolescent Psychiatry* 44, Nr. 2, 2005: S. 177–186.

7 Y. Y. Tang et al.: »Short-Term Meditation Training Improves Attention and Self-Regulation«, *Proceedings of the National Academy of Sciences* 104, Nr. 43, 2007: S. 17152–17156; A. P. Jha, J. Krompinger

und M. J. Baime: »Mindfulness Training Modifies Subsystems of Attention«, *Cognitive, Affective, & Behavioral Neuroscience* 7, Nr. 2, 2007: S. 109–119. Vgl. auch: M. K. Rothbart et al.: »Enhancing Self-Regulation in School and Clinic«, in: *Minnesota Symposia on Child Psychology: Meeting the Challenge of Translational Research in Child Psychology*, Bd. 35, hg. v. M. R. Gunner und D. Cicchetti, Hoboken 2009: S. 115–158.

8 M. D. Mrazek et al.: »Mindfulness Training Improves Working Memory Capacity and GRE Performance While Reducing Mind Wandering«, *Psychological Science* 24, Nr. 5, 2013: S. 776–781.

9 McEwen und Gianaros: »Stress- and Allostasis-Induced Brain Plasticity«.

10 Center on the Developing Child: *Building the Brain's »Air Traffic Control« System*: S. 12.

11 D. Brooks: »When Families Fail«, *New York Times*, 12. Februar 2013.

12 Sesame Workshop®, Sesame Street® und die damit verbundenen Figuren, Markenzeichen und Gestaltungselemente sind Eigentum des Sesame Workshop, der entsprechende Lizenzen vergibt. © 2013 Sesame Workshop. Alle Rechte vorbehalten.

13 S. Fisch und R. Truglio (Hg.): »The Early Window Project: *Sesame Street* Prepares Children for School«, in: »*G*« *Is for Growing: Thirty Years of Research on Sesame Street*, Mahwah 2001: S. 97–114.

14 N. E. Adler und J. Stewart (Hg.): *The Biology of Disadvantage: Socioeconomic Status and Health*, Boston 2010.

15 Das Robin Hood Excellence Program, unterstützt von Paul Tudor-Jones, und Michael Druckmans Schools That Can sind weitere Beispiele für die vielen verschiedene Projekte, die gegenwärtig verfolgt werden.

16 Definiert danach, ob sie die Voraussetzungen für die Aufnahme in das Programm für kostenlose oder verbilligte Mittagessen erfüllen.

17 Persönliches Interview mit KIPP-Schülerin, 14. März 2013, an der KIPP Academy Middle School, South Bronx, NY.

18 Diese Daten stammen aus Interviews Mischels mit Dave Levin am 22. Februar 2013 und Mitch Brenner am 17. April 2013.

19 Persönliche Mitteilung von Dave Levin vom KIP-Programm an Mischel am 26. Dezember 2013.

20 Y. Shoda, W. Mischel und P. K. Peake: »Predicting Adolescent Cognitive and Social Competence from Preschool Delay of Gratification: Identifying Diagnostic Conditions«, *Developmental Psychology* 26, Nr. 6, 1990: S. 978 – 986.

21 In einigen Bundesstaaten spiegelt sich darin die Tatsache wider, dass die vorschulische Erziehung nicht staatlich finanziert wird.

Kapitel 19

1 G. Ainslie und R. J. Herrnstein: »Preference Reversal and Delayed Reinforcement«, *Animal Learning and Behavior* 9, Nr. 4, 1981: S. 476 bis 482.

2 D. Laibson: »Golden Eggs and Hyperbolic Discounting«, *Quarterly Journal of Economics* 112, Nr. 2, 1997: S. 443 – 478.

3 P. M. Gollwitzer und G. Oettingen: »Goal Pursuit«, in: *The Oxford Handbook of Human Motivation*, hg. v. R. M. Ryan, New York 2012: S. 208 – 231.

4 R. W. Jeffery et al.: »Long-Term Maintenance of Weight Loss: Current Status«, *Health Psychology* 19, Nr. 1S, 2000: S. 5 – 16.

5 M. J. Crockett et al.: »Restricting Temptations: Neural Mechanisms of Precommitment«, *Neuron* 79, Nr. 2, 2013: S. 391 – 401.

6 Vgl. zum Beispiel D. Ariely und K. Wertenbroch: »Procrastination, Deadlines, and Performance: Self-Control by Precommitment«, *Psychological Science* 13, Nr. 3, 2002: S. 219 – 224.

7 D. Laibson: »Psychological and Economic Voices in the Policy Debate«, Vortrag anlässlich der Konferenz über »Psychologie und Verhaltensökonomik im Dienst der Politik«, White House, Washington, D. C., 22. Mai 2013. Vgl. auch R. H. Thaler und C. R. Sunstein: *Nudge: Wie man kluge Entscheidungen anstößt (Improving Decisions about Health, Wealth, and Happiness)*, Berlin 2009.

8 E. Kross et al.: »Asking Why from a Distance: Its Cognitive and Emotional Consequences for People with Major Depressive Disorder«, *Journal of Abnormal Psychology* 121, Nr. 3, 2012: S. 559 – 569; E. Kross und O. Ayduk: »Making Meaning out of Negative Experiences by Self-Distancing«, *Current Directions in Psychological Science* 20, Nr. 3, 2011: S. 187 – 191.

9 B. A. Alford und A. T. Beck: *The Integrative Power of Cognitive Therapy*, New York 1998; A. T. Beck et al.: *Cognitive Therapy of Depression*, New York 1979.

10 A. M. Graham, P. A. Fisher und J. H. Pfeifer: »What Sleeping Babies Hear: A Functional MRI Study of Interparental Conflict and Infants' Emotion Processing«, *Psychological Science* 24, Nr. 5, 2013: S. 782 – 789.

11 Zitate aus einem persönlichen Gespräch mit Elizabeth am 27. August 2013.

12 L. Michaelson et al.: »Delaying Gratification Depends on Social Trust«, *Frontiers in Psychology* 4, 2013: S. 355; W. Mischel: »Processes in Delay of Gratification«, in: *Advances in Experimental Social Psychology*, hg. v. L. Berkowitz, Bd. 7, New York 1974: S. 249 bis 292.

13 A. Bandura, D. Ross und S. A. Ross: »Transmission of Aggression through Imitation of Aggressive Models«, *Journal of Abnormal and Social Psychology* 63, Nr. 3, 1961: S. 575 – 582.

Kapitel 20

1 Radiolab: http://www.radiolab.org/story/96056-your-future-marshmallow/

2 P. D. Zelazo und W. A. Cunningham: »Executive Function: Mechanisms Underlying Emotion Regulation«, in: *Handbook of Emotion Regulation*, hg. v. J. J. Gross, New York 2007: S. 135 – 158; Center on the Developing Child at Harvard University, *Building the Brain's »Air Traffic Control« System: How Early Experiences Shape the Development of Executive Function*, Working Paper, Nr. 11, 2011.

3 Erstmals veröffentlicht in W. G. Bowen und D. Bok: *The Shape of the River: Long-Term Consequences of Considering Race in College and University Admissions*, Princeton 1998; C. Nickerson, N. Schwarz und E. Diener: »Financial Aspirations, Financial Success, and Overall Life Satisfaction: Who? And How?«, *Journal of Happiness Studies* 8, Nr. 4, 2007: S. 467 – 515. Für eine Zusammenfassung der wichtigsten Forschungsergebnisse vgl. D. Kahneman: *Schnelles Denken, langsames Denken*, S. 494 – 496.

4 W. Mischel: »Continuity and Change in Personality«, *American Psychologist* 24, Nr. 11, 1969: S. 1012 – 1018; W. Mischel: »Toward an

Integrative Science of the Person (Prefatory Chapter)«, *Annual Review of Psychology* 55, 2004: S. 1 – 22.

5 C. M. Morf und W. Mischel: »The Self as a Psycho-Social Dynamic Processing System: Toward a Converging Science of Selfhood«, in: *Handbook of Self and Identity*, 2. Aufl., hg. v. M. Leary und J. Tangney, New York 2012, S. 21 – 49.

6 Kaufer und Francis: »Nurture, Nature, and the Stress That Is Life«: S. 63.

7 R. Descartes: *Die Prinzipien der Philosophie*, Lateinisch – Deutsch, übers. und hgg. von Christian Wohlers, Hamburg 2005, S. 15

Personenregister

Sachregister

THINKING, FAST AND SLOW

DANIEL KAHNEMAN

PANTHEON

SCHNELLES DENKEN, LANGSAMES DENKEN

NOBELPREIS FÜR WIRTSCHAFT

»Daniel Kahneman ist ganz sicher der wichtigste Psychologe unserer Zeit. Das Erscheinen dieses Buchs ist ein Großereignis.«
STEVEN PINKER

ISBN 978-3-570-55215-5, 624 Seiten, € 16,99 [D]

»Ein großartiges Buch; ein Alterswerk, das man wahrscheinlich einmal als eines der wichtigsten Werke der Ökonomie würdigen wird. Kahneman schildert ebenso präzise wie charmant – immer wieder lässt er den Leser in Denkfallen tappen und bringt ihn zum Schmunzeln über die eigenen Unzulänglichkeiten.«
Süddeutsche Zeitung

»Eine Betriebsanleitung für unser Gehirn – geschrieben von einem Psychologen aus Princeton und Wirtschaftsnobelpreisträger.«
Denis Scheck, ARD, »Druckfrisch«

www.pantheon-verlag.de

ERIC KANDEL

DAS ZEITALTER
DER ERKENNTNIS

Die Erforschung des Unbewussten in Kunst, Geist
und Gehirn von der Wiener Moderne bis heute

ISBN 978-3-570-55241-4, 704 Seiten, € 19,99 [D]

»Ein Manifest für eine neue Wissenschaft!«
DER SPIEGEL

»Eric Kandel gelingt eine brillante Synthese, die
Freud fasziniert, ja erleuchtet hätte. Das Zeitalter
der Erkenntnis ist eine Tour de force, maßgeblich
für das moderne Verständnis des menschlichen
Geistes in all seiner Vielfalt.«
OLIVER SACKS

www.pantheon-verlag.de